Carlos Widmann

DAS LETZTE BUCH ÜBER FIDEL CASTRO

Carl Hanser Verlag

1 2 3 4 5 16 15 14 13 12

ISBN 978-3-446-24004-9

Satz: Greiner & Reichel, Köln
Druck und Bindung: Friedrich Pustet, Regensburg
Printed in Germany

FSC
www.fsc.org
MIX
Papier aus verantwortungsvollen Quellen
FSC® C014889

Für Lin

INHALT

EPITAPH ZU LEBZEITEN

»Fidel Castro ist ein Gigant des 20. Jahrhunderts, der zu unserem Glück noch ins 21. hereinragt.«
Hugo Chávez

Die warmherzigen Worte des Präsidenten von Venezuela entspringen seinem Drang, von der Welt als geistiger Erbe und Nachfolger des kubanischen Revolutionärs anerkannt zu werden. Chávez' Spruch enthält aber trotzdem zwei grundsätzliche Wahrheiten. Fidel Castro ist eine überdimensionierte, weit über die Möglichkeiten seines Landes hinausgreifende Gestalt der Zeitgeschichte – gewesen. Und ja, er »ragt« noch aus seinem eigenen Jahrhundert in das neue herein – weil es ihm länger als irgendeinem Herrscher seit Menschengedenken gelungen ist, seinem Volk zu imponieren, es zu gewinnen und zu unterwerfen. Die Prognose sei gewagt: Für eine Weile schafft er dies wohl auch noch über den eigenen Tod hinaus.

Trotz spektakulärer Taten und ansteckender Rhetorik ist das Hauptkennzeichen dieser Herrschaft ihre unfassbare Länge trotz dramatisch zunehmender Erfolglosigkeit. Der außergewöhnlich hartnäckige Amtsinhaber fordert zu bizarren Vergleichen heraus. Er regierte sein Land genauso lange wie sechs deutsche Bundeskanzler das ihre: Adenauer, Erhard, Kiesinger, Brandt, Schmidt und Kohl waren insgesamt 49 Jahre in Amt und Würden, wie Fidel Castro. Und die Aufzählung aller US-Präsidenten, die von immer demselben Gegenspieler in Havanna provoziert wurden, liest sich noch imposanter: Eisenhower, Kennedy, Johnson, Nixon, Ford, Carter, Reagan, Bush senior, Clinton, Bush junior und Obama. Selbst im Vergleich mit den Machthabern des Sowjetreiches wirkt Castro einzigartig: An Herrschaftsdauer hat er Lenin plus Stalin plus Chruschtschow übertroffen und noch zwei Jahre Breschnew draufgepackt. Die Diktatur des Vorsitzenden Mao wirkt dagegen (wenn man kein Chinese ist) fast schon erträglich: Sie dauerte 22 Jahre weniger als die des kubanischen Kommandanten.

»Eine Insel von mittlerer Größe am nördlichen Ausgang des Golfs von Mexiko« – so nonchalant pflegte der Argentinier Che Guevara seine Wahlheimat Kuba vorzustellen. Der Stalinpreisträger Nicolás Guillén, Castros Lieblingsdichter, besang Kuba als eine »lange grüne Eidechse, mit Augen wie Stein und Wasser«. Ohne dieses Reptil wäre die überlange Geschichte des Weltkommunismus ein gutes Stück kürzer ausgefallen, und wohl auch um einiges langweiliger. 53 Jahre – *and counting* – der Machtausübung einer einzelnen Führerfigur, ihres Bruders und Erben sowie einer Handvoll auf sie eingeschworener alter Kämpfer: diese Leistung darf für sich allein einen Ehrenplatz im Guinness-Buch der Rekorde beanspruchen. Denn die Sandkörner rieselten ja weiter durch das Stundenglas auch nach dem 24. Februar 2008, an dem der damals 81-jährige Präsident Fidel Castro seine Ämterfülle offiziell an einen (na ja) Jüngeren abtrat – seinen kleinen Bruder Raúl, Jahrgang 1931.

Und während dies geschrieben wird, gibt unser Protagonist nach wie vor machtpolitische Lebenszeichen. In den Parteiorganen *Granma* (deutsch: »Oma«) und dessen Partnerblatt *Juventud Rebelde* (»Rebellische Jugend«) – gewiss die einschläferndste Zeitungslektüre außerhalb von Pjöngjang – werden in loser Folge die »Reflexionen des Genossen Fidel« abgedruckt, aus denen oft noch so etwas wie Weisungsbefugnis zu sprechen scheint, etwa für Kubas Außenpolitik. Oder der Comandante gibt vor den Kameras den Elder Statesman und empfängt in seiner sportlichen Rentnerkluft einen ausländischen Potentaten; im Bild sieht das dann oft wie eine originelle Adidas-Reklame aus. Oder er lässt das luxuriöse Aquarium von Havanna für einen amerikanischen Journalisten öffnen und genießt mit ihm ein Wasserballett von Kunstschwimmern und Delphinen. Oder er taucht tief gebeugt in der Apostolischen Nuntiatur auf, um sich von dem gleichaltrigen deutschen Papst eine Art konfessionslosen Segen zu holen. Solange sich auf Kuba solche Szenen abspielen, kann von einem Ende der Ära Castro nicht wirklich die Rede sein. Der Kampf geht weiter, der Personenkult auch. Als bleicher Schatten seines verehrten und verhassten früheren Selbst ist Fidel Castro auf der Insel immer noch unheimlich präsent – ein charismatisches Gespenst, ein lallendes Orakel.

Könnte diese Ein-Mann-Herrschaft über ein nicht allzu bedeutendes Land trotz ihrer Marathonlänge in die Geschichtsbücher nur als übermäßig ausgedehnte Episode eingehen – wenn nicht gar als monströse welthistorische Fußnote, wie das autistische Nordkorea der Diktatorendynastie Kim Il Sungs? Damit ist kaum zu rechnen. Die Schmach, von den Historikern im Aktenschrank der abnormen oder irrelevanten Außenseiter abgelegt zu werden, dürfte dem greisen Revolutionär – und beinahe drei Generationen von Kubanern – erspart bleiben.

»Die Geschichte wird mich freisprechen!«, hatte der glattrasierte junge Rechtsanwalt Fidel Castro im Oktober 1953 vor Gericht in Santiago de Cuba theatralisch ausgerufen. Sein verwegener und dilettantischer Versuch, mit 100 Bewaffneten (darunter zwei Frauen) eine Garnison des Diktators Batista einzunehmen, war gescheitert und blutig niedergeschlagen worden. Aber schon fünf Jahre später hat jener Anwalt – nun als bärtiger Guerillaführer – tatsächlich an der Geschichte des 20. Jahrhunderts mitgeschrieben. Gewiss, Fidel Castro hat allerhand bewegt auf dieser Welt. Wie weit das bekömmlich war für die Welt und für die Kubaner, steht auf einem anderen Blatt. Und was den angekündigten Freispruch betrifft: Das Urteil der Geschichte ist unergründlich – wer lange genug warten kann, muss auf Überraschungen gefasst sein. Der Havanna-Besucher Martin Mosebach höhnte beim Anblick des allgegenwärtigen Freispruch-Zitats, dass »auch Nero und Dschingis Khan heute von der Fachwelt sehr verständnisvoll gesehen werden«.

Historiker reduzieren die Geschichte schon lange nicht mehr wie im Shakespeare-Drama auf die Heldentaten oder Verbrechen einiger starker Persönlichkeiten. Viel lieber stellen sie soziale und wirtschaftliche Entwicklungen in den Mittelpunkt. Aber da beißen sie im Falle Kubas auf Granit. Fidel Castro mag ein Anachronismus sein: Er bietet wie manch anderer Diktator des 20. Jahrhunderts das Paradebeispiel für den unmäßigen Einfluss einer Einzelperson auf den historischen Prozess. Mehr als alle anderen Faktoren haben Castros Drang zur Selbstverwirklichung, sein formidables Ego, sein Machthunger und Führungswille bewirkt, dass das »Erste Freie Territorium Amerikas« (Selbstdefinition Kubas seit 1960) sich fast drei Jahrzehnte lang zur Bühne, zum Mitwirkenden, Antreiber oder Spielverderber im Ringen der großen Mächte aufschwingen konnte.

Außergewöhnlich lange war der geborene Hauptdarsteller Fidel Castro in heutigem Jargon ein *Global Player.* »Der derzeit beste politische Alleinunterhalter auf der Weltbühne« nannte ihn der Konferenzreporter Hans Ulrich Kempski Anfang der sechziger Jahre. Unter seiner Herrschaft, mit seiner Rhetorik und der sakralisierten Ikone des Che Guevara nahm Kuba Einfluss auf andere Völker und Kontinente, ja auf die politischen und geistigen Strömungen des vergangenen Jahrhunderts – in Lateinamerika und im Westen Europas vor allem, für das Kuba mit seinem spanischen Erbe besonders zugänglich ist. Einmal sogar (und einmal genügte) wurde die Insel zum Focus eines Nervendramas der Supermächte, das die Menschheit im Oktober 1962 nahe an den Abgrund eines atomaren Holocausts geführt hat – durchaus auch auf Wunsch und Drängen des Comandante Fidel Castro.

Kubas Revolutionsexport und die Partnerschaft mit der Sowjetunion sind eine unendliche Geschichte, die sich weit über ein Vierteljahrhundert hinzog. Doch ansonsten ist auf der Insel alles Wesentliche während der ersten vier Jahre nach Castros Einmarsch in Havanna geschehen. Es ging überrumpelnd, ja schlagartig vor sich. Die blutigsten Schergen und Verbündeten Batistas (aber auch viele aktive Revolutionsgegner) wurden innerhalb weniger Monate erschossen. Die Alphabetisierungskampagne war schon 1961 abgeschlossen. Die Reform des Gesundheitssystems und die Rationierung der Lebensmittel waren bis Ende 1962 durchgesetzt. Der von US-Präsident Kennedy abgesegnete und von der US-Luftwaffe unterstützte Invasionsversuch der Exilkubaner in der Schweinebucht wurde im April 1961 von Castro souverän abgewehrt – und bot ihm den idealen Anlass für die Ausrufung des Sozialismus. Die Verstaatlichung der amerikanischen und kubanischen Zuckerplantagen, der US-Ölraffinerien und aller Industrie- und Handelsbetriebe wurde im Handstreich vollzogen, die Abschaffung aller kleinen Läden bis hin zum Uhrmacher oder Schuster brauchte nicht viel länger. Auch der Exodus von Oberschicht und Mittelstand nach Südflorida fand im Honigmond der Revolution statt. Und die Raketenkrise, mit der Chruschtschow bei Kennedy immerhin eine stille Nichtangriffsgarantie für das kommunistische Kuba herausschlagen konnte, war noch 1962 mit dem Rückzug der sowjetischen Mittelstreckenraketen und dem Abbau der Abschussrampen beendet.

All dies ist Geschichte, immer wieder neu erforscht, ergänzt und neu erzählt. Dass ein wesentlich verändertes oder vollständiges Bild entstehen wird, sobald nach dem Ende des Regimes die Archive in Havanna geöffnet werden, ist eher unwahrscheinlich. Als Autor und Kontrolleur der eigenen Legende ist Fidel Castro viel zu stark an Geheimhaltung, Retusche und Verklärung interessiert – selbstverständlich auch über den Tod hinaus. Und was heißt schon »Ende des Regimes«? Wer wollte sich heute noch anmaßen, ihm ein Verfallsdatum aufzukleben? *Castro's Final Hour* hieß das Buch eines mutig forschenden Reporters, der auf Kuba den unmittelbar bevorstehenden Untergang des Kommunismus schon mit Händen zu greifen meinte. Nur: der vorzügliche Bericht des Pulitzer-Preisträgers Andrés Oppenheimer über Fidel Castros »letzte Stunde« hat einen Schönheitsfehler – er ist 1992 erschienen, vor nunmehr 20 Jahren.

Richtig an der Untergangsprognose war die Erkenntnis, dass die große Zeit des kubanischen Weltauftritts schon damals ein Weilchen zurücklag (aus dem inzwischen eine kleine Ewigkeit geworden ist). Doch seit dem Fall der Berliner Mauer und bis auf den heutigen Tag lautet die spannende Frage immer nur – und immer noch: Wann werden die Kubaner ihren dominierenden Patriarchen und/oder seine hochbetagten Machtkumpane abschütteln – und wie könnten sie ihre tropische Variante des Kommunismus ohne Blutvergießen, vor allem ohne fremde Intervention hinter sich bringen?

An die 80 Prozent aller heute auf Kuba lebenden Kubaner kennen nichts als das revolutionäre Kuba. Ob das Inselvolk sich von der geistigen Entmündigung durch einen

Einzelnen und von über einem halben Jahrhundert bürokratischer Gängelung durch seine Einheitspartei befreien kann, ohne wie in alten Zeiten zu einem Protektorat der USA abzusinken – das stellt eine Schicksalsfrage für die ganze Hemisphäre dar. Fidel Castros Legende ist ja in manchen der ärmsten Republiken erst in jüngerer Zeit wirksam geworden und hat dort gewiss mehr Ausstrahlung und Zukunft als auf Kuba. Die jüngste Generation in Havanna und Umgebung kultiviert einen völlig vom Westen inspirierten Narzissmus. Vom Regime ihres drögen alten Zuchtmeisters und seinem Welterlösungsgerede haben Kubas Jugendliche die Schnauze voll.

Ganz anders in Bolivien, Paraguay und Peru, in Ecuador und Venezuela, in der politischen Folklore selbst großer Länder wie Argentinien und Brasilien. Der Mythos des mannhaften Herausforderers der Reichen und der Amerikaner hat dort neue Zugkraft, er wird beschworen von den linken Populisten, die in jüngerer Zeit auf einem halben Dutzend Präsidentensesseln Platz genommen haben. In ihren Ländern sind Lippenbekenntnisse zu Kuba, zu Fidel und Che heute fester Bestandteil der Regierungspropaganda. Vom Nimbus Fidel Castros wollen alle profitieren, die sich als Vorkämpfer einer gewaltigen Abwehrschlacht aufspielen – gegen die einheimischen Oligarchien, gegen die Multis und das gesichtslose internationale Finanzkapital, vor allem aber gegen den »Koloss des Nordens«, dieser ewigen Hauptursache von Elend, Ausbeutung, Unterentwicklung, Erniedrigung.

Die Botschaft der sozialen Gerechtigkeit wurde in Lateinamerika schon lange vor der kubanischen Revolution formuliert und tatkräftig oder demagogisch verbreitet: von Lázaro Cárdenas in Mexiko, von Eva und Juan Domingo Perón in Argentinien, von Víctor Paz Estenssoro in Bolivien, sogar vom jungen Fulgencio Batista auf Kuba – um nur einige zu nennen. Zu einer Verheißung für den ganzen Kontinent und darüber hinaus wurde diese Botschaft aber erst durch die kubanische Revolution. Sie lieferte das Heldenepos, das die Bemühungen demokratischer Reformer lächerlich erscheinen ließ und die politischen Optionen ein paar Jahrzehnte lang reduzierte: *Guerrillas* oder Gorillas – radikale Umstürzler oder reaktionäre Militärs.

Sollte die Öffnung kubanischer Geheimarchive eines fernen Tages noch so kompromittierendes Material über den *Comandante en Jefe* hervorbringen: Fidel Castros Legende wird davon kaum beeinträchtigt werden, sie ist im Grunde nicht zu zerstören – am wenigsten wohl von den Kubanern selbst, die sich nach dem Abgang des Regimes unvermeidbar spalten werden in Gewinner und Verlierer, Befreite und Beleidigte, Befürworter des Neuen und Nostalgiker des Alten. Für die Anwälte der Armen in Lateinamerika und der Dritten Welt aber wird Castro wohl immer der Gewalthumanist mit dem Zielfernrohrgewehr bleiben, der für sein geplagtes Volk das Recht auf freie Erziehung und Fortbildung sowie auf kostenlose ärztliche Betreuung erkämpfte – und der mit der vielgeschmähten Lebensmittelkarte die Voraussetzung dafür schuf, dass kein Kubaner mehr verhungern müsse. Ja, wichtiger noch: Fidels nordwärts gerichteter Antiimperialismus war nationaler, nationalistischer Herkunft, er ist tief in der eigenen Geschichte verwurzelt, er wirkte auf eine gedemütigte Schicht der Kubaner lange Zeit identitätsstiftend. In den Augen vieler Historiker und Journalisten wurde die Inselrepublik dank Castros Revolution nicht nur sozialistisch, sondern erst richtig kubanisch.

Gegen diese Darstellungen lassen sich gewichtige, schwer widerlegbare Einwände aufführen – sie wirken aber oftmals kleinlich, faktenhuberisch, sogar banausenhaft. Die meisten Menschen lieben es nicht, wenn ihrem Glauben die Grundlagen entzogen werden. Wer Mythen oder auch schlichte Lügen zu entzaubern sucht, wird als Räuber empfunden, der den Menschen etwas Kostbares wegnehmen will, meint der argentinische Historiker Cristián Buchrucker. Der moskautreue kubanische Kommunistenführer Aníbal Escalante, der später von Castro ins Gefängnis geworfen wurde, hatte kurz nach dem Sieg der Revolution in der Armeezeitschrift *Verde Olivo* noch nüchtern feststellen können: »Kuba ist eines der Länder Lateinamerikas, in denen der Lebensstandard der Massen besonders hoch ist« – eine damals rundum unerwünschte Behauptung, die Escalante in Schwierigkeiten brachte. Nach Argentinien, Uruguay und Chile hatte Kuba unter der Batista-Diktatur auch die geringste Analphabetenrate unter allen Ländern Lateinamerikas und der Karibik.

Mit ihrer Mischung aus Schlendrian und Korruption, aus ungleich verteiltem Wohlstand, fieberhaftem Konsumismus und ländlicher Vernachlässigung war die Inselrepublik weit eher mit einem der US-Südstaaten – etwa Louisiana – zu vergleichen als mit Elendsfällen wie Haiti oder Honduras. Aber selbst gemessen an New Orleans, hatte Havanna in den fünfziger Jahren einen hohen Lebensstandard und das Kulturniveau einer pulsierenden Weltstadt. Die sozialistische Lebenssicherung und die neuen Chancen für das kubanische Unterproletariat, die mit der Revolution einsetzten, wurden allerdings kaum aus eigenen Mitteln geschaffen, sondern von der Sowjetunion und dem Ostblock gestiftet. Fidels weltrevolutionäre Ambitionen und sein Kampfgeist ermutigten die Kremlherren später, das exotische Bruderland zur größten Militärmacht Lateinamerikas und zum international einsetzbaren Rammbock des Sozialismus aufzubauen – was in der Tat gelungen ist und sich viele Jahre lang rund um den Globus auswirkte. Nur, das ist lange her und »vor Ort« fast nirgends in guter Erinnerung.

Welch ein Anblick: Cristina Kirchner schüttelt ihre Filmstarmähne, führt ihren lasziven Hüftschwung vor, klappert mit langen Wimpern, gurrt wohl auch dazu – alles für den greisen Fidel. Die Präsidentin Argentiniens gehört zu der neuen Generation regierender Populisten in Lateinamerika, für die ein Fototermin beim Comandante *de rigueur* ist. Die südpatagonische Erdöl- und Tourismus-Kleptokratie des sagenhaft reich gewordenen Ehepaars Kirchner hat sich in Buenos Aires durch einen Pakt mit dem Linksperonismus an die Macht geschwungen – ein Erfolgsbündnis, das nach dem frühen Herztod Néstor Kirchners nun von der Witwe geführt wird. Sie ist die kurioseste Erscheinung unter den lateinamerikanischen Aufsteigern, die es heute zu Fidel drängt.

An Lautstärke und internationaler Wirkung wird Madame Kirchner allerdings weit übertroffen von dem Venezolaner Hugo Chávez. Der wortmächtige Oberstleutnant der Fallschirmspringer und einstige Putschist aus dem Ölreich Venezuela muss Fidel Castro während des Untergangs der alten Sowjetführung wie ein Gottesgeschenk erschienen sein: »Hurrikan Hugo« hatte nicht nur das Zeug zum materiellen Lebensretter des kubanischen Regimes, er gab sich auch mit vollem Ernst als Fidels Schüler und potentieller Nachfolge-Revolutionär zu erkennen. Originalton Chávez: »Fidel Castro ist für mich wie ein Vater, wie ein Leuchtturm, völlig unersetzlich.« Dass Fidel von dem Venezolaner ebenfalls eine hohe Meinung entwickelte, war leichter begreiflich: Ohne die Öltanker aus der Bucht von Maracaibo hätte seine Revolution den Untergang ihres großen alten Sugardaddy – der Sowjetunion – nicht überlebt.

Noch in seiner unendlich langsamen, durch intravenöse Erdöl- und Dollartransfusionen immer wieder verlängerten Agonie ist Castros kubanischer Sozialismus für den Rest der Welt eher ein Faszinosum als ein Ärgernis: Utopia am

Tropf. Die eindrucksvollen Ruinenlandschaften der Millionenstadt Havanna und die zerklüftete Physiognomie des alten Comandante würden als zwei Seiten einer Medaille reizvoll miteinander korrespondieren. Gemeinsam wirken sie als Metapher einer überlebten – oder doch von Anfang an fehlentwickelten und zum Scheitern verurteilten – Revolution, die die Republik Kuba im Lauf eines halben Jahrhunderts zu einem pittoresken Armenhaus heruntergewirtschaftet hat.

Diese Zigarren- und Zuckerinsel von der Größe der verblichenen DDR wurde erst in der zweiten Hälfte des 20. Jahrhunderts überproportional geschichtsträchtig. Im damals noch so genannten »Hinterhof« der USA gelegen, erreichte Kuba – gesegnet mit dem zweithöchsten Pro-Kopf-Einkommen Lateinamerikas nach Argentinien – etwas in dieser Weltgegend vollkommen Neues und Sensationelles: Eine lange Zeit von den Amerikanern unterstützte, zuletzt blutrünstig ausschweifende Diktatur wurde durch einen winzigen Guerillatrupp junger Menschen gestürzt. Diese hatten sich – so der Mythos – mit ihrem bäuerlichen Anhang von der Sierra Maestra im Südosten bis zur Hauptstadt im Nordwesten heroisch durchgekämpft und wurden in der Neujahrsnacht 1959 in Havanna mit karnevalistischem Jubel als Befreier empfangen.

Zum frühen Ruhm und Sieg des *Ejército Rebelde* – des »aufständischen Heeres« – und seines hünenhaften Kommandanten hat die Reporterzunft wertvolle Dienste geleistet. Kubanische und amerikanische Journalisten – in Erinnerung ist vor allem Herbert Matthews von der *New York Times* – gaben der Rebellenschar durch massiv übertreibende und schöngefärbte Berichte eine propagandistisch überaus wirksame Anschubhilfe, die sie in der Öffentlichkeit weit über die breite bürgerliche Opposition gegen Batista hinaushob. (Und nichts stimulierte Castros Vorwärtsdrang so sehr wie die Befürchtung, es könnte ihm in Havanna jemand zuvorkommen.) Schon in ersten Interviews in den Bergen – und ab 1958 auch über *Radio Rebelde* – erwies sich Fidel als Virtuose der Medienklaviatur und gewandter Manipulator der öffentlichen Meinung. Auch in einer Demokratie hätte dieser redebegabte Rechtsanwalt mit Sicherheit politisch Karriere machen können – wenngleich wohl kaum über ein halbes Jahrhundert lang an der Spitze des Staates. Vielleicht war es diese nüchterne Erkenntnis, die den Dr. iur. Fidel Castro später bewogen hat, lieber auf Nummer sicher zu gehen und stets den Waffen statt den Wahlurnen zu vertrauen. Den olivgrünen Kampfanzug hat der Comandante während eines halben Jahrhunderts nur ein paar Mal gegen Nadelgestreiftes ausgetauscht – in Manhattan, in Paris und im Vatikan.

Den Guerillaführer und seiner kleinen Schar von Kampfgefährten umgab von Anfang an eine romantisch-heroische Aura. Mit dem Versprechen der Demokratie und mit vagen, national-idealistischen Parolen aus dem 19. Jahrhundert hatten sie eine Vielzahl politischer Kräfte im Lande und im Exil für ihre Sache zu begeistern gewusst. Castros »Bewegung des 26. Juli« versammelte politische Kräfte, die in ihrer Mehrheit den Kommunisten misstrauten. Und sobald die überstürzte Flucht des – ursprünglich gar nicht so unpopulären – Diktators Fulgencio Batista in der Silvesternacht 1959 ruchbar wurde, hatte »die Revolution« die Zustimmung der Straße gewonnen. Am lautesten feierte in der vergnügungssüchtigen Millionenstadt Havanna ein anrüchiges Milieu, das vom Castro-Regime schon nach ein paar Jahren als *elementos lumpen* in Arbeits- und Umerziehungslager gesteckt wurde.

Zeichen und Wunder. Als der siegreiche Fidel auf dem Campo Columbia seine erste Rede vor einem Menschenmeer hielt, landete eine weiße Taube sekundenlang auf seiner linken Schulterklappe. Sie verlieh ihm vor den Fotoreportern aus aller Welt und auf den 400 000 Bildschirmen der Insel (damals hatte Kuba mehr Fernsehgeräte pro 1000 Einwohner als Italien) den Heiligenschein eines friedenbringenden Erzengels oder gar Erlösers, der bei einfachen Menschen nahezu religiöse Verehrung weckte. Der Hauch von Revolutionsromantik, der den bärtigen Helden umwehte, wurde für die meisten seiner Landsleute kaum dadurch beeinträchtigt, dass sich in ihn schon bald der Pulvergeruch der Erschießungspelotone mischte. In der Nationalbibliothek in Havanna sind die alten Illustrierten zu finden, in denen die Gruselfotos der Hinrichtungen ganzseitig wie ein Volksspektakel präsentiert wurden.

Es zeugt von Fidel Castros kaltblütigem Kalkül, dass er die Revolutionsjustiz (man könnte auch sagen: die Dreckarbeit) zunächst einem Ausländer übertrug: es war der 30-jährige Argentinier Ernesto Guevara de la Serna, genannt Che, der in der Festung La Cabaña über der Bucht von Havanna für kurzen Prozess sorgte, die Todesurteile unterschrieb und die Exekutionen überwachte. Nur war Fidels Vorsicht übertrieben gewesen: Der im *Cha-cha-chá*-Rhythmus gebrüllte Ruf »Paredón!« (An die Wand!) erwies sich auf Massenversammlungen als ansteckend und durchaus populär. Erschossen wurden freilich nicht nur die Schergen Batistas, sondern bald auch angebliche Verräter aus den eigenen Reihen, die sich »der« Revolution widersetzten. Das spanische Stichwort für diese Säuberung nach stalinistischer Art – *depuración* (statt *limpieza*) – stammte wohl vom belesenen Che Guevara selbst: Sie erinnerte an die berüchtigte *épuration,* die Abrechnung der Résistance mit den französischen Kollaborateuren am Ende der deutschen Besatzungszeit.

Mit Ausnahme der US-Regierung und einiger ihrer Klientelstaaten im Süden war die Weltöffentlichkeit angesichts der schwungvollen Hinrichtungspraxis der *guerrilleros* nicht übermäßig aufgebracht. Auch echauffierte es die Gemüter kaum, dass Monat um Monat verging und die von Fidel Castro versprochenen freien Wahlen durchaus nicht stattfinden wollten – ja nicht einmal ein späterer Termin für sie in Aussicht genommen wurde, nachdem der erste sang- und klanglos verstrichen war. Geradezu elektrisierend hingegen wirkte in der westlichen Welt schon bald die Erkenntnis, dass dieser *Máximo Líder* einer karibischen Inselrepublik drauf und dran war, der große Herausforderer der Vereinigten Staaten von Amerika zu werden – der Siegermacht des Zweiten Weltkriegs, die vor gerade erst 14 Jahren sowohl Nazideutschland wie Japan bezwungen und eine neue Weltordnung errichtet hatte.

»Das Bedürfnis, sich zu vergrößern, ist allen Illegitimen eigen«, heißt es bei Jacob Burckhardt. Was so ungewöhnlich an Fidel Castro wirkte und was ihn – obwohl noch ohne ersichtliches Programm – als Revolutionär erscheinen ließ, waren sein ungebärdiges Temperament und sein maßloser, stets energisch verleugneter Ehrgeiz. Fidel ist unehelich zur Welt gekommen, seine Geburt wurde erst spät durch Heirat »legalisiert«. Da er noch nicht getauft war, hatte Fidel zunächst die Geringschätzung seiner katholischen Mitschüler ertragen müssen. Der Vater Ángel Castro war ein rauher, halbanalphabetischer Landarbeiter aus dem spanischen Galicien, der es im Osten Kubas zum wohlhabenden Plantagenbesitzer gebracht hatte; die kubanische Mutter Lina Ruz González war eine arme Wäscherin, fast 30 Jahre jünger als Ángel, dessen Hausangestellte und Bettgenossin sie wurde und dem sie drei Söhne und vier Töchter schenkte. Auf dem feinen Jesuitenkolleg in Havanna – *Belén* (Bethlehem) genannt – war dem Teenager Fidel die plebejische Herkunft durchaus anzumerken. Sie ist auch heute noch in seiner Aussprache bestimmter Wörter erkennbar. Der junge

Riese kompensierte dieses Manko durch fanatischen Leistungsdrang, zunächst im physischen Wettkampf. Er glänzte vor allem in einer US-amerikanischen Sportart, die auf Kuba höchst populär wurde und *Béisbol* geschrieben wird.

Obwohl vom Vater mit einem fabrikneuen Ford und reichlich Taschengeld versorgt, war Fidel auch als Anführer einer Studentenbande in Havanna von Ressentiments gegen die sich feiner dünkende Oberschicht erfüllt, und niemals hat er die Autorität eines anderen ertragen können. Lange bevor er sich eine Weltanschauung gezimmert oder zu eigen gemacht hatte, war er unter Freunden und Kommilitonen als Dauerredner berüchtigt und strebte danach, anderen seine Überzeugungen zu oktroyieren. Insofern war es nur natürlich, dass Fidel auch für seine Heimat Kuba sogleich eine Protagonistenrolle erstrebte. Die Insel sollte nicht mehr nur Objekt ererbter Umstände und fremder Interessen sein, sondern handelndes Subjekt – sein Schicksal nicht mehr wie bisher den unausweichlichen Zwängen der Geographie, der Ökonomie und der eigenen Geschichte unterworfen.

Castro griff bereits über Kuba hinaus, ehe er Kuba im Griff hatte. Das Wort »Sozialismus« war ihm wohlweislich noch nicht über die Lippen gekommen, da sprach er schon von der Befreiung anderer Völker. Und er verbreitete eine wahrhaft kühne Vision: die Andenkette, das topographische Rückgrat Lateinamerikas, müsse nach dem Vorbild Kubas in eine »große Sierra Maestra« verwandelt werden – in die Brutstätte und das Basislager einer kontinentalen Erhebung. Seit dem *Libertador* Simón Bolívar im frühen 19. Jahrhundert hatte kein Regierender zwischen Rio Grande und Kap Hoorn je einen solch vermessenen Zukunftsentwurf in die Welt gesetzt.

Und den großspurigen Worten des jungen Comandante waren die entsprechenden Taten sogar vorausgeeilt. Kubas frischgebackene Diplomaten und Geheimdienstler machten sich schon im ersten Jahr nach der Machtübernahme daran, in der ganzen Region den Revolutionsexport zu fördern. In fernen Argentinien wunderten sich peronistische Schlägergruppen der (ursprünglich rechtsextremen) *Tacuara* nicht schlecht, als sie strategische Empfehlungen aus Havanna erhielten. Schon 1960 wurde Ernesto Che Guevaras praxisnahes Handbuch *La guerra de guerrillas* druckfrisch in die kubanischen Botschaften Lateinamerikas ausgeflogen und von eilig gegründeten Solidaritätskomitees unter Studenten und jungen Arbeitslosen verbreitet. Möchtegern-Putschisten versuchten von Kuba aus, die Nachbardiktaturen des Generalissimus Rafael Trujillo und »Papa Doc« Duvaliers zu stürzen. Politiker aus dem US-Protektorat Puerto Rico wurden in Havanna über ihren Sklavenstatus aufgeklärt und zum Unabhängigkeitskampf gegen den verhassten *Yanqui* aufgerufen. (Dass kaum eine kleine Minderheit der Puertoricaner sich von den USA lösen will, wurde dabei großzügig ignoriert.) Ja sogar die bekifften Häuptlinge der Rastafari-Sekte auf Jamaika konnten unverhofft mit moralischer Unterstützung von der Nachbarinsel Kuba rechnen.

Seit der Frühzeit der Russischen Revolution, als Lenin per diplomatischem Kuriersack seine Instruktionen an die Parteigenossen im Westen expedierte (oder gar Béla Kun, dem Führer der ungarischen Räterepublik, seine Anweisungen per Funkspruch übermittelte), hatte es solch weltrevolutionäre Hybris nicht mehr gegeben. Umso verblüffender die Sympathie und das Verständnis, auf die Castro mit seinen kämpferischen Parolen und umstürzlerischen Vorhaben gestoßen ist. Dies nicht nur in Moskau, Prag und Berlin/DDR – wo es sich aus der Perspektive des Kalten Krieges erklärte, in der ein potentieller Verbündeter im Rücken des kapitalistischen Feindes als unverhoffter Glücksfall erscheinen musste. Und auch nicht nur unter Frantz Fanons »Verdammten dieser Erde« – den von Neokolonialismus und Imperialismus geplagten Völkern Lateinamerikas und der weiten Dritten Welt. Nein, schwärmerische Anhänger oder kühl argumentierende Förderer fand der Kubaner auch in der studentischen Jugend und der progressiven Intelligenz Westeuropas sowie (in geringerem Maße) der USA. Jean-Paul Sartre und Simone de Beauvoir, Giangiàcomo Feltrinelli und Eduardo Galeano, Norman Mailer und Allen Ginsberg, Peter Weiss und Hans Magnus Enzensberger, Mario Vargas Llosa und Gabriel García Márquez pilgerten früh nach Kuba, um den hier waltenden Zeitgeist bei der Arbeit zu beobachten.

Die meisten dieser Intellektuellen haben sich zwar bald wieder von Kuba abgewandt, als Castro auch Schriftsteller vor Verfolgung nicht mehr ausnahm. Doch Havanna wurde gleichwohl in atemraubendem Tempo zur Welthauptstadt der Guerillabewegung, zum Wallfahrtsziel fortgeschrittener Dichter, Denker und Filmemacher, zur Pflichtetappe deutscher Sandalisten, zum konspirativen Treff baskischer oder irischer Bombenleger, zum neuen Jerusalem der Befreiungstheologen, ja sogar zum Refugium der amerikanischen Schwarzen Panther. Selbst heute, in seinem sehenswürdigen Verfall, ist Havanna immer noch das Mekka eines völlig harmlos gewordenen Revolutionstourismus. Unter den letzten Nachzüglern: Oliver Stone und Sean Penn, Hollywood.

»Bewaffneter Kampf« lautete die zündende Formel aus Kuba, die von 1960 an gewalttätige Abenteurer ebenso wie Intellektuelle und Idealisten zu galvanisieren vermochte – keineswegs nur dort, wo Tyrannei und Unterdrückung den Gebrauch der Waffe rechtfertigen mochten. Die Propaganda der Tat und die heroisierte *lucha armada* haben 30 Jahre lang auf weit entfernten und äußerst unterschiedlichen Schauplätzen nicht nur Ideen und Impulse, sondern vielfach sogar ihre Soldaten, Offiziere und Ausbilder gebrauchsfertig aus

Havanna bezogen. Die Liste der freiwilligen oder unfreiwilligen »Nehmerländer« des kubanischen Revolutionsexports ist stattlich und kaum vollständig wiederzugeben: Algerien, Angola, Äthiopien, Argentinien, Bolivien, Brasilien, Chile, El Salvador, Eritrea, Guatemala, Guinea-Bissau, Jemen, Kolumbien, Kongo, Kongo-Brazzaville, Laos, Mozambique, Namibia, Nicaragua, Palästina, Panama, Sansibar, Somalia, Venezuela, Zaire …

In diesem abenteuerlichen, zähen, über mehrere Jahrzehnte verteilten Kampf sollen über 15 000 Kubaner ihr Leben gelassen haben – sowie eine kaum abschätzbare Zahl von Afrikanern und Latinos. Zwei positive Ergebnisse immerhin bleiben. Ohne Kubas massive militärische Unterstützung der Sandinisten wäre 1979 die 45 Jahre alte Diktatur der Familie Somoza in Nicaragua kaum davonzujagen gewesen. Und der entscheidende Einsatz kubanischer Truppen in Angola und Namibia hat den Untergang des rassistischen Apartheid-Regimes in Südafrika um einiges beschleunigt. Auch setzte Fidel seinen Überschuss an Ärzten – angeblich über 25 000 – für humanitäre Hilfe in solchen Ländern ein, in denen der Sozialismus durchgesetzt oder gefördert werden sollte. In den Armenvierteln Venezuelas bieten die Ärzte und Lehrer aus Kuba der *Bolivarianischen Revolution* von Hugo Chávez noch heute eine überaus populäre Hilfe, die mit 110 000 Barrel Erdöl pro Tag honoriert wird. Alle anderen Bemühungen Fidel Castros jedoch, in Afrika und Lateinamerika die Revolution und den Sozialismus zu verbreiten – auf eigenen Wunsch oder im Auftrag der Sowjetunion – haben wenig zurückgelassen außer Tod und Zerstörung und neuer Repression.

Auch der Wahn westeuropäischer Intellektueller, die Flamme der revolutionären Gewalt aus der Dritten Welt in die Hochburgen des Kapitalismus zu tragen – eine zwangsläufig terroristische Option –, hätte in Ländern wie Italien (*Bri-*

gate Rosse), Frankreich (*Action Directe*) und Westdeutschland (*Rote Armee Fraktion*) kaum seine Ansteckungskraft entwickeln können ohne den frühen Sieg der kubanischen Guerilleros, den Mythos des Che Guevara und die auf Dauerwirkung eingerichtete Herrschaft des einseitigen Antiimperialisten Fidel Castro.

Das »Imperium«, wie er die Vereinigten Staaten nannte, erblickte in ihm über 40 Jahre lang seinen gefährlichsten Herausforderer aus der kommunistischen Welt – während der ersten zwei Jahrzehnte nicht ganz zu Unrecht. Mit einem Handelsembargo von zweifelhafter Wirksamkeit und mit plumpen Versuchen, den Kubaner zu stürzen oder zu ermorden, haben die US-Regierungen freilich sowohl Castros Machtstellung auf der Insel wie auch seine Ausstrahlung auf Lateinamerika und die unterentwickelten Länder lange Zeit nur verstärkt. Viele der amerikanischen Präsidenten seit 1959 – und mehr noch ihre Diplomaten, Generäle und CIA-Agenten – standen als Gegenspieler des Kubaners am Ende blamiert da: wie stümperhafte Schurken.

Erst als die »Speerspitzen des Islam« – wie Osama bin Laden sie genannt hat – sich am 11. September 2001 in die Zwillingstürme von Manhattan und in das Pentagon bei Washington bohrten, hat Amerika einen bedrohlicheren und gewiss diabolischer anmutenden Feind entdeckt. Umso bitterer nun für Kubas ohnmächtige demokratische Regimegegner, die nach all den Jahren in Kerkern und Umerziehungslagern – neuerdings in »überwachter Freiheit« oder im spanischen Zwangsexil – das Weltgeschehen verfolgen: Auf diese Oldtimer des Bürgerrechtskampfes muss es wie surreale Verhöhnung wirken, dass der greise Comandante sogar noch den drei Jahrzehnte jüngeren Gewaltapostel Osama bin Laden – den Che des Propheten, gewissermaßen – überlebt hat.

»Old soldiers never die«, heißt es bei den Amerikanern.

Alte Soldaten sterben nicht, sie verblassen nur ganz allmählich. Ähnliches mag für lebenslange Diktatoren gelten, die einem Volk ihren Stempel aufdrücken konnten. Mao, schon 35 Jahre tot, lebt fort in seinem Mausoleum, in Millionen von Bildern, Statuen und Devotionalien – ein verehrter, unantastbarer Massenmörder, dessen ideologische Hinterlassenschaft in China gleichwohl jeden Tag ungestraft ad absurdum geführt wird. Fidel Castro hingegen verbindet seinen allmählichen Eintritt in die Ewigkeit mit einem schon nicht mehr erwarteten, ruckweise verlängerten Fortleben auf Erden. Der Comandante ist auf seiner Insel zwiefach präsent: die meiste Zeit im Geiste sowieso, aufgrund ständiger Beschwörung durch seinen 81-jährigen Bruder Raúl und die übrigen Geronten – aber manchmal, freilich immer seltener, auch wieder durch physische oder mediale Auftritte – etwa seiner surrealen Begegnung mit Papst Benedikt XVI. Bei vollem Bewusstsein dürfte dieser Schwebezustand dem Genuss der Unsterblichkeit ziemlich nahe kommen.

Vollkommen hoffnungslos ist Kubas aktuelle Lage ja nicht. Ein allmählicher Rückzug des Staates aus dem Privatleben der Bürger kündigt sich an. Noch mehr Tourismus, Erdöl aus dem venezolanischen Sonderangebot, wirtschaftliche Liberalisierung in Trippelschritten, obendrein (US-Präsident Barack Obama sei Dank) die rapide zunehmenden Verwandtenbesuche und Dollarüberweisungen der Exilgemeinde in den USA – damit könnte das sozialistische Kuba sich abermals eine Weile durchwursteln. Weil die Kubaner sich nur wenig vermehren, weil der Bevölkerungsüberschuss an die Küste Südfloridas geflohen oder im Golf von Mexiko ertrunken ist, weil die meisten darben, aber nur ganz selten frieren müssen, weil Oppositionelle isoliert werden und der Internet-Zugriff den meisten verwehrt bleibt, weil einige der besten Strände (wie einst unter dem korrupten Batista) für devisenträchtige Westler, Brasilianer oder Russen reserviert sind, weil die Salsa zündet und die Prostituierten einen guten Ruf haben. So hat Havanna, die einstige »Perle der Karibik«, während der vergangenen zwei Jahrzehnte von der fotogenen Exotik des Verfalls zehren können – mit Fidel Castro als grimmigem Museumswärter, der für seine gescheiterte Revolution Eintrittsgeld verlangte.

Nur sterben sollte er lieber nicht oder nur ganz langsam. Es könnte destabilisierend wirken – nicht nur für das Regime, sondern für die Gesellschaft. Kein Mensch weiß, was nach dem Tod Fidels geschehen könnte. Demonstrationen wie in Tunis, in Kairo oder in der syrischen Provinz? Plünderung der *Diplotiendas* und der Hotels für Devisenbringer? Offene Unterdrückung, Panzer und Leichen auf den Straßen? Putschende Kapitäne der Küstenwache in Cienfuegos, revoltierende Luftwaffen-Unteroffiziere in Oriente? Bei Bürgerkriegsgefahr würden die potentiellen Besserwessis von Südflorida den US-Präsidenten zum militärischen Eingreifen auffordern. Und mit welchen Argumenten könnte der Mann im Weißen Haus sich – nach Irak, nach Afghanistan, nach Libyen – gerade im Falle Kubas einem solchen Begehren verweigern?

Wahrscheinlicher aber ist doch, dass der Tod des greisen Fidel Castro das Land zunächst einmal in kollektive Lähmung versetzen würde. Er war so lange da, und alles war auf ihn zugeschnitten, und alles hing von ihm ab, und nichts ging ohne ihn – und außerdem hat er dem Volk seit jeher die Welt erklärt, die großen Zusammenhänge ebenso wie die kleinsten Alltagsprobleme. Sollte »letztendlich« Staatstrauer für den Comandante verkündet werden müssen, mag es auf Kuba zu öffentlichen Ausbrüchen kommen wie im März 1953 in der Sowjetunion. Als Stalins Tod gemeldet wurde, weinten sogar Gefangene im Gulag.

DICHTERLIEBE

Eine halbe Hundertschaft Minderjähriger lag frierend in ihren schmalen Anstaltsbetten und wartete auf den erlösenden Kuss. Aber da kann man lange warten bei Thomas Mann, ehe etwas Erregendes, das sich untergründig anzukündigen scheint, dann auch wirklich passiert. Gleichwohl lauschte der ganze Schlafsaal gebannt der Stimme des Mitschülers, der in den eiskalten Nächten des kolumbianischen Hochlands aus *La montaña mágica* vortragen durfte. Noch immer ließen Hans Castorp und Clawdia Chauchat im fernen Davos nicht erkennen, ob es zwischen ihnen zu einer körperlichen Berührung oder gar zu etwas mehr kommen könnte – doch keinem der Schüler riss der Geduldsfaden, und keiner ließ sich lieber vom Schlaf davontragen. Es musste schon der Schuldirektor persönlich einschreiten, damit die nächtliche Lesung nicht bis zum Morgengrauen ausuferte. Im *Liceo Nacional de Varones* von Zipaquirá, dem angesehensten Knabengymnasium Kolumbiens, führte die Verhexung durch den *Zauberberg* zu unwahrscheinlichen Exzessen. Auf dem Höhepunkt des weltanschaulichen Disputs zwischen dem Jesuiten Dr. Naphta und dem Freigeist Settembrini waren die Schüler so hingerissen, dass sie in Beifall ausbrachen. Die Lesung hatte die vorgeschriebene Dosis Literatur wieder einmal weit überschritten.

All das ist keine Erfindung von Gabriel García Márquez. Der spätere Nobelpreisträger war selbst von Anfang 1943 bis Ende 1946 ein Zögling dieser staatlichen Lehranstalt, und das geistige Leben in dem enteigneten alten Kloster, das nun liberale Intellektuelle hervorbrachte, hat ihn zutiefst geprägt. Erfunden werden müsste wohl eher ein Internat, das heutigen Teenagern beim Zubettgehen den Konsum belletristischer Meisterwerke zumutet. In jener spartanischen Eliteschule der armen und gewalttätigen Andenrepublik aber war es damals üblich, die Schüler intensiv mit bürgerlichem Bildungsgut zu befrachten. So erfuhr der mittellose Telegraphistensohn und Staatsstipendiat Gabriel García Márquez, geboren 1927 im tropischen Tiefland Kolumbiens, seine Berufung zum Schriftsteller auf dem Weg zum Abitur. Mit seinen hochsensiblen Henkelohren könnte der künftige Magier von Macondo beim Zauberer aus Lübeck einiges aufgeschnappt haben.

Auch Fidel Castro ist – wie sein unablässiger Verehrer und späterer Intimus Gabriel (»Gabo«) García Márquez – in der Zucht elitärer Internate aufgewachsen. Sieben Jahre lang wurde der hünenhafte und breitschultrige Provinzler aus Oriente von den Jesuiten aus »Franco-Spanien« geprägt, die auf Kuba ihre pädagogischen Niederlassungen hatten. Im *Colegio Dolores* von Santiago de Cuba, im fernen Osten der Insel – und später im *Colegio Belén* von Havanna, dem besten Gymnasium des Landes – galt die Parole: »Frage jeden, alles, immer!«, die zur lebhaften Teilnahme am Unterricht und zum Gespräch mit den Lehrern animierte. Und die Patres in Santiago veranstalteten strapaziöse Zeltausflüge und Bergwanderungen ins nahe Gebirge – die Sierra Maestra. Bei der Besteigung des Pico del Turquino, des höchsten Berges von Kuba, kletterte der 15-jährige Fidel der ganzen Schule voraus. Ohne seine Kenntnis des Terrains hätte sich dort 17 Jahre später keine Guerillabewegung einnisten können.

Im *Colegio Belén* von Havanna mussten die Zöglinge ihre Schulaufsätze auswendig und ohne Notizen vortragen – oft hinter einem Rednerpult, mit Mikrophonen und Bühnenbeleuchtung: als wüssten die Jesuiten schon, welche Fertigkeiten das Zivilleben von so manchem bald verlangen würde. Fidel war als junger Schüler noch etwas schüchtern; erst die Herausforderung durch die Jesuiten weckte sein Rednertalent und enthüllte sein phänomenales Gedächtnis. Anders als im kalten Hochland Kolumbiens wurden in Havanna keine Romane vorgelesen: die Jesuiten schätzten eher philosophische und politische Schriften – besonders aus dem Geist der »Hispanidad«, der ganz Lateinamerika mit Spanien verbinden sollte. So lernte Fidel Castro auch die fiebrige, ansteckende Rhetorik des Gründers der Falange kennen: jenes Rechtsanwalts José Antonio Primo de Rivera, der 1936, mit 33 Jahren, von einem Volksgericht der spanischen Republikaner im Schnellverfahren zum Tod verurteilt und hingerichtet wurde.

Wegen seines bäuerlichen Akzents ist Fidel Castro von den Sprösslingen der Oberschicht in Havanna zunächst herablassend behandelt worden. Doch mit Hilfe der Jesuiten hat Fidel seine gesellschaftliche Zurücksetzung schnell überwunden: Er wurde gefordert und gefördert, erlangte frühen Sportlerruhm, politische und historische Belesenheit, rhetorische Brillanz – und 1945 die Universitätsreife. Viele Jahrzehnte später, nachdem er die Kirche auf Kuba längst ausgeschaltet und in eine Randexistenz gedrängt hatte, erklärte der *Máximo Líder* einem brasilianischen Befreiungstheologen gerührt, wie viel er seinen katholischen Lehrmeistern zu verdanken habe. Aus seinem früheren Internat – und aus Kuba – aber hatte er die Jesuiten schon 1960 hinausgeworfen; auf dem Campus des *Colegio Belén* ließ sein Bruder und Verteidigungsminister Raúl Castro eine technische Ausbildungsstätte der Revolutionären Streitkräfte einrichten. Erst viele Jahre später erkannte Fidel die politische Nützlichkeit der Religionen wieder und suchte die Aussöhnung mit den Kirchenleuten.

»Gabo« García Márquez hat seine Internatszeit und seine Jugend im ersten und bisher einzigen Band seiner Autobiographie – »Leben, um davon zu erzählen« (2002) – ausführlich geschildert. Und als »erster Empfänger« der Manuskripte seines Freundes Gabo hat der Revolutionsführer Fidel Castro dessen Memoiren wenn vielleicht nicht gelesen, so doch immerhin rezensiert. Castros Text wurde von Kubas offizieller Nachrichtenagentur *Prensa Latina* in vielen Zeitungen Lateinamerikas verbreitet. Natürlich verband Fidel sein Preislied auf Gabo, den treuen Freund und häufigen Gast, sogleich mit dem Anspruch auf eigene literarische Meriten: »Als Gestalt der Öffentlichkeit und Autor meiner Reden teile ich mit dem illustren Schriftsteller die Freude an der Suche nach dem treffendsten Ausdruck. Diese Obsession ist uns beiden eigen.« Gabo hatte schon Mitte der achtziger Jahre unter Kollegen wissen lassen: »Ich gebe kein Buch für den Druck frei, ehe der Comandante es gelesen hat.«

Gabriel José de la Concordia García Márquez und Fidel Hipólito Alejandro Castro Ruz haben freilich noch eine andere Obsession gemeinsam. Sie sind besessen vom Thema der Macht und von der Lust und Last der Machtausübung. Wobei der junge Revolutionschef Fidel Castro schon im April 1959, als er sich selbst zum Ministerpräsidenten Kubas ernannt hatte, natürlich nur die Last betonte: »Das Regieren ist kein Vergnügen, sondern ein Opfer, welches das Vaterland von uns verlangt.« Den Plural der Majestät hat der *Comandante en Jefe* über ein halbes Jahrhundert lang beibehalten – und seine nicht enden wollende Herrschaft mit dem Auftrag der Massen und der Unentbehrlichkeit des Revolutionsführers begründet. Er sei, so Fidel, nun einmal ein »Sklave der Macht«. (Nicht er besitzt sie, sondern sie ihn.)

Vom Freund Gabo andererseits, dem Fatalisten, der alles versteht, stammt das kuriose Wort: »Sämtliche Diktatoren, von Kreon angefangen, sind Opfer.« Das klingt wie eine Einladung zur Empathie.

Das Verhältnis zwischen den beiden bekanntesten Lateinamerikanern des 20. Jahrhunderts (wenn wir Pelé und Maradona, Evita und Che Guevara gnädig aussparen wollen) dürfte in die Geschichtsbücher eingehen als eine höchst merkwürdige, längst nicht völlig enträtselte Kumpanei. »Ich schreibe, um die Liebe meiner Freunde zu gewinnen«, hat der hochproduktive García Márquez mehr als einmal auf die Frage nach seiner Motivation erwidert. Und Fidel Castro bemerkte zu den Memoiren seines Freundes: »Gabo kenne ich seit jeher … Er ist dafür verantwortlich, dass ich in meinem nächsten Leben nicht nur Schriftsteller sein möchte, sondern einer vom Kaliber des Gabriel García Márquez.« Der mexikanische Essayist Enrique Krauze, der den vielfältigen Verknüpfungen zwischen Politik und Literatur in der lateinamerikanischen Geschichte nachspürte, kam zu der kategorischen Erkenntnis: »Kein Bündnis zwischen Zepter und Feder war je so stark, so innig, so dauerhaft und von gegenseitigem Nutzen wie der Pakt zwischen Fidel und Gabo.« Friedrich der Große und Voltaire – das stimmt schon – haben es zusammen längst nicht so lange ausgehalten.

Stark, innig, dauerhaft – all das ist richtig. Aber das Hauptgewicht der Aussage Krauzes liegt zweifellos auf dem *Nutzwert* dieser Freundschaft. Und einen solchen, so will es scheinen, kann doch eigentlich nur Fidel Castro gehabt haben. Als junger Revolutionär hatte er das Kunststück vollbracht, in dem frivolen und korrupten Inselparadies Kuba innerhalb von zweieinhalb Jahren eine kommunistische Diktatur zu errichten und der sowjetischen Kriegsmarine einen Stützpunkt vor den Stränden Floridas zu verschaffen. Entsprechend früh wurde Castro vom Westen zum Aussätzigen erklärt und später – wenn es auch Jahrzehnte dauerte – von der intellektuellen Linken Europas und Lateinamerikas fallen gelassen: von Jean-Paul Sartre und Hans Magnus Enzensberger bis Mario Vargas Llosa und José Saramago.

Nur noch die demonstrative, betont kritiklose Sympathie des Nobelpreisträgers und weltweit beliebten Autors García Márquez ist Fidel zuletzt erhalten geblieben. Selbst dem versinkenden Greisenregime der Gebrüder Castro dient er noch als Prestigebringer und Legitimitätsnachweis. »Gabos lobende Worte sind für Kuba fast so lebenswichtig wie die Öltanker von Hugo Chávez«, meinte ein spanischer Diplomat in Havanna. Besonders seit dem Untergang des Sowjetreiches hat García Márquez' unerschütterliche Treue zur Revolution – und sein Einsatz als Sonderbotschafter des alten Fidel – dem Regime wieder manche Türen geöffnet und neue Fürsprecher gewonnen: in Madrid, Paris und Berlin, bei der EU in Brüssel und in mehreren Hauptstädten Lateinamerikas. Sogar das Weiße Haus öffnete dem Romancier und Nobelpreisträger 1996 seine Pforten; bei einem Dinner mit Bill Clinton erklärte ihm Gabo: »Mr. President, wenn Sie und Fidel sich nur einmal von Angesicht zu Angesicht gegenübersitzen würden, gäbe es bald keine Probleme mehr.« Leider ruiniert auf Kuba immer wieder irgendein Menschenrechtsproblem die schönsten Aussichten: Im März 2003 wurden 78 friedliche Regimegegner zu zwölf bis 27 Jahren Gefängnis verurteilt – einer von ihnen, weil er ein Tonbandgerät besaß, was damals verboten war. Auch die Hinrichtung von drei jungen Leuten, die mit einer gekaperten kleinen Fähre nach Miami zu entkommen suchten, ließ Gabos naive Schönwetterdiplomatie auf Grund laufen.

Nur, wo bleibt die von Enrique Krauze vermutete Gegenseitigkeit, wo liegt der Nutzen für Gabo selbst? Und was hat den Kolumbianer überhaupt an die Seite Castros getrieben, ihn schließlich sogar dazu bewogen, Havanna zu seiner zweiten Heimat zu machen? Unter den großzügig ausgestatteten *Casas de Protocolo* des kubanischen Staatsrates, die das Regime vor über einem halben Jahrhundert von der aus Kuba geflüchteten Oberschicht beschlagnahmt hat, ist eines durchgehend für den Schriftstellerfreund Gabriel García Márquez reserviert. Freilich kann eine solche Annehmlichkeit einem 20-fachen Tantiemenmillionär für sich allein nicht viel bedeuten. Der größte Reiz, den die »Perle der Antillen« dem Geborgenheit suchenden Gabo zu bieten hat, ist die einzigartige Nachbarschaft, mit der sie ihn umgibt: die physische Nähe der Macht. In den diskret abgeschirmten, durch die Gentrifizierung der Revolution geadelten Villengehegen um Cubanacán und Siboney haben auch Fidel und Raúl je einen Familiensitz, und in der weiteren Umgebung können ehrwürdige Politbüro-Mitglieder standesgemäß verdämmern. Hier ist der *círculo interno* des *Comandante en Jefe* zu Hause – der Zauberkreis der Macht, der sich für Gabo in Wahrheit erst spät, nach langem und demütigendem Werben geöffnet hat.

Doch kannte Fidel Castro seinen Freund Gabriel García Márquez nicht schon »seit jeher«? So zumindest hat er es 2002 formuliert, in einem unter seinem Namen erschienenen Kommentar zu den Gabo-Memoiren, die damals in der Spanisch sprechenden Welt wie warme Semmeln weggingen. Sein kurzes und wohl weitgehend selbstverfasstes Schriftstück ließ der Comandante mit Nachdruck verbreiten. Anekdote, Erlebnis, Legende, Geschichte und Geschichtsfälschung scheinen sich darin wie in einer Weihrauchwolke zu vereinen. Nicht ohne literarisches Geschick wird in Castros Loblied auf García Márquez ein gemeinsames Jugenderlebnis nostalgisch beschworen – oder konstruiert. Der Beitrag des Revolutionsführers hat da manchmal eine gewisse Eleganz, die der greise Zeitungskolumnist Castro (siehe seine regelmäßigen »Betrachtungen des Genossen Fidel« im kommunistischen Zentralorgan *Granma*) sonst schmerzlich vermissen lässt. Gelegentlich drängt sich der Verdacht auf, dass Fidel Castros schriftliche Reaktion auf die Erinnerungen seines Freundes García Márquez eine Gemeinschaftsarbeit sei, bei der dem Nobelpreisträger der Literatur leider die Federführung entglitten ist.

Schon Fidels Auftakt klingt wie ein Widerhall der berühmten Romananfänge eines bekannten kolumbianischen Autors. »An jenem traurigen 9. April 1948, dem Tag, an dem sie Gaitán ermordet haben, befanden Gabo und ich uns in der Stadt Bogotá. Wir hatten das gleiche Alter: 21 Jahre. Wir wurden Zeugen derselben Ereignisse. Und beide studierten wir damals auf die gleiche Karriere hin: Jurisprudenz. Dies zumindest glaubten wir. Doch keiner von uns beiden hatte je vom anderen gehört. Und kein Mensch kannte uns – nicht einmal wir selbst.«

Es ist nachweislich wahr: An jenem 9. April 1948 wurde in der kolumbianischen Hauptstadt Bogotá der linkspopulistische Politiker und aussichtsreichste Präsidentschaftsanwärter der Liberalen Partei, Jorge Eliécer Gaitán, durch vier Pistolenschüsse niedergestreckt, von denen drei sich als tödlich erwiesen. Anschließend beförderten die Fußtritte einer wütenden Menschenmenge den (ziemlich bald leblosen) Körper des mutmaßlichen Mörders über das Kopfsteinpflaster in Richtung Stadtzentrum, wo allerdings nur noch blutige Einzelteile von ihm eintrafen. Der Mord an Gaitán hat in Bogotá den berüchtigten *Bogotazo* ausgelöst – eine chaotische Orgie der Gewalt, des Plünderns, Brandschatzens und Mordens, der in wenigen Tagen über 3000 Menschen zum Opfer fielen. Der absurde, seit dem 19. Jahrhundert schwelende Bürgerkrieg zwischen Kolumbiens Konservativen und Liberalen, dessen brutalere Phase mit dem *Bogotazo* begann, mutierte schon ein Jahrzehnt später – bald nach dem Sieg der Revolutionäre Fidel Castros auf Kuba – zum »bewaffneten Kampf« linker Guerilleros gegen die gewählten Regierungen in der Hauptstadt Bogotá und in den Provinzen. Heute findet jener wandlungsreiche Bürgerkrieg seine Verlängerung im nicht enden wollenden »Narco-Terrorismus« der einst von Kuba geförderten Befreiungsfront FARC.

Fidel Castro erinnert sich in seinem Artikel – Gabo zuliebe – lebhaft und detailfreudig an den historischen *Bogotazo.* »Während das Volk den Mörder durch die Straßen schleifte, steckte eine Menschenmenge die Ladengeschäfte, Bürogebäude, Kinos und Apartmenthäuser in Brand. Einige schleppten Klaviere oder Kleiderschränke durch die Gegend. Jemand zerschmetterte Spiegel, andere droschen auf Wahlplakate und Sonnendächer ein. Weiter vorne schrien viele ihre Ohnmacht und ihren Schmerz über die Querstraßen hinweg, von den Blumenterrassen herunter oder aus rauchendem Gemäuer heraus. Ein Mann versuchte, seine Wut an einer Büro-Schreibmaschine auszulassen, die er mit Fausthieben traktierte. Um ihm diese ungeheure und sinnlose Mühe zu ersparen, warf ich die Maschine einfach in die Luft. Beim Aufprall auf dem Zementboden zerbarst sie in tausend Stücke.«

Solch ein Kraftkerl und Temperamentsbolzen war Fidel also nach eigener Darstellung. In seinem Kommentar der Gabo-Memoiren jedoch datierte der betagte Revolutionär seine plötzliche Erkenntnis, dass er 1948 das *Bogotazo*-Erlebnis mit seinem künftigen Freund Gabo geteilt hatte, auf einen erstaunlich späten Zeitpunkt: »... beinahe ein halbes Jahrhundert danach, als Gabo und ich uns am Vorabend einer gemeinsamen Fahrt zu meinem Geburtsort in der Provinz Oriente unterhielten ...« Damals erst, so wäre aus Fidels Kommentar zu schließen, habe er dem kolumbianischen Freund von seinem Jugenderlebnis in Kolumbien erzählt. Und vor allem: Erst bei dieser Gelegenheit habe er von Gabo erfahren, dass auch jener, als junger Jurastudent, das historische Ereignis *Bogotazo* miterlebt hatte. »Vielleicht also waren wir durch dieselben Straßen gezogen, hatten die gleichen Schreckensmomente durchgemacht ... Mit der hartnäckigen Neugier, die mir eigen ist, knallte ich Gabo also meine Frage hin: ›Und du, was hast denn du während des *Bogotazo* gemacht?‹«

An dieser Stelle trumpft der von *Prensa Latina* verbreitete Fidel-Text mit blumiger Huldigungsprosa auf: »Unerschütterlich verschanzt in seiner erstaunlichen, lebhaften, frechen und außerordentlichen Phantasie, erwiderte Gabo prompt und lächelnd und so findig, wie wir es schon aus der Natürlichkeit seiner Metaphern gewohnt sind: ›Fidel, ich war der Mann mit der Schreibmaschine.‹«

Wer auch immer der wahre Verfasser dieses Schriftstückes aus Havanna gewesen sein mag: Ein Sprachkritiker würde feststellen, dass er mit dieser Passage den »Chimborazo der Schmockerei« (Karl Kraus) erklommen habe. Und dies nicht nur wegen des stilistischen Schwulstes – das Gespräch zwischen Fidel und Gabo ist angesichts des Zeitpunkts und der Vorgeschichte völlig unglaubwürdig. Dass der 21-jährige Castro im April 1948 beim *Bogotazo* dabei gewesen ist, wird seit 50 Jahren in jeder der unzähligen Castro-Biographien als frühes Schlüsselerlebnis herausgehoben, es gehört zum revolutionären Grundwissen eines jeden erwachsenen Kubaners oder altlinken Latinos. Gleichwohl hat Fidel – in seinen Worten – jenes kolumbianische Jugenderlebnis erst »fast ein halbes Jahrhundert später« in Gegenwart seines Intimus García Márquez ausgebreitet. Und dann fügt er auch noch hinzu: »Die Sache ist die, dass ich gegen Ende meiner Erzählung erfuhr, dass auch Gabo (während des *Bogotazo*) dabei gewesen war – und ich empfand diesen Zufall als eine Offenbarung.«

Da knirscht es in den Balken. »Ein halbes Jahrhundert später« waren Gabo und er ja seit gut 20 Jahren nicht nur miteinander bekannt, sondern inzwischen enge Vertraute geworden. Der Nobelpreisträger verbrachte jedes Jahr viele Urlaubs- oder Arbeitswochen in seinem kubanischen Protokollhaus N° 6, und er gehörte zum »inneren Kreis« des gesprächigen Herrschers, der, je älter er wurde, desto häufiger von seiner Jugend- und Kampfzeit schwärmte. Und in all den Jahren soll zwischen Fidel und seinem kolumbianischen Freund von dem spektakulärsten Ereignis der jüngeren Geschichte Kolumbiens – das sie obendrein beide miterlebt hatten – nie die Rede gewesen sein? Die Darstellung Fidels ist hanebüchen – zumal ja auch aus Gabos Memoiren hervorgeht, wie oft und wie gern die beiden sich über das weit zurückliegende Abenteuer unterhalten hatten. Anscheinend verlegte der Comandante seine »Entdeckung« um mehrere Jahrzehnte, weil ihm die neue Pointe mit der Schreibmaschine so gut gefiel. Herrschaftswissen ist das nicht. Eher wohl Herrschergeflunker.

Bei einem Romanschriftsteller ist der selektive Umgang mit der Erinnerung leichter hinzunehmen. Genau wie Fidel hat Gabo in seinem *Bogotazo*-Rückblick aufschlussreiche Einzelheiten der Karriere Fidel Castros und der Chronik Lateinamerikas kosmetisch ausgeblendet. Fidel hatte im März 1948 triftige Gründe gehabt, die Insel Kuba zu verlassen und auf das kolumbianische Festland auszuweichen. Als politisch ehrgeiziger Studentenführer war er aktiv an einer Entwicklung der Universität Havanna beteiligt, die in den Geschichtsbüchern mit dem prägnanten Begriff *gangs-*

terismo bezeichnet wird. In dem Riesengebäude mit dem imposanten Treppenaufgang spielten sich besonders in Zeiten der Demokratie brutale Machtkämpfe ab. Ideologie spielte dabei so gut wie keine Rolle: Es waren Rüpelspiele bei der Wahl der Studentenvertretungen, es ging um Stimmenkauf und Urnendiebstahl, um Freundschaftsdienste für Parteibosse oder Präsidentschaftskandidaten, um Zuschüsse und Einfluss, um gut bezahlte Sinekuren oder Scheinjobs in der Staatsbürokratie. Das Ringen um einen künftigen Parlamentssitz oder um Ministerämter begann für jeden politisch ehrgeizigen Kubaner praktisch im ersten Semester. Für die studentische Einführung in die Politik waren neben dem Mundwerk auch Fäuste, Messer und Revolver nötig, denn sie artete oft in Kidnapping, Mord und Totschlag aus. Allein während der fünf Studienjahre Fidel Castros wurden an der Universität Havanna über 100 Studenten per Totenschein exmatrikuliert.

Sich aus dem Staub zu machen muss für Fidel im März 1948 eine große Versuchung gewesen sein. Schon der 20-Jährige war im Dezember 1946 beschuldigt worden, den Studentenführer Leonel Gómez durch einen Lungenschuss verwundet zu haben. Am 12. Februar 1948 führte Castro den brachialen Protest gegen eine Polizeieinheit an, die durch ihre Anwesenheit angeblich die Autonomie der Universität verletzte. Am 22. Februar wurde der zum Sport-Staatssekretär beförderte Studentenführer Manolo Castro (mit Fidel nicht verwandt) aus einem Kino gelockt und auf der Stelle erschossen. Der Mitbeschuldigte Fidel Castro ist kurz danach auf dem Flughafen von Havanna verhaftet und einem Staatsanwalt vorgeführt worden, sein Reisepass wurde vorübergehend eingezogen. Eine Woche später wandte Fidel sich an die Obrigkeit mit der Beschwerde, dass die Anhänger des ermordeten Manolo Castro nun ihm nach dem Leben trachteten.

Wer konnte sich unter solchen Umständen schon auf sein Jurastudium konzentrieren? Da traf es sich gut, dass im März 1948 dringend kubanische Studentenführer für einen Auslandseinsatz gesucht wurden. Die Initiative kam aus Buenos Aires, die Flugscheine, Einladungen und Reisespesen wurden von der argentinischen Botschaft in Havanna bereitgestellt. General Juan Domingo Perón, der 1946 demokratisch ins Präsidentenamt gewählte und diktatorisch herrschende Populist, wollte während der bevorstehenden Panamerikanischen Konferenz in Kolumbiens Hauptstadt eine außenpolitische Initiative der USA torpedieren. US-Präsident Harry Truman und sein Außenminister George Marshall hatten vor, die schwache Panamerikanische Union in eine einflussreiche Organisation Amerikanischer Staaten (OAS) zu verwandeln und die Latinos mit einem neuen – wenn auch bescheidenen – Marshall-Plan für Washingtons neue Diplomatie zu gewinnen. Fidel und die von ihm aus Havanna mitgebrachten Freunde schlossen sich auftragsgemäß in Bogotá den Peronisten aus Argentinien und anderen südamerikanischen Studenten an: mit dem Geld und der Rückendeckung General Peróns sollte eine große »alternative« Veranstaltung organisiert werden – ein gegen Außenminister Marshall und die amerikanischen Reformpläne gerichteter, ganz auf Antiimperialismus eingestimmter Jugendkongress.

Gabriel García Márquez hat diese Hintergründe der Fidel-Expedition in seinem Memoirenband weitgehend unterschlagen, aber immerhin den *Bogotazo* lebendig geschildert. Als der Volksheld Jorge Eliécer Gaitán am 9. April 1948 auf dem Trottoir vor seiner Antwaltskanzlei von einem Geistesgestörten erschossen wurde, rannte Gabo sofort hin: Der Sterbende, gerade 45 Jahre alt, war zwar schon ins nahe Krankenhaus gefahren worden, aber die Blutlache war noch da. »Mehrere der umstehenden Männer tauchten ihre Taschentücher in das noch warme Blut, um sie als historische Reliquien aufzubewahren«, notierte der Schriftsteller romanreif.

Fidel und seine kubanischen Freunde waren am 29. März in Bogotá gelandet. Als Gaitán ermordet wurde, waren sie also bereits seit zehn Tagen im Lande. Und da Gaitán jeden Freitag eine Rede im *Teatro Municipal* hielt, die über Lautsprecher im ganzen Stadtzentrum und von einigen Rundfunksendern übertragen wurde, dürfte der junge Kubaner noch einen Eindruck vom damals wohl wirkungsvollsten Massenredner Lateinamerikas bekommen haben. Der Internatsschüler García Márquez hatte Jorge Eliécer Gaitán schon in Zipaquirá als einen Volkstribun mit indianischen Gesichtszügen erlebt, der eine zu Herzen gehende soziale Botschaft hatte und obendrein aus jedem Auftritt ein Spektakel zu machen wusste. Der Anwalt Gaitán, ein brillanter Schüler des italienischen Strafrechtlers Enrico Ferri, »hatte in Rom auch die Redekünste Mussolinis studieren können und einiges von seinem theatralischen Stil übernommen«, schreibt Gabriel García Márquez. Eine der exaltierten Formulierungen aus dem Repertoire Gaitáns hätte auch vom späteren Fidel Castro stammen können: »Ich bin nicht nur ein Mann. Ich bin ein Volk.«

Wie der britische Historiker Hugh Thomas in seinem Standardwerk *The Pursuit of Freedom* festhielt, hat der Student Castro sich noch in der Anwaltskanzlei Gaitáns vorstellen können und sich von dem Politiker einen Gesprächstermin geben lassen: für den 9. April, 14 Uhr – eine halbe Stunde nach dem Mord. Sowohl Gaitáns zündende sozialromantische Rhetorik wie auch die Gewaltausbrüche der entfesselten Menschenmengen in Bogotá haben auf Fidel Castro – so vermutet Sir Hugh – einen starken und prägenden

Eindruck gemacht. Später bemerkte der Kubaner, die kolumbianischen »Massen« hätten damals nur deshalb nicht die Macht erobert, weil sie »von falschen Politikern verraten« worden seien. Wie weit Castro selbst an den Ausschreitungen als Agitator beteiligt war, ist umstritten. Er behauptete später, während des *Bogotazo* ein Mauser-Gewehr ergattert und auch benutzt zu haben. Vier Tage nach dem Mord an Gaitán und dem Ausbruch der Unruhen wurde Fidel von einem argentinischen Diplomaten in die Botschaft Kubas gefahren, die ihm Zuflucht gewährte und ihm eine ungewöhnliche Art der Heimreise ermöglichte – in einem mit Kampfstieren beladenen Frachtflugzeug.

»Kennengelernt habe ich ihn (Castro) elf Jahre später, als ich als Reporter zu seinem triumphalen Einzug in Havanna eilte, und mit der Zeit gelang es uns, eine persönliche Freundschaft zu schließen, die im Lauf der Jahre unzählige Stolpersteine überwunden hat.« So steht es in den Memoiren von Gabriel García Márquez – ein wenig unpräzise und auch in die Irre führend. Da gilt es, sich an die Warnung zu halten, die Gabo seinem britischen Biographen Gerald Martin am Beginn seiner Forschungsarbeit zukommen ließ: »Jeder Mensch hat drei Leben – ein öffentliches, ein privates und ein geheimes.« Das trifft auf jeden Fall auf Gabriel García Márquez selbst zu. Und Gabos Freundschaft zu Fidel spielte sich am allerwenigsten im öffentlichen Leben ab – sie ist höchstens zu erschließen aus seinem privaten, vor allem aus seinem geheimen Leben. Darum wird das Verhältnis zwischen den beiden wohl nie ganz durchleuchtet werden.

Dass Gabo, wie er schreibt, als junger Reporter zu »Fidels triumphalem Einzug in Havanna« geeilt sei, ist nicht ganz richtig. Er traf dort mit seinem Freund Plinio Apuleyo Mendoza zehn Tage später ein, am 19. Januar 1959, und der Anlass war eine von Fidel Castro ausgerufene »Operation

Wahrheit«: Es ging darum, ausländischen Journalisten die Schauprozesse gegen Schergen und Mitstreiter des geflohenen Diktators Batista – bald auch gegen angebliche Verräter aus den eigenen Reihen – als rechtsstaatlich unbedenkliche Gerichtsverfahren vorzuführen. Viele der Verurteilten endeten anschließend vor dem Hinrichtungspeloton. Zu Gabos erster Begegnung mit Fidel kam es, als der neue Herrscher die eintreffenden Reporter auf dem Flughafen begrüßte und fürsorglich »Haben Sie schon gegessen?« fragte, bevor er sie zum Prozess ins Sportstadion bringen ließ. In der 17 000 Menschen fassenden Arena sorgten Sprechchöre (»Mörder! Henker! An die Wand!«) für die richtige Stimmung. Hauptangeklagter an jenem Abend war Major Jesús Sosa Blanco, der in Oriente den Krieg gegen die Guerilleros besonders grausam geführt hatte; Sosa gelang es immerhin, »Römischer Zirkus!« ins Mikrophon zu rufen. Er wurde zum Tod verurteilt. Die »Operation Wahrheit« erwies sich für Castro als PR-Desaster: Die meisten der fremden Reporter berichteten über den Schauprozess negativ. Gabriel García Márquez aber hat an jenem Tag den Helden seines Lebens gefunden.

»Dass Intellektuelle sich zu politischen Führern hingezogen fühlen, ist eine Abart des Penisneides«, bemerkte der Austro-Argentinier Germán Kratochwil. Bei García Márquez kommt als mildernder Umstand hinzu, dass ihn der Brotberuf des Journalisten zwangsläufig schon früh in die Umgebung der Mächtigen brachte. Gleich nach seiner ersten Begegnung mit Fidel Castro ließ Gabo sich von der frisch gegründeten, von Che Guevara angeregten Nachrichtenagentur *Prensa Latina* anheuern, die das »weltweite Informationsmonopol des Imperialismus brechen« sollte. Gabo arbeitete als Korrespondent in Bogotá, als Redakteur in Havanna, als Korrespondent in New York – kündigte aber 1962 seinen Job, als bei *Prensa Latina* der wachsende Einfluss der

Altkommunisten nicht mehr zu ertragen war. In Havanna traf Gabo zwar mehrmals mit Fidel zusammen, aber der erwiderte das Interesse des noch wenig bekannten Schriftstellers nicht. 13 Jahre musste Gabo noch auf Gnade warten, ja bei Fidel geradezu antichambrieren – auch dann noch, als 1967 dank *Hundert Jahre Einsamkeit* sein Weltruhm begründet war.

Nicht Kuba, nicht die Revolution oder der Sozialismus – die Gestalt des Führers und Diktators ist es, die García Márquez faszinierte und unwiderstehlich anzog. Wie vieles andere wird diese Besessenheit des Autors auf seine Kindheit und Jugend zurückgeführt, und der Schlüssel dürfte in der Verehrung zu suchen sein, die der kleine Gabito für seinen Großvater empfand, den Oberst a. D. Nicolás Márquez Mejía (1864–1936). Wer sich an den ersten, überfallartigen Satz der *Hundert Jahre Einsamkeit* erinnert, hat jene Gestalt schon vor sich: »Viele Jahre später sollte der Oberst Aureliano Buendía sich vor dem Erschießungskommando an jenen fernen Nachmittag erinnern, an dem sein Vater ihn mitnahm, um das Eis kennenzulernen.«

Wie er in einem Atemzug zwei Zeitebenen herstellte und seinen Helden Aureliano Buendía angesichts der auf ihn gerichteten Gewehrläufe die unschuldige Welt seiner Kindheit beschwören ließ, war mehr als ein virtuoser Auftakt: Es wurde als die Wortmeldung einer neuen Stimme der Weltliteratur empfunden. Ein lateinamerikanischer Volksschriftsteller war geboren, der mit einem Roman nach dem Qualitätsmaßstab der Gebildeten beinahe an die Auflagen von Schundautoren herankam. Ein Wunder, von dem noch viele andere Schriftsteller aus Lateinamerika profitieren sollten: diese neue Generation eroberte erst Madrid und Paris und bald den Rest der westlichen Welt. Die Autoren nannten sich kollektiv wie die seltsame Glückswelle und internationale

Auflagenschwemme, die sie trug: *El Boom*. Und ein knappes Jahrzehnt lang hatten sie eine gemeinsame geistige Heimat, die sie untereinander und mit vielen bedeutenden Intellektuellen im Westen verband: das revolutionäre Kuba. Schon während der siebziger Jahre jedoch zerfiel das *Boom*-Bündnis am Streit um die ideologische Starre des Inselregimes. »Mit der Revolution: alles! Gegen die Revolution: nichts!«, lautete Fidel Castros Direktive an die Schriftsteller, mit der er ihnen Freiheiten höchstens in Stil und Form zugestand. Da Castro und die Revolution identisch waren, bedeutete der Unfehlbarkeitsanspruch der Letzteren, dass der Comandante auch über das Denken der Intellektuellen zu bestimmen hatte – und nicht nur der kubanischen.

Bis heute ist nur noch ein Einziger aus jener *Boom*-Generation dem Patriarchen von Havanna in Treue ergeben geblieben: der ursprüngliche *Boom*-Begründer, von seinen Freunden immer noch Gabo oder auch Gabito genannt. Wie der Brite Gerald Martin in seiner erschöpfenden Biographie *Gabriel García Márquez: A Life* vermutet, stammt die Bindung des Schriftstellers an eine übermächtige Autoritätsperson, mit der er sich verbunden fühlen muss, aus der frühen Kindheit im staubigen Nest Aracataca, das unter dem Namen »Macondo« in die Weltliteratur eingehen sollte. Hier hatte Gabito, der zunächst ohne seine Eltern aufwuchs, einen höchsteigenen Patriarchen: den Großvater und Veteranen dreier kolumbianischer Bürgerkriege, Oberst außer Diensten und einstigen Duellanten Nicolás Márquez Mejía. Der rüstige, halbblinde, in Erinnerungen schwelgende Greis und der ihn bestaunende Enkel »waren immer zusammen«, berichtet Gabo in seinen Memoiren, ja sie kleideten sich sogar wie Zwillinge. Jeden Monat feierte der Opa Gabos »Geburtstag«, würdigte sein frühes Talent zum Geschichtenerzählen und ließ sich von ihm, wenn der Kleine einmal im Kino gewesen war, die ganze Handlung detailliert wiederholen. »Er war für ihn die Verkörperung der Liebe und der Macht«, schreibt Enrique Krauze. Und in Gabos Memoiren heißt es: »Ich war acht Jahre alt, als er starb, und seither ist mir nichts Wichtiges mehr passiert.«

Dass für Gabo eine innige Verbindung zwischen der Patriarchenfigur seiner Kindheit und dem Comandante Fidel Castro entstand, hat er selbst durch eine Symbolhandlung deutlich gemacht. Der Oberst Nicolás Márquez in Aracataca hatte seinem ältesten Enkel, obwohl er ihn »mein kleiner Napoleon« zu nennen pflegte, zuletzt zum Geburtstag keinen Säbel und keine Pistole geschenkt, sondern ein spanisches Wörterbuch – reich illustriert und fast 2000 Seiten stark. »Dieses Buch weiß nicht nur alles«, erklärte ihm der Großvater, »es irrt sich auch niemals.« Der Enkel fragte: »Wie viele Wörter stehen drin?«, und die Antwort des Alten lautete: »Alle.« Gabito begann sofort mit der Lektüre des Buches in alphabetischer Reihenfolge. Als Fidel Castro 1996 seinen 70. Geburtstag feierte, erhielt er von Gabriel García Márquez ein Geschenk, das er als »faszinierend, eine wahre Kostbarkeit« bezeichnete. Es war ein besonders reichhaltiges, mit Zitaten gespicktes Wörterbuch der spanischen Sprache.

Ein Demokrat, so viel steht fest, war Gabos Großvater nicht. Wie der Oberst Aureliano Buendía in *Hundert Jahre Einsamkeit*, verachtete er die beiden großen, weltanschaulich orientierten Parteien des Landes: »Der einzige Unterschied zwischen den Liberalen und den Konservativen ist, dass die Liberalen um fünf zur Messe gehen und die Konservativen um acht.« Und nicht nur der Großvater, sondern auch der Enkel García Márquez stimmte mit dem berühmten Ausspruch des Befreiers Simón Bolívar überein: »Bis ins Mark meiner Knochen bin ich davon überzeugt, dass (Latein-) Amerika einzig durch einen tüchtigen Despotismus zu regieren ist.« Die Gestalt des aufgeklärten Diktators und charismatischen Menschenführers wird für Gabito lebenslang das Ideal bleiben.

Eine Ahnung davon gaben schon die frühen Berichte des noch kaum 30-jährigen Bohemiens und Journalisten. Als Auslandsreporter der bürgerlichen Zeitung *El Espectador* in Bogotá bereiste Gabo Mitte der fünfziger Jahre die DDR, Polen, Ungarn und die Sowjetunion, und obwohl er nicht gerade Sympathie für das dort herrschende System entwickelte, haben manche der Machthaber es ihm doch angetan. In Moskau war es der Anblick des kürzlich einbalsamierten Josef Stalin an der Kremlmauer: »Nichts beeindruckte mich so sehr wie die Zartheit seiner Hände mit ihren durchsichtigen Fingernägeln. Es sind die Hände einer Frau.« Keineswegs habe dieser Mann jener »herzlosen Figur geglichen, die Nikita Chruschtschow in seiner gnadenlosen Polemik (der berühmten ›Geheimrede‹ auf dem 22. Parteitag der KPdSU) denunziert« hatte. Und, wie García Márquez' Biograph Gerald Martin herausfand, war Gabo in Budapest geradezu »trunken« von der physischen Nähe Janos Kadars – des Parteisekretärs, der als Werkzeug der Russen den Ungarn-Aufstand niedergeschlagen hatte. Auch die Hinrichtung des demokratischen Abweichlers und Volkshelden Imre Nagy hat García Márquez keineswegs empört – sie erschien ihm nur als politischer Fehler. »Es sollte uns vielleicht nicht überraschen«, bemerkt Gabos sonst keineswegs kritischer Biograph, »dass derselbe Mann, der kaltblütig das politische Interesse über die menschliche Moral stellt, später auch einem ›unersetzlichen‹ Führer wie Fidel Castro durch dick und dünn folgen würde.«

Eine lateinamerikanische Tradition noch aus dem 19. Jahrhundert schreibt vor, dass jeder bedeutende Schriftsteller wenigstens einen Diktatorenroman verfasst haben muss. Nur exzeptionelle Außenseiter wie der Argentinier Jorge Luis Borges verfügten über die Autorität, sich dieser Verpflichtung zu verweigern; Borges schrieb ohnehin keine Romane, und außerdem empfand er nicht jeden Diktator als unbedingt schädlich. Aber die Nobelpreisträger aus Lateinamerika haben dem Genre des Diktatorenromans ihre handwerkliche Meisterschaft gewidmet und der Welt manch grausig-schöne Lektüre beschert. Der Guatemalteke Miguel Ángel Asturias (Nobelpreis 1967) prägte als Erster den hernach bis zum Überdruss gebrauchten Begriff des »magischen Realismus«. In *El Señor Presidente* setzte er zwar einem Machthaber aus dem 19. Jahrhundert ein abschreckendes Denkmal, doch wirkte wohl auch General Jorge Ubico – unter dessen Herrschaft während der dreißiger und vierziger Jahre das Buch entstand – in die Charakterisierung mit hinein. Jener Ubico hat eine Originalität entwickelt, die mit dem Einfallsreichtum der begabtesten Satiriker wetteifern könnte. So ließ er aus den Schul- und Wörterbüchern seines Landes den Begriff *obrero* (Arbeiter) entfernen und verfügte, dass das guatemaltekische Strafgesetzbuch nicht auf Kaffeeplantagenbesitzer anwendbar sei. Der von Präsident Jorge Ubico gestiftete Quetzal-Orden wurde 1935 als erstem europäischen Staatsmann Benito Mussolini verliehen.

Wie Miguel Ángel Asturias hat sich auch der Peruaner Mario Vargas Llosa (Nobelpreis 2010) einem real existiert habenden Tyrannen zugewandt. In seinem *Fest des Ziegenbocks* porträtierte er den Generalissimus und Wohltäter des Vaterlandes Rafael Leónidas Trujillo Molina (Dominikanische Republik, 1930–1961) mit wunderbarer Genauigkeit. In Erinnerung bleibt vor allem Trujillos umfassend ausgeübtes *droit du seigneur*. Von seinen Ministern und Generälen erwartete er, dass sie ihm ihre Ehefrauen zum Beischlaf oder ihre Töchter zur Entjungferung überließen und den

Vollzug auch noch als persönliche Auszeichnung empfanden. Der Kubaner Alejo Carpentier (Cervantes-Preis 1977) versetzte sich in *Das Reich von dieser Welt* in den Unabhängigkeitskampf Haitis und vor allem in den schwarzen Despoten Henri Christophe, der sich zum König krönen ließ, gewaltige Paläste baute, unter den befreiten Sklaven einen Adelsstand mit gepuderten Perücken gründete und sich seinem Sturz dadurch entzog, dass er sich eine silberne Kugel in den Kopf jagte. Der Paraguayer Augusto Roa Bastos und der Argentinier Tomás Eloy Martínez bedienten sich – in den Gestalten Gaspar Rodríguez de Francias und Juan Domingo Peróns – der bekanntesten Diktatoren ihrer jeweiligen Heimatländer, um die Porträtgalerie zu vervollständigen. Angeblich war das schon Jahrzehnte vorher unter den jungen Autoren der *Boom*-Generation so verabredet worden.

Wen aber hatte Gabriel García Márquez im Sinn, als er seinen barock ausschweifenden Diktatorenroman *Der Herbst des Patriarchen* zu Papier brachte? Veröffentlicht wurde das sprachgewaltige, mit hinreißender Phantastik auftrumpfende Werk 1975 – ein Jahr, in dem Fidel Castro dem längst weltberühmt gewordenen Gabo abermals eine Zusammenkunft verweigert hatte. Gegenüber dem damals noch linksgerichteten Pariser Intellektuellen und einstigen Che-Kumpanen Régis Debray meldete der *Comandante en Jefe* seine Zweifel an der »revolutionären Standfestigkeit« García Márquez' an – natürlich in der Gewissheit, dass diese Schmähung nicht geheim bleiben würde. Gabo musste sich in jenem Jahr im karibischen Raum mit einem anderen Alleinherrscher begnügen – dem General Omar Torrijos in Panama, der eine Schwäche für trinkfeste Schriftsteller entwickelte und auch den Briten Graham Greene ausführlich bewirtete. Der wie ein Filmstar aussehende und überaus populäre Diktator

Torrijos hatte offenbar den *Herbst des Patriarchen* gelesen und entzückte García Márquez mit der Mitteilung: »Ja, es ist wahr, genauso sind wir!«

Nun, vielleicht hatte General Torrijos das Buch doch nicht lange genug in der Hand gehabt, als er dem Autor seine Begeisterung zuprostete. Gabriel García Márquez' »Patriarch« ist ein gedunsener und übelriechender Bananenrepublik-Diktator ohne Namen, mit Elefantiasis an den Beinen und einem pfeifenden Hodenbruch dazwischen. Schlaflos schleppt er sich nachts in seinem zerfallenden Palast von Saal zu Saal, »mit aus Liebesmangel schrundigem Herzen«, und stolpert an Kühen und Hühnern und dösenden Hunden vorbei. Er ist »im unbestimmten Alter zwischen 107 und 232 Jahren«. Lobhudler haben den Despoten schon vor Urzeiten mit dem Rang »General des Universums« ausgezeichnet, mehr als 5000 Bastarde hat er mit einer Schar angstvoll geduckter Konkubinen gezeugt. Nun aber ist er in seinem Bananenreich längst »ausgehöhlt vom einsamen Laster der Macht«, immer noch geschüttelt von der ewigen Angst vor Attentaten, senil und verlassen, ohne Kontakt zur Umwelt, und regiert in Wahrheit niemanden mehr. Die Untertanen wagen sich durch die alles überziehenden, dichten Spinnengewebe längst nicht mehr in seine Nähe vor. Erst als über der Residenz die Aasgeier kreisen, die verfaulten Fensterläden zerhacken und durch brechendes Glas eindringen, trauen sich einige in den Bannkreis der Macht hinein und finden die von Räude überzogenen, unappetitlichen Überreste des verehrten und gefürchteten Patriarchen. In jenem Land stellte es keinen fundamentalen Widerspruch dar, dass der charismatische Herrscher ebenso viel Liebe wie Hass erweckte, wenn auch nur selten zur gleichen Zeit.

Mit dem lebenslustigen Diktator Omar Torrijos, der einige Jahre später bei einem Flugzeugabsturz ums Leben kam, hatte der »Patriarch« von García Márquez absolut keine Ähnlichkeit. Seinem Freund Plinio Apuleyo Mendoza versicherte Gabo, das Buch sei in Wahrheit »ein Gedicht über die Einsamkeit der Macht«. Als García Márquez es 1975 zu Ende geschrieben hatte, war Fidel Castro erst 49 Jahre alt – aber er herrschte auf Kuba schon seit 16 Jahren und erweckte den Eindruck, noch viele Jahrzehnte weitermachen zu können; was sich denn auch bewahrheitete. »Er war der Einzige, der die wahren Dimensionen unseres Schicksals kannte«, lässt García Márquez die Untertanen seines namenlosen Patriarchen sprechen. »Wir konnten uns nicht mehr vorstellen, was wir ohne ihn sein würden. Er allein war die Nation.« Und als García Márquez noch im selben Jahr nach Kuba fuhr und – wieder ohne Fidel getroffen zu haben – eine als Reportage getarnte Hymne auf den karibischen Sozialismus schrieb, stand darin zu lesen: »Jeder Kubaner scheint zu glauben, dass, falls niemand anderer mehr auf Kuba übrig wäre, er allein unter der Führung Fidel Castros die Revolution zu einem glücklichen Ende bringen könne. Dies begriffen zu haben war die aufregendste und wichtigste Erfahrung, die ich je hatte.«

Na also. War Gabo nun endlich würdig, vom Comandante empfangen zu werden? Gegenüber dem *Herbst des Patriarchen* scheint es in Havanna Vorbehalte in puncto Inhalt gegeben zu haben; der Roman wurde keineswegs so prompt ausgeliefert wie Gabos frühere Bücher. Doch García Márquez ließ sich 1976 und noch einmal im Jahr darauf nach Angola bringen, um über den Eingriff der Kubaner in den dortigen Bürgerkrieg zu berichten. Fidel Castro hatte ein Kontingent von 50 000 Soldaten entsandt, um in dieser früheren portugiesischen Kolonie der sowjetfreundlichen *Volksbefreiungsbewegung* von Agostinho Neto beizuspringen; die Kubaner sollten dabei helfen, die beiden anderen, mit Neto konkur-

rierenden Unabhängigkeitsbewegungen auszuschalten. Auf der Rückreise von Angola quartierte Gabo sich in Havannas alterspr
ächtigem »Hotel Nacional« ein, wo er nach angemessener Wartezeit von Fidel Castro aufgesucht wurde. Seit der letzten Begegnung des Magiers aus Kolumbien mit seinem verehrten Comandante waren immerhin 15 Jahre vergangen.

Den Nobelpreis erhielt Gabriel García Márquez zwar erst 1982 – aber auf eine weitere Wertsteigerung des Schriftstellers durch diese höchste Ehrung kam es in Havanna nun schon nicht mehr an. Die absolute Zuverlässigkeit des Autors stand für das Regime jetzt fest, Gabos Revolutionstreue konnte – anders als Fidel gegenüber Régis Debray vor kurzem noch geargwöhnt hatte – als gesichert gelten. García Márquez' Kuba-Reisebericht (*Cuba de cabo a rabo*, 1975) war ein einziges, geradezu tränenblindes Liebesbekenntnis zur Revolution und ihrem Führer geworden. Und nun wollte Gabo sich mit Fidel Castro darüber beraten, was er über die Rolle Kubas in Angola schreiben würde ... Einen rüden, dolchstoßartigen »Verrat«, wie ihn später der portugiesische Altkommunist José Saramago (Literatur-Nobelpreis 1998) an ihm vornehmen sollte, hatte Fidel von Seiten Gabos bestimmt nicht zu gewärtigen. Als der *Comandante en Jefe* an jenem Frühjahrsnachmittag 1977 um 15.30 Uhr unangemeldet im »Hotel Nacional« auftauchte, war sofort klar, dass so etwas wie eine Verlobung bevorstand. Die Reporter von Reuters und Agence France Presse, die Gabo um 16 Uhr aufsuchen sollten, mussten enttäuscht abziehen, konnten aber immerhin den (für karibische Verhältnisse) sensationellen *Scoop* melden, dass der Staatschef Kubas zu Gabriel García Márquez ins Hotel gekommen sei.

»Worum ist es denn bei dieser Begegnung mit Castro gegangen?«, wollte Monate später ein *Playboy*-Interviewer von Gabo erfahren. Ach, nicht einmal zehn Minuten lang habe Fidel seinen Erzählungen aus Angola zugehört, antwortete der Schriftsteller. Man sei vielmehr – vielleicht wegen der afrikanischen Nahrungsmittelprobleme – auf das Thema Essen überhaupt gekommen, und Fidel habe sich nach seinen einschlägigen Erfahrungen in Angola erkundigt. Darauf habe er, so Gabo, dem Kubaner erwidert: »Ach, für mich war es gar nicht so übel. Einmal konnte ich sogar eine Dose Kaviar auftreiben und war ganz glücklich.« Worauf Fidel wissen wollte, ob Gabo denn Kaviar wirklich möge. Auf die enthusiastisch bejahende Erwiderung des Schriftstellers hin erging sich der Revolutionsführer in Überlegungen, dass diese Vorliebe auf einem rein kulturellen, intellektuellen Vorurteil beruhe. Er selber, so Castro, könne mit Kaviar nicht viel anfangen. Nun sprachen die beiden für ein paar Stunden ausschließlich über Speisen – Hummer, Fisch und Fischrezepte. »Der Mann weiß einfach alles über Fischgerichte!«, fuhr Gabo im *Playboy* fort. »Und als es für mich Zeit wurde, mein Flugzeug zu erreichen, sagte er: ›Ich bringe dich zum Flughafen.‹ Dort saßen dann Fidel und ich noch länger in der VIP-Lounge und unterhielten uns weiter über Fischspeisen, während das Flugzeug angehalten wurde.«

Es ist da, wohlgemerkt, nicht vom uralten Fidel Castro die Rede, sondern vom gerade erst 50-jährigen Staatschef eines eher kleinen karibischen Landes, der kürzlich ein gewaltiges Militärkorps zum Kriegseinsatz nach Afrika entsandt hatte. Seit Christoph Columbus und die Spanier vor beinahe einem halben Jahrtausend auf den Bahamas und der weiteren Umgebung eingetroffen waren, hatte eine militärische Expedition in der Gegenrichtung – von West nach Ost – nach menschlichem Erinnern noch nie stattgefunden. Doch in der VIP-Lounge des José-Martí-Flughafens von Havanna unterhielt sich der unternehmungslustige karibische Staatschef mit dem gerade vom Kriegsschauplatz Angola eingetroffenen Schriftsteller über die Vorzüge verschiedener Schalentiere und sonstiger Meeresfrüchte. Derweil durfte die Linienmaschine nach Ciudad de México ein gutes Stündchen länger auf die Starterlaubnis warten.

Es war nicht die Macht selbst, nach der Gabo strebte; er war nur süchtig nach ihrem Geschmack, wollte mit an ihrem Tisch sitzen, wissen, wie sie sich anfühlt, und in den Genuss ihrer Geheimnisse kommen. Fortan konnte er von Castro und von Kuba gar nicht mehr genug kriegen. Es begann damit, dass Gabo und seine Frau jetzt jedes Jahr in Castros Villa nach Cayo Largo eingeladen wurden, wo der Comandante ein Schnellboot und seine Jacht *Acuaramas* unterhält. Nach der Nobelpreis-Verleihung brauchte Gabo in Havanna keine Hotels mehr zu benutzen: Ihm standen fortan ein Mercedes mit Fahrer und das Protokollhaus N°6 in Siboney zur Verfügung, das einige Jahre später zu seinem ständigen Sitz auf Kuba avancierte. Und Gabo zeigte sich Kollegen gegenüber besonders stolz darauf, über Fidels geheime Telefonnummer zu verfügen – etwa so, wie Berliner Journalisten damit prahlten, den deutschen Kanzler Gerhard Schröder nach Belieben über dessen Handy erreichen zu können.

Wie Régis Debray berichtet, wurden die Gäste im »inneren Kreis« mit Magnumflaschen von *Veuve Clicquot* überwältigt, Gabo frönte seiner Kaviarlust, Fidel ließ seinem Heißhunger auf Kabeljau freien Lauf. Für ein Kochbuch von Kubas edelstem *chef,* der unter dem Pseudonym »Great Smith« bekannt ist, wollte Gabo das Vorwort schreiben; es enthält ihm zu Ehren das Rezept für *Homard à la Macondo,* wogegen als Fidels Lieblingsgericht ein bescheidenes Schildkröten-Consommé angegeben wird. Fidel Castro beglückte seine Gäste an besonderen Tagen mit selbst zubereiteten *Spaghetti alle vongole* – eine Kunst, die er schon während seiner zwei entspannten Gefängnisjahre nach dem Putschversuch in der Moncada-Kaserne erlernt hatte und auf die er sehr stolz ist. Die italienische Starreporterin Oriana Fallacci, die in den Genuss von Fidels Nudelgericht gekommen ist, bezeichnete es hinterher mit zusammengebissenen Zähnen als *merda*.

Der Mexikaner Enrique Krauze stellt dem reichhaltigen Speisezettel im Haushalt García Márquez' oder in den Residenzen des Comandante heimtückisch den Inhalt der kubanischen *Libreta de abastecimiento* gegenüber – der allgegenwärtigen Rationierungskarte. Erwachsene auf der Insel erhalten *pro Person und pro Monat*: 3 ½ Kilo Reis; 900 Gramm Bohnen; 2 ½ Kilo Zucker; 250 Gramm Speiseöl; 400 Gramm Pasta; 10 Eier; 500 Gramm Gefrierhuhn und 250 Gramm Hackfleisch. Für alles, was darüber hinausgeht, braucht der Kubaner US-Dollar, andere Devisen oder den offiziellen Peso Convertible mit dem Antlitz Che Guevaras. Vergessen ist, dass jener vor 50 Jahren als oberstes Ziel der kubanischen Wirtschaftspolitik die Abschaffung des Geldes proklamierte.

Das erste Ergebnis der Zusammenarbeit von Gabriel García Márquez mit Fidel Castro war seine Angola-Reportage »Operación Carlota«, die in vielen großen Zeitungen abgedruckt wurde, unter anderem in der *Washington Post*. In ihr beschreibt Gabo die Entsendung von 90 000 kubanischen Soldaten nach Afrika als Akt der »internationalen Solidarität«, ausgeführt auf Wunsch des kubanischen Volkes. Ausschließlich Freiwillige seien es, die – allerdings nach »politischem Training« – in den angolanischen Bürgerkrieg entsandt worden seien. Nach seinem Rückflug nach Havanna habe er auf Kuba eine »an Wunder grenzende Veränderung nicht nur im Geist der Menschen wahrgenommen, sondern auch in der Natur der Dinge, der Tiere, des Ozeans, ja in der Essenz des kubanischen Lebens«. An Fidel Castro fiel ihm auf, dass es »keinen Flecken auf der Landkarte Angolas gab, den er nicht persönlich identifizieren konnte, keinen Zoll des Terrains, der ihm nicht vertraut war«. Und der außenpolitische Kern der Reportage von García Márquez lautete: »Trotz allem, was behauptet wurde, handelte es sich um einen völlig unabhängigen, souveränen Akt von Seiten Kubas, und erst nachdem der Entschluss zu der Hilfsaktion gefallen war – und nicht vorher – ist die Sowjetunion davon in Kenntnis gesetzt worden.« Damit bestätigte er eine frühere Aussage Fidel Castros: »Die Sowjetunion hat nie um die Entsendung eines einzigen Kubaners nach Angola gebeten.« Die Russen müssen wahre Wunder an Zukunftsforschung und logistischer Hellsicht geleistet haben, um Kubas einsamen Entschluss vorauszusehen, die kubanische Soldatenmasse nach Afrika zu transportieren und mit allen dort nötigen militärischen Mitteln auszustatten – einschließlich schwerer Panzer.

Somit wäre auch die Frage geklärt, wie der Reporter Gabriel García Márquez sich damals in Angola eine Dose Kaviar beschaffen konnte.

ZWEI MACHTHUNGRIGE

Mit seinem Bleistift-Schnurrbart und in maßgeschneiderten hellen Tropenanzügen sah Dr. iur. Fidel Castro idealtypisch so aus, wie man sich auf Kuba einen jungen, politisch ambitionierten Rechtsanwalt vorstellen durfte. Es war Sommer 1951 – drei Jahre nach seiner Rückkehr vom blutigen *Bogotazo*-Abenteuer in Kolumbien –, und der erst 24-jährige Fidel äußerte den etwas überraschenden Wunsch, einen auf Kuba immer noch starken Mann kennenzulernen: den früheren Präsidenten (1940–1944), General im Ruhestand und weiterhin ambitionierten Machtpolitiker Fulgencio Batista y Zaldívar.

Seitdem er 1948 in einem Frachtflugzeug voller Kampfstiere aus Bogotá heimgebracht worden war, hatte Fidel die letzten drei Jahre umsichtig genutzt. Seinem früheren Milieu, dem politischen *gangsterismo* an der Universität Havanna, war er konsequent ausgewichen, weil ihm von dort noch Blutrache aus früheren Fehden drohte. Dafür trat er sofort und geradezu demonstrativ ins bürgerliche Leben ein: Er heiratete die zierliche, zwei Jahre jüngere Philosophiestudentin Mirta Díaz-Balart, die aus der Oberschicht seiner Heimatprovinz Oriente stammte. Auf Kosten des Schwiegervaters konnte das junge Paar einen drei Monate langen Honigmond in Miami und New York verbringen. Zurück in Havanna hatte Fidel zum ersten Mal in seinem Leben intensiv gepaukt, sein Jurastudium im Rekordtempo mit der Promotion abgeschlossen und zusammen mit zwei Freunden eine Anwaltspraxis eröffnet – in der er sich allerdings selten blicken ließ. Gegenüber seinem Schwager Rafael Díaz-Balart zeigte Fidel nun aber den kuriosen Drang, Don Fulgencio in seiner Villa aufzusuchen.

Das ließ sich damals unschwer arrangieren. Der ältere Bruder von Mirta Castro war gerade damit beschäftigt, für eine von Batista neu zu gründende Partei einen Jugendverband aufzubauen. Und Fidel hatte sogar einen Grund, sich bei dem Expräsidenten zu bedanken: Als enger Freund des Brautvaters hatte Batista dem jungen Ehepaar Castro zur Hochzeit einen Scheck über 1000 US-Dollar zukommen lassen. Das war seinerzeit ein erheblicher Betrag – weshalb das Präsent sogar unter feinen Leuten nicht als stillos empfunden wurde. Ob sich Fidel während der einzigen Begegnung mit seinem späteren Todfeind für dessen Hochzeitsgeschenk bedankt hat, wurde von Schwager Rafael leider nicht übermittelt.

Als Fidel ihm gegenübertrat, war Batista erst 50 Jahre alt und immer noch ein *mulato lindo*: ebenmäßige Gesichtszüge, gewinnendes Lächeln, bestrickende Umgangsformen, makellose Frisur – und aalglatt wie ein Hollywood-Gigolo. Batista stammte wie Fidel aus dem rückständigen Oriente und war – ebenfalls wie Fidel – als nichteheliches Kind auf die Welt gekommen. Aber der Makel des Illegitimen spielte im Falle Batistas, anders als beim Großgrundbesitzerssohn Fidel Castro, keine Rolle: Sein Vater, ein Landarbeiter, hatte sich aus dem Staub gemacht, und die Mutter war bettelarm und früh verstorben. Seit seinem 14. Lebensjahr ganz auf sich selbst gestellt, arbeitete Fulgencio erst mit der Machete auf den Zuckerrohrfeldern, dann in verschiedenen Provinzstädten als Schneiderlehrling, Friseurgehilfe, Straßenverkäufer (Obst, Holzkohle) und Automechaniker, ehe er in Havanna Soldat wurde und schließlich Unteroffizier im kubanischen

Heer. Dort ließ er sich in Abendkursen zum Stenographen ausbilden und eignete sich ein juristisches Basiswissen an, was ihn bald als Protokollführer vor Militärgerichten und in vertraulichen Stabssitzungen qualifizierte. Mit 32 Jahren hatte der Sergeant Batista wohl mehr Lebenserfahrung, Landeskenntnis und sogar Herrschaftswissen erworben als die meisten Offiziere oder so mancher Politiker. Als die unteren Ränge der Streitkräfte eine Gewerkschaft (!) gründeten, wählten sie den wortgewandten jungen Mulatten zu ihrem Sprecher. Nicht lange danach, im August 1933, ereignete sich Unerhörtes: Der kleine Unteroffizier Fulgencio Batista rebellierte gegen Kubas korrumpierte Offizierskaste und griff selbst nach der Macht.

Verwegene Umsturzversuche mit revolutionärer Rhetorik, Waffengefuchtel und Schießereien hatte es im unabhängigen Kuba schon mehrmals gegeben, bevor sich Fidel Castro in der Sierra Maestra einen Bart wachsen ließ. Die von Batista angeführte »Revolution der Sergeanten« war obendrein ein populärer Putsch, der von »unten« kam. Der damalige Diktator Gerardo Machado (1925–1933) – ein extrem korrupter und blutrünstiger Mann, der in den Befreiungskriegen gegen Spanien zum General aufgestiegen war – hatte nach acht Jahren des Plünderns so abgewirtschaftet und so viele Studentenführer und Gewerkschafter umbringen lassen, dass die Amerikaner ihm keinen Kredit mehr gewährten. Die Trauerfeier für einen auf Machados Befehl ermordeten Unteroffizier hatte dem Sergeanten Batista den Anlass für eine Brandrede vor geöffnetem Sarg geliefert: Im Campo Columbia, dem militärischen Hauptquartier des Landes, beschwor er mit düsterem Pathos den Märtyrertod seines Kameraden und artikulierte, wie Hugh Thomas es darstellt, auch die vage Sehnsucht der kubanischen Mittelschichten nach einer »national-revolutionären Demokratie«.

Batistas Rede hatte Signalwirkung, ihre Folgen waren umwerfend. Durch die Meuterei der unteren Ränge von ihren Truppen abgeschnitten, flüchteten an die 250 kubanische Offiziere (manche mit ihren Familien) in das luxuriöse »Hotel Nacional« – offenbar in der Hoffnung, dass auf der nahen Uferpromenade bald amerikanische Marine-Infanteristen landen und sie heraushauen würden. Da linke Universitätsprofessoren und Studenten sich auf Batistas Seite geschlagen hatten und mit dessen Duldung Schlüsselministerien besetzten, kabelte der amerikanische Botschafter Sumner Welles alarmiert etwas von »kommunistischer Einflussnahme« nach Washington. Franklin Delano Roosevelt – der neue, noch kaum ein halbes Jahr amtierende US-Präsident – nahm die Panikmache nicht ernst: anders als sein Vetter, der frühere Präsident Teddy Roosevelt, wollte »FDR« keine Verstimmung in Lateinamerika auslösen und weigerte sich, Kanonenboote in die Bucht von Havanna zu entsenden. All dies bewirkte nach und nach, dass einem kleinwüchsigen Unteroffizier von dunkler Hautfarbe während des nächsten Vierteljahrhunderts eine beherrschende Rolle in der kubanischen Politik zuteil wurde.

In jener verwirrenden Mixtur aus Fanatismus und Frivolität, Gangstertum und Geldgier, die in halbwegs diktaturfreien Zeiten das politische Leben der Inselrepublik beherrschte, wirkte Fulgencio Batista jahrelang als positive, ja fortschrittliche Erscheinung. Der Korrespondent der *New York Times* bewunderte seine »blitzartige Intelligenz: er lächelt oft und gerne und widmet dem Gesprächspartner seine volle Aufmerksamkeit – und alles, was er sagt, erscheint in höchstem Maße plausibel«. Aber in Havannas Oberschicht galt ein Mann von Batistas Herkunft nicht als gesellschaftsfähig. Seine olivfarbene Haut wies ihn als Abkömmling afrikanischer Sklaven aus, seine Gesichtszüge zeugten obendrein von chinesischer und mestizischer Herkunft. Sergeant Batista hatte sich bald selbst zum Oberst und dann zum General befördert und bis 1935 die ganze Macht im Lande erobert. Den Präsidentensessel aber überließ der Parvenü – taktisch klug – fünf Jahre lang gefügigen Waschlappen aus der Oberschicht.

Einen solchen Machtmenschen wegen seiner autoritären Methoden als »rechtslastig« zu definieren trifft ins Leere. Im ersten Jahrzehnt unter Batista vollzog sich auf Kuba ein tiefer sozialer Wandel, den er selbst angestoßen hatte. So gut wie alle militärischen Aufsteiger entstammten fortan der Arbeiterklasse, und viele waren – wie Batista selbst – Mulatten oder Mestizen; auch Schwarze konnten nun (wenn auch viel seltener) Offizier oder Staatsbeamter werden. Schon Mitte der dreißiger Jahre hat Batista einen Mindestlohn eingeführt – zusammen mit einer Regelung, die den Unternehmern willkürliche Entlassungen erschwerte. Auch eine Alphabetisierungskampagne wurde auf Kuba nicht erst von Fidel Castro ausgerufen: Batista schickte eine neue Generation von Unteroffizieren in abgelegene Provinznester, um dort die ersten Zwergschulen zu eröffnen. (Das Parlament in Havanna machte diesem Experiment ein Ende – mit der Begründung, dass es sich zu einer Gefahr für die Demokratie entwickeln könnte.)

Unter Batistas Herrschaft wurde auf Kuba die 44-Stunden-Woche – mit effektiver Bezahlung von 48 Arbeitsstunden – gesetzlich verankert; dazu gab es einen vollen Monat bezahlten Urlaubs. Fabrikarbeiterinnen, die schwanger wurden, erhielten sechs arbeitsfreie Wochen vor und nach der Geburt ihres Kindes. Industrielle durften ihre Betriebe nicht mehr ohne das Einverständnis der Arbeiter an einen anderen Ort verlegen. Um den Widerstand des liberalen Bürgertums und der Unternehmer zu brechen, verbündete sich Batista von 1938 an zunehmend mit der kleinen kommunistischen Partei, die in einigen Schlüsselgewerkschaften tonangebend war. Der sozialreformerische Geist prägte auch die kubanische Verfassung von 1940, auf die sich 15 Jahre später der Rebellenführer Fidel Castro berufen würde.

Vor allem unter den ärmeren Kubanern war Batista überaus populär – und wurde 1940, in der freiesten Wahl seit der Gründung der Republik, mit Dreifünftelmehrheit zum Präsidenten gewählt: der erste Nicht-Weiße in diesem Amt. Nur die Mitgliedschaft im exklusiven *Havana Biltmore Yacht Club* blieb Don Fulgencio Batista auch als Staatspräsident verwehrt.

Obwohl er sich noch schamloser bereicherte als die meisten seiner Vorgänger, konnte Batista auf die zuverlässige Unterstützung der Kommunisten rechnen. Der Zeitgeist förderte dieses Bündnis: Durch Hitlers Kriegserklärung an die USA war Roosevelt 1941 zum Verbündeten Stalins geworden. Und Earl Browder, der (im eigenen Lande völlig unbedeutende) Kommunistenführer der Vereinigten Staaten, forderte die Genossen in Lateinamerika zur Zusammenarbeit mit allen Antifaschisten auf. Ein solcher war Batista ja unbestreitbar: Nicht nur erklärte er Nazideutschland den Krieg, ein amerikanisches U-Boot unter kubanischer Flagge versenkte in der Karibik sogar ein U-Boot der deutschen Kriegsmarine. Batista zählte selbst das neutrale Franco-Regime in Spanien zu den Feindmächten. Da die straff organisierten Arbeiter der exportintensiven Wirtschaftszweige – Zucker, Kaffee, Rum, Tabak – von den Kommunisten angeführt wurden, bildete Batista eine Regierungskoalition mit der KP, und zwei Parteigenossen wurden mit Ministerrang in sein Kabinett aufgenommen. Dem Klischeebild der entmündigten Massen eines unterentwickelten, vom Fremdkapital ausgebeuteten Landes entsprach das kubanische Proletariat keineswegs »Es ist bei uns schwerer, einen Arbeiter loszuwerden als die eigene Ehefrau«, war eine gerne gebrauchte Sottise in Unternehmerkreisen. Allerdings genossen auf Kuba nur die gewerkschaftlich organisierten Arbeiter den Schutz der fortschrittlichen Gesetze – und in der Zuckerindustrie war während der sieben Monate im Jahr, in denen nicht geerntet wird, bis zu einem Drittel der *macheteros* arbeitslos.

Nach seinen vier Präsidentenjahren lehnte Batista es 1944 vornehm ab, ein zweites Mal zu kandidieren: Er wollte durch diesen Verzicht den Ruf eines selbstlosen und lupenreinen Demokraten erwerben. Nur, sein Versuch, das höchste Amt einem ihm genehmen Platzhalter zuzuschanzen, schlug fehl: die Wählermehrheit war den *Batistianos* nicht treu geblieben, und der linksliberale *Auténtico* Ramón Grau San Martín machte das Rennen. Danach führte Don Fulgencio acht Jahre lang eine rastlose Luxusexistenz – zwischen seiner Suite im »Waldorf-Astoria«-Hotel in Manhattan, seinem Wohnsitz in Daytona Beach, Florida, und seiner weitläufigen Villa »Kuquine« bei Havanna. Hierher war er im Sommer 1951 auf Dauer zurückgekehrt, nachdem er sich *in absentia* in den kubanischen Senat hatte wählen lassen. Und hier suchte ihn nun Fidel Castro auf – der anscheinend zum demokratischen Nachwuchspolitiker geläuterte Universitäts-Bandenführer.

Mit seinem täuschend träge wirkenden Blick musterte der Besucher Batistas luxuriöse Empfangsräume – und zeigte sich vor allem an der Bibliothek des Potentaten interessiert. Die Porträts an den Wänden zeugten von Don Fulgencios ziemlich eklektischen Vorlieben: Abraham Lincoln und Winston Churchill, Josef Stalin und Feldmarschall Rommel … Fidel wusste da längst, dass der Expräsident sich diskret darauf vorbereitete, bei den für August 1952 vorgesehenen Präsidentenwahlen eine Art Comeback zu feiern – entweder, indem er selbst kandidierte, oder um einen ergebenen Vertrauensmann ins Präsidentenpalais zu befördern. Oder machte *El Hombre*, wie er einst bewundernd genannt wurde, sich über seine eigene Popularität schon keine Illusionen mehr und schmiedete ganz andere konspirative Pläne?

Wenn dem Schwager Rafael Díaz-Balart zu trauen ist, dann war es vor allem der Verdacht, dass eher Letzteres zutreffen dürfte, was den ganz ähnlich tickenden Fidel Castro in die Villa »Kuquine« geführt hat.

Das Gespräch zwischen dem baldigen Diktator und dem späteren Revolutionär schleppte sich hin. Die beiden beschnupperten einander respektvoll, wie der Schwager viele Jahre später berichtete, und Fidel versuchte dem Gastgeber eine Bemerkung zu entlocken, die etwas über seine wahren Zukunftspläne verraten sollte. Also stand er auf und schritt noch einmal eine der Bücherwände ab. »Sie haben hier ja eine reichhaltige politische Bibliothek«, wandte der 24-Jährige sich frech an Kubas einstigen Präsidenten, »aber ich vermisse doch ein sehr wichtiges Werk.« Auf die fragende Miene Batistas erwiderte Fidel Castro anzüglich: »Mir fehlt hier *Die Technik des Staatsstreichs* von Curzio Malaparte.«

Der italienische Schriftsteller und Journalist Kurt Erich Sickert, der 1898 als Sohn eines deutschen Vaters in der Toskana auf die Welt kam und sich eine Abwandlung von »Bonaparte« als Pseudonym zulegte, hatte 1922 an dem *Marsch auf Rom* der faschistischen Schwarzhemden teilgenommen und die geradezu spielerisch-theatralische Machtergreifung Benito Mussolinis miterlebt. Malapartes Staatsstreich-Essay von 1931 beschreibt die russische Oktoberrevolution in erster Linie als einen Putsch – und beruft sich dabei unter anderem auf Trotzkis Mahnung an Lenin: »Wir brauchen eine kleine, kaltblütige und gewalttätige Truppe, die in der Taktik des Aufstands ausgebildet ist. Wir brauchen nicht die Masse der Arbeiter, der Deserteure und Flüchtlinge, sondern einen Stoßtrupp.« Die Schrift Curzio Malapartes – der nach dem Zweiten Weltkrieg Kommunist wurde und kurz vor seinem Tode noch Katholik – gehörte bereits auf dem Jesuiten-Gymnasium *Colegio Belén* in Havanna zur Erbauungslektüre des minderjährigen Fidel. Nur, er erwartete vom Hausherrn der Villa »Kuquine« natürlich keine Diskussion über Malaparte – sondern hoffte, dass die bloße Nennung des Buchtitels den potentiellen Putschisten Batista zu einer verräterischen Äußerung provozieren würde – wenn nicht gar zu einer Einladung an ihn, Fidel Castro, sich seiner Verschwörung anzuschließen.

Diesen Gefallen tat Batista seinem jungen Besucher nicht, und die historische Begegnung endete mit steifen Umarmungen, doch ohne Ergebnis. Hinterher wandte sich der einstige revolutionäre Unteroffizier von 1933 mit einem knappen Kommentar an seinen Adlatus Rafael Díaz-Balart: »Dein junger Schwager ist zwar hochintelligent, aber gefährlich.« Das zeugte nicht nur von Batistas sicherem Instinkt – er war wohl auch gut informiert und wusste, was der frisch promovierte Rechtsanwalt mit dem Bärtchen auf der Oberlippe schon alles auf dem Kerbholz hatte. Einiges war so originell oder ausgefallen, dass es in die politische Folklore Havannas eingegangen war – und der Name Fidel Castros sich herumgesprochen hatte, noch bevor er in einer Zeitung stand.

Seit Mitte der vierziger Jahre regierte in dem verschnörkelten Präsidentenpalast, der dem Castro-Regime heute als Revolutionsmuseum dient, der erste Nachfolger Fulgencio Batistas: Dr. med. Ramón Grau San Martín gehörte zu den *Auténticos* – den politischen Überlebenden einer linksnationalistischen Revolutionspartei, die sich mehrmals gespalten hatte. Als »Authentischer« hatte Grau ein Programm der

Reformen und der Korruptionsbekämpfung verkündet, war aber bald zur kubanischen Tradition der Ämterpatronage, der Bestechlichkeit und des Paktierens mit dem politischen *gangsterismo* zurückgekehrt. An der Universität von Havanna war Fidel Castro zwischen 1945 und 1948 bemüht, sich unter den zahlreichen, meist bewaffneten und gewalttätigen Studentengruppen eine Führungsposition zu erkämpfen – ohne besonderen Erfolg, aber doch sehr einprägsam, wie in einer unvergesslichen Episode vom Sommer 1946.

Dank einer heftig kritisierten Maßnahme der Stadtverwaltung hatte sich den Studenten die Gelegenheit geboten, ein populäres Thema aufzugreifen und im Namen der Armen zu agitieren: In Havanna waren die Bustarife drastisch erhöht worden, und der 20-jährige Fidel stellte sich mit einer kleinen Schar von Getreuen an die Spitze einer Protestdemonstration, die von der Universität ins Stadtzentrum zog. Mit einer kubanischen Flagge, mit ihren Transparenten und rhythmisierten Parolen hofften die Studenten, bis zum Präsidentenpalais vordringen zu können.

In einem Land mit überwiegend kleinwüchsiger Bevölkerung ragte der 1,92 Meter große Fidel Castro auch ohne Bart aus jeder Demonstration heraus. Folgerichtig war er auch der Erste, auf den die Polizeiknüppel eindroschen. Die Studenten wichen zurück, der schwer am Kopf blutende Fidel Castro musste ins nächste Hospital gebracht werden – und schloss sich drei Tage später, das Haupt in einen mächtigen weißen Verband gehüllt, einer jetzt noch viel größeren Demonstration an. Durch Rundfunkberichte alarmiert, beschloss Präsident Grau San Martín, die Protestierenden im Palast zu empfangen und sich ihre Beschwerden anzuhören. Da Fidel mit seinem weißen Kopfschmuck am dekorativsten wirkte, wurde er von der kleinen Gruppe aufgenommen, die der Präsident zu empfangen bereit war. Es war ein heißer Tag, und

Grau San Martín lud die Studenten ein, auf dem Balkon im dritten Stock Platz zu nehmen, er würde gleich nachkommen.

Während der wenigen Minuten bis zum Erscheinen des Präsidenten wandte Fidel sich mit einem eindringlich geflüsterten Vorschlag an seine Kommilitonen: »Ich weiß, was wir jetzt tun müssen, um diesen alten Hurensohn loszuwerden und die Macht zu übernehmen.« Die Aufmerksamkeit der Studenten war ihm nun sicher, und er fügte hinzu: »Wir packen den Kerl zu viert, sobald er den Balkon betreten hat, und werfen ihn mit Schwung auf die Straße hinunter. Dann melden wir den Tod des Präsidenten, erklären den Sieg der Studentenrevolution und wenden uns im Rundfunk direkt ans Volk.« Fidels Freund Alfredo (»der Chinese«) Esquivel erwiderte nur entsetzt: »Du Bauernlümmel, du spinnst wohl!«, während ein anderer Studentenführer nüchtern argumentierte: »Wir sind hier, um gegen die Bustarife zu protestieren, und nicht, um uns von der Leibwache des Präsidenten erschießen zu lassen!« Kurz darauf erschien Grau San Martín auf dem Balkon – ein witziger, wortgewandter Zyniker – und fertigte das potentielle Mordkommando mit ein paar freundlichen Versprechungen ab.

Keinem in der Gruppe kam es in den Sinn, den Vorschlag Fidel Castros für einen geschmacklosen Scherz zu halten und als solchen abzutun. Gewiss, er war erst 20 Jahre alt, doch er hatte völlig ernst und leidenschaftlich gesprochen, zur kriminellen Handlung bereit. Es war sein erster Versuch, durch eine gewaltsame Aktion an die Macht zu gelangen – schlagartig, tollkühn, allerdings noch nicht hinreichend durchdacht. Fünf Jahre später, Ende August 1951, versuchte Fidel Castro es wieder.

Der frisch promovierte Doktor der Rechte hatte sich damals der legalen politischen Betätigung zugewandt und sich einer Abspaltung der regierenden »Authentischen« angeschlossen – den »Orthodoxen« des eloquenten Senators und in ganz Kuba bekannten Rundfunkpolemikers Eduardo (»Eddy«) Chibás. Der stammte aus einer steinreichen Familie, war nicht auf Parteispenden angewiesen und machte (vielleicht deshalb) den Kampf gegen die allgegenwärtige Korruption zu seinem Thema. Kleinwüchsig, dünn, unscheinbar und mit dicken Brillengläsern, war Chibás ein für Kuba ganz untypischer Politiker, dessen ideales Medium das Radio war: Er mietete jeden Sonntag 25 Rundfunkminuten, um mit vibrierender Stimme einzelne Korruptionsfälle aufzudecken oder die Regierung des »Authentischen« Carlos Prío Socarrás anzuprangern. Fidel Castro war von Chibás – einem Antikommunisten, der durchaus auch die Machenschaften linker Gewerkschaftsführer angriff – sehr beeindruckt, und er schloss sich dessen jungen »Orthodoxen« an. Allerdings wollte es Fidel nicht gelingen, von der Chibás-Partei als Kandidat für die im August 1952 fälligen Kongresswahlen nominiert zu werden. Der Provinzler aus Oriente galt als zu sprunghaft und zu radikal.

Dabei war auch Eddy Chibás nicht gerade ein ausgeglichener Mensch. Wenn er sich beleidigt fühlte, forderte er seine parlamentarischen Gegner zum Duell – welches dann immer durch langwierige Verhandlungen der Sekundanten abgewendet werden musste, weil Eddy weder fechten noch schießen konnte. Den schwarzen Kommunistenchef Blas Roca attackierte er einmal mit Faustschlägen. Aus geringstem Anlass trat er in den Hungerstreik, und zur Verzweiflung seiner Parteifreunde verbrachte er halbe Tage schweigend in der Badewanne. Chibás' Angriffe auf das politische Establishment wurden mit den Jahren immer schriller, ja hysterisch, doch seine Popularität nahm trotzdem zu, und viele Kubaner sahen in ihm eine Erlösergestalt. Am 15. August 1951 wollte Chibás in seiner Rundfunksendung die Beweise dafür nachliefern, warum er den Erziehungsminister von Prío Socarrás vor der zuhörenden Nation beschuldigt hatte, sich mit den Millionen für ein Schulbauprogramm lieber einen riesigen Landsitz in Guatemala gekauft zu haben. Nur war es Chibás nicht gelungen, das belastende Material hierfür rechtzeitig beizubringen – weshalb seine mit Spannung erwartete Sonntagspredigt einen anderen, sensationellen und tragischen Verlauf nahm.

Von dem anstehenden Korruptionsfall redete Eddy Chibás diesmal nicht, sondern er richtete sich an seine Gefolgschaft mit einer von patriotischem Pathos triefenden Ansprache – über die Vorsehung, über Kubas Bestimmung zu nationaler Größe und zu einer herausragenden Rolle in der Weltgeschichte – sowie über all die Kleingeister und Verräter, die das Inselvolk daran hinderten, im Sinne seiner Bestimmung zu handeln. Gegen Ende hin schwang Chibás sich zu immer heftigeren Kampfparolen auf, die sich anhörten, als würden sie einer vor ihm bereitstehenden Menschenmasse gelten: »Kameraden der Orthodoxie, vorwärts! Zu wirtschaftlicher Unabhängigkeit, politischer Freiheit, sozialer Gerechtigkeit! Nehmt einen Besen und fegt diese Diebesbande von einer Regierung hinweg! Volk der Kubaner, steh auf und schreite voran! Kubanisches Volk, erwache!« Mit überkippender Stimme schrie Eddy dann in höchster Steigerung ins Mikrophon: »Dies ist mein letztes Klopfzeichen – der Hammerschlag des Schicksals, um das Gewissen der Kubaner zu wecken …« Worauf er einen Revolver zog, den Lauf gegen sich selbst richtete und abdrückte.

Das Tragische des Vorgangs hatte allerdings eine groteske Seite: der unheimlich starke Abgang war Eddy Chibás misslungen, seine im voraus bezahlte Sendezeit war soeben abgelaufen, und von der letzten Mahnung und dem fanalartigen Suizid des Politikers konnten die Kubaner gar nichts mitbekommen. In dem Augenblick, da der arme Eddy sich erschoss, vernahmen seine Hörer nur noch den Werbefunk, der mit einer fröhlichen Kaffee-Reklame einsetzte. Nicht nur das: Auch der Suizid selbst war erst einmal misslungen – Chibás hatte die Pistole gegen seinen Bauch gerichtet, und es dauerte elf Tage, bis er in der Intensivstation endlich seiner Schusswunde erlag. Erst am 26. August 1951 starb der Hysteriker, ein Hoffnungsträger von Millionen, im Alter von 43 Jahren.

Fidel Castro gehörte nicht zu den fünf Vertrauten, die den Politiker zu seiner letzten Sendung begleiten durften, also wartete er draußen vor dem Funkhaus mit seinem geräumigen Chevrolet auf ihn. Somit war es Fidel, der sogleich die Initiative ergriff und den tödlich verletzten Chibás und dessen Begleiter ins nächste Centro Médico fuhr. Dort hielt der junge Anwalt dann unablässig Wache; er soll auch die Menschenmenge ins Hospital getrommelt haben, die sich weinend und betend vor dem Zimmer Chibás' versammelte und nicht mehr von der Stelle wich. Es heißt, Fidel habe damals für die sieben Rundfunksender Havannas sieben verschiedene Trauerreden verfasst. Er bekam auch die Trauerveranstaltungen unter Kontrolle: Chibás dürfe nicht im Kongressgebäude aufgebahrt werden, sondern in der Aula Magna der Universität, forderte er, damit die Regierung des Präsidenten Prío Socarrás nicht den Leichnam ihres erbittertsten Widersachers missbrauchen könne. Damit setzte sich Fidel durch – und er stand dann im dunkelgrauen Zweireiher 24 Stunden lang in der ersten Reihe der Ehrengarde, alle anderen um Haupteslänge überragend. Dadurch wurde er, wie es wohl beabsichtigt war, in fast allen Zeitungen Kubas auf der Titelseite abgebildet.

Eine Menge von mehrere Hunderttausenden hatte sich vor

der Universität versammelt, um Eddy Chibás das letzte Geleit zum Kolumbus-Friedhof zu geben. Aber Fidel hatte andere Pläne. »Wir müssen von dieser riesigen Trauerkundgebung im Sinne des Verstorbenen Gebrauch machen«, wandte er sich an seinen Freund José Pardo Llada, einen der Vertrauten von Chibás. »Mit all diesen Leuten im Rücken können wir den Leichnam bis zum Präsidentenpalais bringen.« Und zu welchem Zweck? »Um die Macht zu ergreifen!«, rief der 25-jährige Fidel. »Du wirst verkünden, dass du das Präsidentenamt übernimmst, und ich werde Chef der Streitkräfte. Wir werden Eddy nach seinem Opfertod die Befriedigung verschaffen, die Regierung von Prío Socarrás hinweggefegt zu haben. Du kannst sicher sein: Wenn wir Chibás in den Palast bringen, wird Prío das Land fluchtartig verlassen. Der Feigling dürfte jetzt schon zittern.«

Wie Pardo Llada sich erinnert, hat er sich Castro damals mit den Worten entgegengestellt: »Vergiss diesen Wahnwitz, Fidel! Mit dem Trauerzug wird ein Armee-Bataillon marschieren, um Eddy die militärischen Ehren zu erweisen, und Havannas ganze Polizeimacht ist in Bereitschaftsstellung. Die sind imstande, Tausende zu erschießen, wenn wir den Palast stürmen wollen. Ich will für so etwas nicht mitverantwortlich sein.« Fidel indessen ließ nicht locker: »Ich sage dir, sie werden gar nichts tun. Die sind nicht fähig, auch nur einen Schuss abzugeben. Es sind alles Feiglinge. Der Präsident, die Armee, die Polizei, die Regierung, alle! Bringen wir Chibás in den Palast und setzen wir seinen Leichnam auf den Präsidentensessel!« Es sei diese Bemerkung gewesen, so erzählte Pardo Llada Jahre später, die bei ihm den Faden reißen ließ. Er habe das Gespräch abgebrochen mit den Worten: »Es gibt nichts mehr zu sagen, Fidel. Ich bringe Chibás jetzt zum Friedhof.«

Einige Jahre später sprach Pardo Llada in Montreal mit

dem inzwischen im Exil lebenden Prío Socarrás und erzählte ihm die spannende Episode, verbunden mit einer Frage: »Was hätten Sie denn getan, wenn diese Welle von Menschen, den Leichnam wie eine Flagge vor sich hertragend, vor dem Präsidentenpalais erschienen wäre?« Prío erwiderte, so Pardo Llada, mit getragenem Pathos: »Ich hätte niemals den Befehl gegeben, auf mein Volk zu schießen.« Und Ramón Verdager, ein Pilot der kubanischen Luftwaffe, hat fünf Jahre später die Version verbreitet, Präsident Prío habe schon seine Koffer gepackt gehabt und eine startbereite Maschine angefordert für den Fall, dass sich aus dem Trauerzug ein Aufstand der Straße entwickeln sollte.

Wenn die Aussagen Pardo Lladas und des Luftwaffen-Piloten der Wahrheit entsprechen, dann mochte Fidel Castro seinen damaligen Putsch-Vorschlag durchaus realistisch geplant haben. Nach der Flucht von Prío Socarrás wäre eine »kleine, kaltblütige und gewaltbereite Truppe« – wie Trotzki (laut Malaparte) sie von Lenin forderte – an der Spitze einer trauernden und wütenden Menschenmasse ohne weiteres bis zum Präsidentenpalais vorgedrungen; die führungs- und ratlosen Truppen hätten sich einem Handstreich entschlossener »Orthodoxer« gefügt. Für wie lange, ist eine andere Frage. Und mit einem Fidel Castro als Armee-Chef wäre José Pardo Llada wohl nicht allzu lange Präsident der Republik geblieben.

Es kam bekanntlich anders: Der Staatschef Prío Socarrás musste tatsächlich die Koffer packen und mit seiner Familie zum Flughafen eilen – aber erst sieben Monate später. Es war nicht Fidel Castro, der mit einem »kleinen Stoßtrupp« (Trotzki) im Campo Columbia einfiel und die kubanischen Militärs, ohne einen Schuss abzufeuern, auf seine Seite brachte. Vielmehr handelte es sich um einen kleinen, dunkelhäutigen Mann in schneidiger Lederjacke, der seinem

Auto entstieg und mit gewinnendem Lächeln und ausgebreiteten Armen auf die Offiziere zuging. Don Fulgencio Batista y Zaldívar, *El Hombre*, hatte nach acht Jahren wieder die politische Szene betreten und am 10. März 1952 ohne Blutvergießen die Macht an sich gerissen.

Die *Technik des Staatsstreichs* von Curzio Malaparte – das Buch, das Fidel Castro in seiner Bibliothek vermisste – hatte Batista wohl immer noch nicht gelesen. Er brauchte es auch gar nicht. Wie man putscht, wusste er selber. Doch das Blutvergießen ließ gleichwohl nicht lange auf sich warten.

TOD UND VERKLÄRUNG

»Es war eine Nacht, so schön wie auf einem Debütantinnenball«, erinnerte sich Haydée Santamaría einige Jahre später. »Wir gingen in den Garten hinaus, und der Mond war größer, die Sterne leuchteten heller, die Königspalmen wirkten höher als je zuvor.« Im Garten der Hühnerfarm stand ein ausgetrockneter Ziehbrunnen, der zur Tarnung mit einem riesigen Blumentopf zugedeckt war; darin steckten Jagdflinten, Kleinkalibergewehre, Revolver und eine Maschinenpistole mit chronischer Ladehemmung. 16 Autos waren in den kleinen Holzverschlägen verborgen, die als Hühnerställe gedient hatten. Es war die Nacht auf den 26. Juli 1953. Noch vor dem Morgengrauen würden alle ins nahe Santiago de Cuba aufbrechen, um die zweitgrößte Kaserne der Republik zu stürmen: 133 Männer und zwei Frauen, dürftig bewaffnet und ohne jede Kampferfahrung, gegen ein modern ausgerüstetes Heeresregiment mit einer Sollstärke von 1300 Mann.

Dass es sich um ein Himmelfahrtskommando handeln würde, hatte die Mehrheit der Verschworenen erst bei der Ankunft auf der Hühnerfarm erfahren, und viele haben es auch dann noch nicht begriffen. Etwa 100 von ihnen waren aus dem 800 Kilometer entfernten Havanna angereist und kannten sich in Santiago nicht aus. Es handelte sich auch längst nicht mehr um eine jener politisch hyperaktiven Studentengruppen, die Fidel Castro einst als Bandenführer an der Universität um sich zu scharen pflegte; er hatte es satt, seine Autorität durch Widerrede und Diskussionen untergraben zu lassen. Die Bauarbeiter, Büroangestellten, Fabrikarbeiter, Kellner, Köche, Krankenwärter, Küchenhilfen, Landarbeiter, Parkplatzwächter, Schuljungen, Stadtboten, Straßenverkäufer, Uhrmacher, Taxifahrer, Volksschullehrer, Zahntechniker und Zimmerleute, die er während der vergangenen Monate aufgetrieben hatte, zählten zur Hörergemeinde des suizidalen Rundfunkpolemikers Eddy Chibás und waren Anhänger von dessen »Orthodoxen«-Partei. Die meisten kannten einander nicht. Das Durchschnittsalter lag bei 26 Jahren – dem Alter des Rechtsanwalts Castro –, aber es waren auch acht Minderjährige darunter und fünf Männer über 40. Unter den wenigen Akademikern war der Arzt Dr. Mario Muñoz – der es am Vorabend als »kriminell« bezeichnet hatte, die Teilnehmer nicht hinreichend über die Gefahren informiert zu haben. Trotzdem sind nur neun Fidel-Anhänger in letzter Minute abgesprungen.

»Du und ich, wir packen das gemeinsam an, verstehst du?!« So sprach Fidel, wenn er sich an einen Einzelnen wandte, um ihn in verschwörerischem Ton für seine Pläne zu gewinnen: als wäre sein jeweiliges Gegenüber der wichtigste Partner – derjenige, auf den es ihm wirklich ankam. Wegen seiner Körpergröße nahm Fidel dabei eine leicht gebückte Haltung ein, um den Angesprochenen mit seinen großen dunkelbraunen Augen aus der Nähe zu fixieren. Wenn er eine Gruppe vor sich hatte, sah er jedem Einzelnen mindestens einmal in die Augen, um an das tiefe Einverständnis zwischen ihm und diesem zu erinnern. Zuerst war es ihm nur darum gegangen, in der Parteijugend der »Orthodoxen« eine Anhängerschaft aufzubauen, die seine Außenseiter-Kandidatur bei den im Juli 1952 anstehenden Wahlen für das kubanische Repräsentantenhaus unterstützen sollte. Aber seine Bemühungen, die ihm gegenüber misstrauische »Orthodoxen«-Führung auf diese Weise zu umgehen, wurden schon am 10. März gegenstandslos: Fulgencio Batista hatte das Offizierskorps für einen unblutigen Staatsstreich gewonnen (oder die Generäle ihn – da gehen die Meinungen der Historiker etwas auseinander); er war dadurch zum zweiten Mal Präsident geworden, hatte die Volksvertretung mit vollen Bezügen in den Urlaub geschickt und die bevorstehenden Parlamentswahlen auf unbestimmte Zeit verschoben.

Für Fidel war das ein Glückstag, eine Befreiung. Sein alter Verdacht, dass Batista Staatstreichpläne hegte, hatte sich endlich bestätigt. Und besonders die Verschiebung der Wahlen dürfte ihn befriedigt haben: Die Zeit der leeren linksrhetorischen Überholrennen zwischen »Authentischen« und »Orthodoxen« war abgelaufen, die demokratischen Spielregeln, die er stets als Fessel empfunden hatte, waren endlich außer Kraft. Fortan konnte er sich ungeniert auf das Gebiet konzentrieren, das ihn schon immer am stärksten reizte – die Propaganda der Tat, die Inszenierung der Gewalt, der schnelle Griff nach der Macht. Aber erst einmal erinnerte Fidel sich an seinen Anwaltsberuf und reichte beim Obersten Gerichtshof Klage gegen Batista ein, forderte dessen Verhaftung und die Eröffnung eines Verfahrens wegen Verfassungsbruchs. Ernst gemeint war dieser Antrag mit Sicherheit nicht, sondern vor allem für die Medien gedacht – denn Kubas lebendige Presse (14 Tageszeitungen) druckte unter Batista trotz einiger Zensurversuche weiterhin alles, was sich verkaufte.

Die von Castro eingereichte Klage las sich auch keineswegs wie der Schriftsatz eines Juristen, sondern wie die Brandrede eines Politikers aus dem 19. Jahrhundert: »Im Schutze des Mantels der Nacht drang Batista mit waffenstarrender Hand in ein militärisches Lager der Republik ein und wiegelte die Truppen auf …« Der Zweck dieser rhetorisch-publizistischen Übung: Fidel wollte schon einmal vorausschicken, dass seine künftigen Schritte als Befreiungskampf der Kubaner gegen die Herrschaft eines Tyrannen zu interpretieren seien – und keineswegs als sein eigener Versuch der Machtergreifung. Aber konkret hatte er zunächst auch nichts anderes im Sinn als vorher Fulgencio Batista: in ein »militärisches Lager der Republik« einzudringen und die dortigen Truppen »aufzuwiegeln«.

Mit manischer Energie machte Fidel Castro sich daran, seine Anhänger nun auf Geheimhaltung, bewaffneten Kampf und Heroismus einzuschwören. Viel leichter als zuvor gewann er damit seine Adepten. Er baute voneinander abgeschottete Zellen auf, übte mit ihnen in den Sportklubs von Havanna das Zielscheiben- und Tontaubenschießen, sammelte Geld und Autos und Waffen. In den Zellen herrschte Alkoholverbot, Liebesbeziehungen nach außen (und innen) waren verpönt, die Mitglieder beurteilten gemeinsam das Verhalten jedes Einzelnen, und nach Regelverstößen musste Selbstkritik geübt werden. Melba Hernández erinnerte sich an ihre Zehnergruppe: »Wenn Fidel bei uns war, hatten wir das Gefühl, nicht nur zehn zu sein, sondern eine riesige Bewegung von unbändiger Kraft. Fidel wurde in dieser Zeit (als *Líder*) geboren. Und wir kamen mit ihm zur Welt.«

Der spätere Comandante Juan Almeida – der 2009, mit 82, als Stellvertretender Präsident der Republik verstorben ist – war in der Hundertschaft, die aus Havanna angereist war, einer von nur zwei Kubanern schwarzer Hautfarbe. Almeida glaubte zunächst, als Belohnung für sein eifriges Mitwirken zum berühmten Karnevalsfest in Santiago eingeladen zu sein. Der wahre Zweck der Reise wurde ihm erst auf der Hühnerfarm offenbart. Und als ihm seine Waffe überreicht wurde, gefror Almeida das Herz: Es war ein Kleinkalibergewehr – für das Erstürmen einer vortrefflich bewaffneten Garnison denkbar ungeeignet.

Anscheinend hatten Fidel und Raúl Castro über die Propagandawirkung länger nachgedacht als über die militärische Ausführung ihres Angriffs. Während der Eroberung der Moncada-Kaserne sollte Natalia (»Naty«) Revuelta – eine kunstsinnige Chirurgengattin, stadtbekannte Schönheit und Fidels Geliebte – mit einer Handvoll Intellektueller einen Rundfunksender in Havanna besetzen, Castros Proklamation verlesen und so etwas wie ein anspruchsvolles revolutionäres Stimmungsprogramm liefern: eine Schallplatte mit einer Rede des toten Eddy Chibás war beschafft worden, dazu Kubas Nationalhymne und Kampflieder aus den Befreiungskriegen. Für die weitere musikalische Umrahmung sollten Beethoven und Chopin dienen – die Dritte Symphonie und die Polonaise in A-Dur, op. 53, beide offenkundig wegen ihres Beinamens (»Eroica«, »Héroïque«) ausgewählt. Das war Natys Geschmack und zielte aufs Bildungsbürgertum, dem sie entstammte. Mit größerer Breitenwirkung hätte wohl die Proklamation Fidel Castros rechnen können, wenn sie denn verlesen worden wäre: Er versprach, nach dem Sieg in Stadt und Land die Mieten zu halbieren.

Aber Naty Revuelta und ihre Leute besetzten keinen Rundfunksender, sondern mussten schleunigst untertauchen. Die Eroberung der Moncada-Kaserne in Santiago war nach einer knappen Stunde auf groteske Weise misslungen. Erst blieben sechs Kämpfer wegen einer Reifenpanne auf der Strecke und gaben auf. Fidel hatte seine Brillen auf dem Kaminsims vergessen, aber nicht mehr zurückfahren wollen, was ihn sowohl beim Autofahren wie später beim Schießen behindert haben dürfte. Und was danach geschah, schilderte der Rechtsanwalt Fidel Castro ein paar Monate später in seinem Plädoyer vor Gericht in Santiago de Cuba. Die unfreiwillige Komik seiner Darstellung war ihm offensichtlich nicht bewusst:

»Aufgrund eines äußerst bedauerlichen Missverständnisses hatte die Hälfte unserer Kräfte – die besser bewaffnete obendrein! – sich an der Stadteinfahrt verfahren und war im entscheidenden Augenblick nicht zur Stelle, um uns zu helfen.«

Alle hatten gestohlene oder selbstgeschneiderte Armeeuniformen an, und der erste Wagen wurde am Kasernentor auch prompt durchgelassen – worauf es gelang, den Wächtern die großkalibrigen Springfield-Gewehre zu entreißen. Fidel aber saß am Steuer des zweiten Autos und wurde an der Außenmauer von einer schwer bewaffneten Patrouille überrascht. Er versuchte, die drei Soldaten über den Haufen zu fahren, blieb aber mit seinem Buick am Bordstein hängen. Durch das impulsive Manöver erreichte er nur, dass ein Unteroffizier Alarm schlug und das Überraschungsmoment – seine einzige Trumpfkarte – verspielt war.

Das erste Kommando schaffte es, in einen Mannschafts-Schlafsaal einzudringen und an die 50 Soldaten in Pyjamas für gefangen zu erklären. Doch Fidel mit seiner zweiten Gruppe -- die nun dringend erwartete Verstärkung – war nicht nachgekommen. Stattdessen tauchten ein paar besoffene Unteroffiziere sowie der diensthabende Leutnant Morales auf, die von den Eindringlingen in ihrer Panik erst einmal niedergeschossen wurden. Draußen versuchte Fidel Castro derweil, seine Gruppe neu zu sammeln, wurde aber aus dem ersten Stock der Kaserne unter Feuer genommen, und ein Major Morales – der Bruder des kurz vorher erschossenen Leutnants – mobilisierte das Regiment gegen die verkleideten Angreifer. Fidels Freunde mussten hinter geparkten Autos Schutz suchen und hatten die größte Mühe, die Schüsse zu erwidern.

Moncada war zu einer Todesfalle geworden. Wenn er mit dem Leben davonkommen wollte, musste Fidel sofort den Rückzug antreten. Mit etwa einem Viertel seiner Leute konnte er gerade noch durch das Kasernentor entschlüpfen. Seine Verwundeten und die bis zum Schlafsaal vorgedrungenen Gefolgsmänner aber ließ er zurück; sie waren nun der Gewalt der Militärs ausgeliefert. Auch die meisten der mit ihm entkommenen Mitverschwörer wurden in Santiago und Umgebung bald wieder eingefangen. Wie weit Fidel Castro sich im Kampf engagierte, bevor er den Rückzug antrat und der zuschnappenden Falle entkam, ist umstritten. Die zwingende Frage, ob es nicht verantwortungslos von einem geborenen *Líder* und Urheber des ganzen Unternehmens gewesen sei, seine verwundeten und versprengten Anhänger führungslos einem rachsüchtigen Feind zu überlassen, wird wohl nur noch von greisen Exilkubanern gestellt, die sich abends auf der Calle Ocho (Eight Street) von Miami zum Dominospiel versammeln. Mit einer sehr kleinen Gruppe flüchtete Castro zurück auf die Hühnerfarm, begriff aber sofort, dass das Versteck unter der Folter nicht geheim bleiben konnte – und hastete weiter, in die Berge. Noch am selben Abend trat das Kabinett in Havanna zusammen, um aus dem Massaker eigenartige Konsequenzen zu ziehen: Per Dekret wurde der Artikel 26 der Gefängnisordnung aufgehoben, der die Offiziere für das Leben ihrer Gefangenen haftbar machte. Durch dieses Zugeständnis an die Militärs – einer Art rückwirkendem Freibrief – wurden Batista und seine politischen Freunde zu Mittätern.

Für Haydée Santamaría mündete die sternenhelle Nacht zum 26. Juli, die sie zuerst als »strahlend wie auf einem Debütantinnenball« empfunden hatte, in unvorstellbarem Horror. Es war der Morgen nach der Karnevalsnacht von Santiago, in der der Stadtheilige Sankt Jakob gefeiert wurde, und viele Offiziere und Soldaten waren schwer betrunken oder mit üblem Katzenjammer aus der Innenstadt in ihre Kaserne zurückgekehrt. Hier fanden sie 19 niedergeschossene Kameraden vor, etwa doppelt so viele Verwundete und jede Menge Entnervte. Der Stadtkommandant, Oberst Alberto del Rio Chaviano, war zwar erst 38, hatte aber längst gelernt, im Bündnis mit Spielhöllenbesitzern und Drogenhändlern ein Vermögen anzuhäufen. Gleiches galt für seinen Stellvertreter, den noch keine 30 Jahre alten Major Pérez Chaumont, genannt *Ojos Bellos* (schöne Augen). Die beiden – ohnehin nicht zartbesaitet – waren nach durchzechter Nacht partout nicht in der Stimmung, den Rachedurst ihrer Mannschaftsgrade zu zügeln oder erst einmal die Regierung in Havanna um Instruktionen zu bitten.

Melba Hernández und Haydée Santamaría – die beiden Frauen in Fidels Truppe – sind nach der Rekonstruktion von Hugh Thomas zwar nicht vergewaltigt oder physisch gefoltert worden, aber sie haben anscheinend beim Foltern zuhören müssen. Melba war die Verlobte von Abel Santamaría, Haydée war seine Schwester, und sie wiederum war die Verlobte von Boris Santa Coloma, der kastriert wurde, bevor er starb. Von der blutverschmierten Hand eines Unteroffiziers wurde Haydée ein menschliches Auge gezeigt mit der Drohung: »Dieses Auge stammt von deinem Bruder Abel. Sag uns jetzt, wo Fidel steckt, sonst bringen wir dir noch das andere.« Dieses und manche weitere Details des Kasernenterrors stammen aus dem Verteidigungsplädoyer in eigener Sache, das Fidel Castro zehn Wochen später vor Gericht in Santiago de Cuba hielt. Ein Originaltext existiert nicht – die Rede ist hinterher von Fidel vielfach überarbeitet und ergänzt und von Haydée Santamaría aus dem Gefängnis geschmuggelt worden. In der 70 Seiten langen und von der heutigen kubanischen Regierung abgesegneten Version sprach Fidel folgendermaßen weiter:

»*Haydée, die ihren mutigen Bruder über alles liebte, erwiderte voller Würde: ›Wenn Sie ihm ein Auge ausgerissen haben und er trotzdem nichts sagte, so werde ich noch viel weniger etwas sagen!‹ Dann kamen die Henker zurück und brannten ihre Zigaretten in die Arme der beiden Frauen, ehe sie voller Niedertracht zur jungen Haydée sagten: ›Jetzt hast du auch keinen Verlobten mehr, denn auch ihn haben wir getötet.‹ Doch sie blieb unerschütterlich und erwiderte: ›Nein, er ist nicht tot, denn wer für das Vaterland stirbt, der lebt auf ewig!‹*« Fidel Castro schloss diese Passage mit den Worten ab: »*Nie zuvor hat der Heroismus und die Würde der kubanischen Frau solche Höhen erklommen.*« Zutreffend an seiner Schilderung des Moncada-Überfalls war immerhin die Bemerkung über das Verhalten der kubanischen Militärs: »*Der Schrecken, den wir ihnen im Morgengrauen durch unseren Angriff eingejagt hatten, entlud sich in einem Fest der Leichname, einer trunkenen Orgie des Blutes.*«

Einige Jahre später, bald nach seiner Machtübernahme, setzte Fidel Castro sich ans Steuer eines Bulldozers und begann mit dem Abriss der Außenmauer: Die hässliche Moncada-Kaserne bei Santiago wurde in eine Schule verwandelt, sie sollte aber in erster Linie als Weihestätte und bald auch als Touristenziel dienen. Dazu mussten die Einschusslöcher an den Wänden mit schweren Waffen erneuert und vor allem vermehrt werden, etliche Räume wurden als Museum eingerichtet. Dieses besteht im Wesentlichen aus obszönen Fotos: verstümmelte Leichname; Tote, in deren weit aufgerissenen Augen sich noch das Grauen der Folterungen zu spiegeln scheint; zerschossene, grotesk verrenkte Körper. Andere Leichen wiederum waren malerisch im Kasernenhof verstreut worden, um vorzutäuschen, dass es sich um im Kampf Gefallene gehandelt habe – und nicht um Menschen, an denen sich die Rachsucht und Mordlust der Militärs ausgetobt hatte. Oberst del Rio Chaviano und seine Soldateska haben sich nicht einmal besondere Mühe gegeben, ihre Untaten zu vertuschen: Den Leichen wurden nur nachlässig Kleider übergezogen, ehe der Fotograf kam; die Hemdzipfel hingen aus den Hosentüren heraus, die Stiefel waren nicht zugeschnürt.

Mit der Pressezensur kann es in Fulgencio Batistas autoritärem Regime nicht weit her gewesen sein. Eine ganze Fotoserie, die von den sadistischen Ausschweifungen der Militärs zeugte, erschien wenige Tage später in *Bohemia*, der größten Illustrierten des Landes, und in oppositionellen Tageszeitungen. Der Schock traf das liberale Bürgertum schwer: Seit der Machado-Diktatur in den frühen dreißiger Jahren, ja womöglich seit der Unterdrückung der Aufständischen durch die spanische Kolonialmacht Ende des 19. Jahrhunderts hatte es auf Kuba keine solche Bluttat mehr gegeben. Viele der Offiziere, mit deren Hilfe Fulgencio Batista im Jahr zuvor die Macht eroberte, hatten schon in demokratischen Zeiten in ihren Machtbereichen wie Feudalherren geherrscht – oder wie Warlords, die am allgegenwärtigen *gangsterismo,* an Schutzgeld-Erpressung, Glücksspiel und Prostitution mitverdienten.

Noch kurz vor dem Überfall auf die Moncada hatte Batista auf viele Beschwerden hin eine Untersuchung über Gewalttätigkeit und Korruption in den kubanischen Streitkräften einleiten müssen – aber für das Massaker wurde unvermeidlich sein Regime, wurde er als Präsident verantwortlich gemacht. »Die liederlichen und erbarmungslosen Repressalien der Militärs verführten die öffentliche Meinung dazu, die zweifelhafte moralische Rechtfertigung des ursprünglichen Angriffs (Fidel Castros) zu vergessen«, vermerkt Hugh Thomas. Mehr noch: Die blutrünstige Abrechnung, die ihm folgte, hat den aberwitzigen Überfall in den Augen vieler Kubaner nicht nur rückwirkend gerechtfertigt – sie hat ihn auch geadelt, ja mit einem Heiligenschein versehen. Der Tod – in den meisten Fällen wohl: die Ermordung – von 68 Anhängern Fidel Castros (einschließlich mancher, die ihm in letzter Minute untreu geworden waren), die Folterungen, Leichenschändungen und sonstigen Scheußlichkeiten – all dies hat die unglückseligen Angreifer der Moncada in Helden und Märtyrer verwandelt.

Und dieser Verklärung durch Tod und Folter wiederum verdankte die spätere Revolution Fidel Castros ihren Gründungsmythos. Nach etwa einem Jahrzehnt, als der *Máximo Líder* längst die Macht erobert und seine Herrschaft hinlänglich konsolidiert hatte, wurden die drei dramatischen Tage von 1953 – der 25., 26. und 27. Juli – zu kubanischen Nationalfeiertagen erhoben. Das gab jedem Jahr fortan eine dreitägige, quasi-religiöse Zäsur, vergleichbar den Osterfeiern in besonders frommen Ländern. Ein weiterer Nationalfeiertag wurde aus dem 1. Januar – dem Datum, an dem Fidel Castro 1959 als Sieger in Santiago de Cuba einmarschiert war. Für das vorherige halbe Jahrtausend kubanischer Geschichte blieb dann nur noch ein einziger arbeitsfreier Gedenktag übrig.

Der Rest der Welt aber hatte 1953 von jenem historischen Ereignis fast nichts mitbekommen. Typisch für die internationale Presse dürfte wohl die Reaktion der Münchner *Süddeutschen Zeitung* gewesen sein: Sie brachte am 27. Juli 1953 eine einspaltige Agenturmeldung mit der Überschrift: »Putschversuch in Kuba gescheitert«. Darin war von heftigen Gefechten mit insgesamt 53 Toten die Rede und davon, dass Präsident Fulgencio Batista seinen gestürzten und exilierten Vorgänger Carlos Prío Socarrás im »Badeort Miami« als den Auftraggeber genannt habe. Der Name Fidel Castro kam in der Meldung nicht vor, und während der folgenden Woche erschien auch keine weitere Meldung aus Havanna, geschweige denn ein Kommentar oder eine Analyse. Auf Kuba selbst stellte sich die Lage natürlich ganz anders dar: Zwar hatte Batista für drei Monate den Ausnahmezustand und etwas Pressezensur verhängt, aber die Publizität war gleichwohl gewaltig. Zum Jahresausklang wählte die Illustrierte *Bohemia* wie üblich die »Persönlichkeiten des Jahres«: es waren der im März verstorbene Josef Stalin, die frisch gekrönte Königin Elizabeth II. in Großbritannien, der durch einen Putsch an die Macht gelangte Schah Reza Pahlevi im Iran – und der gescheiterte Putschist Fidel Castro.

Ein Desaster – und sei es ein heroisches – als Ausgangspunkt für eine steile politische Karriere, als Sprungbrett in die Geschichte, als Charisma-Quelle? So etwas hatte es auf der Welt schon gegeben. Doch dass der Moncada-Überfall tatsächlich eine Katastrophe war, ein kopfloses und auf krasser Fehleinschätzung basierendes Unternehmen, hat Fidel Castro nur einmal indirekt eingeräumt: gegen Ende der sechziger Jahre, als er den Guerillakrieg zu einem für ganz Lateinamerika – und darüber hinaus – verbindlichen Befreiungsmodell erklärte. Zur Bekräftigung seines Standpunkts meinte der Comandante damals fast schon grüblerisch, er hätte den Kampf auf Kuba von Anfang an als Guerillero in der Sierra Maestra beginnen sollen, statt zu versuchen, eine Kaserne zu stürmen. Dass es Erklärungsbedarf gibt, wissen auch die Informationsbeamten des Außenministeriums in Havanna, die westliche Reporter seit einem halben Jahrhundert zu den »heroischen Stätten« kutschieren. Ach, eine

Kaserne stürmen, ein Regiment überwältigen, die Sympathie der Soldaten gewinnen, Waffen unterm Volk verteilen und sich dann als Guerilleros in die Berge zurückziehen, um mit Hilfe der landlosen Bauern weiterzukämpfen – das sei 1953 auf Kuba doch keineswegs eine ausgefallene Idee gewesen, sondern ein kühnes und logisches Konzept …

Nur: auf ein entsprechendes »follow-up« hatte Castro seine Leute nicht im Mindesten vorbereitet. Trotz seiner Kenntnis des Terrains war nicht einmal er für eine Expedition in die Berge gerüstet. Die wenigen, die es mit ihm bis in die Sierra Maestra geschafft hatten, mussten nach ein paar Tagen verdurstend und ausgehungert in die Ebene zurückkehren, um sich den Militärs zu ergeben.

Die Mexikanerin Alma Guillermoprieto sieht hinter dem Moncada-Abenteuer eine vollkommen selbstbezogene, gleichsam autobiographische Entscheidung Fidel Castros. Nach seiner Abkehr vom studentischen Gewaltmilieu und dem Ende seines kurzen Experiments als Berufspolitiker habe er »für die Romantik als Lebenshaltung optiert«. Aber er tat dies offenbar im Bewusstsein der Ansteckungskraft seiner Option unter jungen Kubanern, die von Heldentum und Heldentod träumen. Auch der Befreiungsheld José Martí – auf allen kubanischen Denkmälern »Der Apostel« genannt – hatte im April 1895, im Kampf gegen die spanischen Kolonialherren, kopflos und hoch zu Ross den Feind herausgefordert – und war sofort totgeschossen worden, ein Märtyrer in alle Ewigkeit. »Als Fidel Castro sich zu einem Überfall entschloss, der nicht die geringste Erfolgsaussicht hatte, fand er Hunderte von Freiwilligen, die ihm sicherlich nicht zugelaufen wären, wenn er ihnen nur eine gründliche Exegese des *Achtzehnten Brumaire des Louis Bonaparte* versprochen hätte«, schreibt Alma Guillermoprieto. Sie hatte 1969 als junge Ballettlehrerin ein halbes Jahr auf Kuba verbracht – und war sogleich Fidel verfallen: »Der Held, zu dem die Massen strömten und der mich erregte und bewegte, war nicht der Marxist, auch nicht der Aufwiegler, sondern der bewaffnete Träumer. Und das Menschenmeer auf dem Revolutionsplatz feierte am 26. Juli nicht das blödsinnige militärische Fiasko von damals, sondern Fidels sublime Verwegenheit – die zunächst gescheitert war, aber nur, um sich bald darauf erneut zu erheben und ihm den höchsten Ruhm zu gewinnen.«

Während der komfortablen Festungshaft auf der Pinieninsel, die auf seine Verurteilung folgte, machte Fidel Castro aus seiner kleinen Gruppe von Überlebenden und Davongekommenen eine »Bewegung« – *Movimiento*. Später erst bemühte er dazu das gefühlsintensive Datum des gescheiterten Moncada-Überfalls und nannte sie: »Bewegung des 26. Juli«. Daraus wurden die Initialen »M-26-7«, auf eine schwarzrote, horizontal halbierte Flagge genäht, die vermutlich von den spanischen Anarcho-Syndikalisten der frühen dreißiger Jahre inspiriert war. Nach seiner Amnestie und Freilassung wollte Fidel, dass sich seine »Bewegung« deutlich von der Partei abhebe, deren Mitglieder er und die meisten seiner Anhänger ja noch waren: von den »Orthodoxen« des Radio-Selbstmörders Eddy Chibás – eines ebenfalls spektakulär Gescheiterten, der aber als Toter, ja besonders als Toter, immer noch seine Verehrer hatte.

Seit einem halben Jahrhundert wird Geschichte auf Kuba als Heldenepos erzählt und gelehrt: als eine wie von der Vorsehung diktierte Serie unwiderruflich miteinander verketteter Ereignisse. Weshalb der endgültige Sieg Fidel Castros und seiner Guerilleros die logische Konsequenz jenes – nur scheinbaren! – Scheiterns auf dem Kasernenhof von Moncada zu sein hat. Der Leichtsinn und Dilettantismus der Aktion wird von den Kubanern im Lauf der Jahrzehnte stets mit jugendlichem Sturm und Drang entschuldigt, meistens aber schlicht negiert. Fidel Castro hat sich 1953 in seinem berühmten Selbstplädoyer noch kaum bemüht, für den Anschlag eine rationale und glaubhafte Erklärung abzugeben, sondern rühmte sich darin nur der »bewundernswerten Präzision und absoluten Geheimhaltung« seiner Vorbereitung sowie der »großartigen Koordination« während des Angriffs selbst. Diese Formulierungen sind – wie viele andere – mit Sicherheit erst *nach* der Verhandlung in den Text des Selbstverteidigers Castro geflossen: die Richter und Staatsanwälte hätten sonst wohl laut herausgelacht.

Nein, rational war nichts an dem Plan. Die Kaserne überfallen und eine (trotz des Karnevals) mindestens fünffache Übermacht mit ihrer wohl 20-fachen Feuerkraft überwältigen, um sodann »Waffen an das Volk« zu verteilen ... Es war ein hanebüchenes Projekt, und Fidel Castros Begründung in dem später verbreiteten Plädoyer die reinste Augenwischerei:

> *»Wer kann an der Tapferkeit, dem Bürgerstolz und der grenzenlosen Courage des rebellischen und patriotischen Volkes von Santiago de Cuba zweifeln? Wäre die Moncada in unsere Hände gefallen, so hätten selbst die Frauen von Santiago gleich nach den Waffen gegriffen. Und die Soldaten hätten ihre Gewehre umgedreht und gegen die Unterdrücker des Volkes gerichtet statt gegen das Volk. Sie wären hinter dem einzigen Ideal hermarschiert, für das es sich lohnt, das eigene Leben zu opfern – die Ehre und das Wohlergehen des Vaterlandes. Jene, die daran zweifeln, dass viele Soldaten uns gefolgt wären, müssen sich fragen lassen: Welcher Kubaner strebt nicht diese höchste aller Ehren an? Wessen Herz wird nicht entflammt von den Verheißungen der Freiheit?«*

Nicht einmal vor den Hintergrund des Moncada-Massakers bekommt solches Phrasengedröhn eine wenigstens emotionale Glaubwürdigkeit. Gleichwohl war es erst das Blutopfer seiner Gefolgsleute, das Fidel vor dem Volk die Autorität und die Aura des *Líder* verlieh. Abel Santamaría, Boris Santa Coloma und all die anderen zu Tode Gefolterten oder beiläufig Erschossenen mögen aus ihrer Sicht für das Vaterland, für die Freiheit, für ihre Ideale oder für ihre politischen Ambitionen gestorben sein – in Wahrheit aber starben sie für Fidel. Ohne dieses Gemetzel wäre sein Angriff auf die Garnison nur eine weitere Episode seiner bislang von nichts als *pistolerismo* und Abenteurertum gekennzeichneten Laufbahn gewesen. Das Martyrium seiner Anhänger jedoch – und das Glück, nach der Tat mit dem Leben davogekommen zu sein – machte aus ihm einen Helden, es bestätigte ihn in seinem Sendungsbewusstsein und begründete sein Charisma.

Überlebende und Gezeichnete wie Haydée Santamaría – »Heldin des Moncada« – wurden seine wertvollsten Helfer, Künder und Propagandisten: Mitglieder jenes allmählich ausgedünnten Revolutionsadels, der jedes Jahr auf der Haupttribüne der Plaza de la Revolución erschien, wenn Fidel vor den Massen zum x-ten Male sein Heldenepos beschwor. Haydée hatte in der Moncada ihren Bruder und ihren Geliebten an die Folterknechte verloren, und die Briefe, die sie danach ihren Eltern schrieb, geben eine Vorstellung von der schwärmerischen Verehrung und dem Personenkult, mit denen schon der 27-jährige Fidel Castro rechnen konnte. Aus dem Frauengefängnis Guanajai nahe Havanna meldete sich Haydée bei ihren aus Spanien eingewanderten Eltern, um sie über den Tod ihres Sohnes Abel hinwegzutrösten:

»Ich weiß, dass nichts Euch jetzt von diesem furchtbaren Schmerz befreien kann, aber eines Tages werdet Ihr viel-

leicht verstehen, dass Ihr privilegierte *Eltern seid, dass Ihr diesen Sohn immer haben werdet, so, wie er war: großherzig, jung, schön, während all die anderen alt, hässlich und bitter werden. Denkt daran, dass Ihr jetzt große und schöne Veränderungen erlebt. Abel hat Euch zu Kubanern gemacht, er hat Euch Kuba lieben gelehrt, das Land, das er selbst als einziges Ding auf der Welt noch mehr liebte als Euch – etwa wenn er zu Euch sagte: liebt Kuba, liebt Fidel! Abel wird uns niemals fehlen, Mama: denk jetzt daran, dass es Kuba gibt und dass Fidel lebt. Denk daran, Mama, dass auch Fidel Dich liebt, und dass Kuba und Fidel für unseren Abel ein und dasselbe sind. Denk daran, dass Fidel Dich braucht. Erlaube niemals, dass eine andere Mutter schlecht über Fidel redet – denk daran, dass Abel Dir das niemals verzeihen würde. Haydée.«*

Offensichtlich hatten kubanische Mütter schon 1953 einigen Anlass, nicht nur Gutes über Fidel zu verbreiten. Aber seine weiblichen Gefolgsleute – Haydée Santamaría, Melba Hernández, Celia Sánchez, Naty Revuelta – sind immer die treuesten und zuverlässigsten gewesen, stets zu Opfern bereit. Und sie verstanden am besten, warum Unwägbares – Stimmungen, Gerüchte, Hörensagen – aus der Sicht Fidels eine ebenso wichtige Rolle spielten wie die »bewaffnete Aktion«. Melba Hernández, die andere Frau des Moncada, war wie Haydée schon nach wenigen Monaten freigelassen worden, weil auch sie beim Angriff auf die Garnison keine Waffen getragen hatte; die beiden sollten sich nur um die Verwundeten kümmern. An Melba Hernández schrieb Fidel als politischer Häftling auf der Pinieninsel:

»Erstens: wir dürfen die Propaganda für keinen Augenblick vernachlässigen, denn sie ist die Seele unseres

Kampfes. Sie muss ganz von unserem eigenen Stil geprägt sein. Zweitens: wir müssen die Arbeit zwischen unseren Leuten hier und im Ausland koordinieren. Du musst deshalb möglichst bald eine Reise nach Mexiko organisieren. Drittens: befleißigen wir uns gegenüber allen anderen (oppositionellen Gruppen) eines scheinheilig sanftmütigen Tones, jedes Wort abgefedert von einem Lächeln. Folgen wir der gleichen Strategie wie während des Prozesses von Santiago – das heißt also: unsere Standpunkte verteidigen, jedoch ohne Ressentiments (in anderen Gruppen) zu wecken. Wir werden später genug Gelegenheit finden, diese Kakerlaken zu zertreten.«

Der kalte Pragmatiker Castro, der sich in seinen Direktiven an die Damen so erfrischend offen zu erkennen gab, war männlichen Mitverschwörern gegenüber wesentlich vorsichtiger. Seinem Freund und Propagandisten in Havanna, dem bekannten Rundfunkreporter Luis Conte Agüero, spielte Fidel vom Gefängnis aus den beleidigten, zornbebenden Ehemann vor: Die Regierung Fulgencio Batistas hatte im Juli 1954 die Nachricht verbreitet, dass Frau Mirta Castro, geborene Díaz-Balart, vom Innenministerium aus ihrem Job »entlassen« worden sei. Fidel hatte seine Frau und seinen dreijährigen Sohn Fidelito während der viele Monate dauernden Vorbereitung auf den Moncada-Angriff allein in deren ärmlicher Wohnung zurückgelassen und sich – das Angenehme mit dem Konspirativen verbindend – in einem Liebesnest mit Naty Revuelta einquartiert. Mirta Castro war in dieser Zeit auf die Hilfe ihrer Freunde und ihrer Familie angewiesen – und ihr Bruder Rafael Díaz-Balart, Staatssekretär im Innenministerium, hatte ihr eine der üblichen *botellas* (»Flaschen«) verschafft: eine Sinekure, einen Scheinposten auf den Gehaltslisten der Regierung. Das brachte

Mirta Castro knapp Pesos im Monat und half ihr, sich selbst und Fidelito über Wasser zu halten. Dass ihr entschwundener Ehemann einen Angriff auf eine Kaserne plante, wusste sie nicht – und auch ihr Bruder, Fidels Schwager, konnte das nicht ahnen.

Empörend war für Fidel Castro in Wirklichkeit nur die Tatsache, dass sein Schwager Rafael – der ihn zwei Jahre zuvor noch bei Batista eingeführt hatte – die »Entlassung« von Mirta Castro aus dem Scheinjob, den sie ihm verdankte, an die große Glocke hängte. Damit wollte Rafael Díaz-Balart seinen einstigen Freund Fidel – den schlagartig berühmt gewordenen, nun auf der Pinieninsel einsitzenden Schwager – politisch kompromittieren. Der Staatssekretär im Dienste Batistas hatte Fidels Überfall auf die Moncada-Kaserne ganz persönlich als Verrat empfunden: Noch am 20. Juli – fünf Tage vor seiner blutigen Aktion – war Fidel Castro in Rafaels Büro im Innenministerium aufgetaucht, um ihn in lockerer Plauderei ein wenig auszuhorchen.

Ansonsten waren Fidel Castro die Beziehungen seiner Familie zur Insel-Prominenz immer von Nutzen gewesen – auch noch lange nach dem Überfall auf die Moncada. Kaum hatte sich damals das Massaker an seinen Mitverschwörern – wie auch seine Flucht in die Berge – herumgesprochen, waren diskret mächtige Hebel in Bewegung gesetzt worden. Enrique Pérez Serantes, Erzbischof von Santiago und Primas der katholischen Kirche Kubas, hatte sich zusammen mit anderen Notabeln für Fidel Castro und die übrigen Davongekommenen eingesetzt. Der Monsignore war ein Spanier aus Galicien und ein alter Freund von Fidels Vater, dem Großgrundbesitzer Ángel Castro. Bewaffnet nur mit einem Megaphon, war der Erzbischof mit dem Auto in die nahen Berge gefahren und dann auch noch zu Fuß weiter hinaufgestiegen, um den Flüchtigen seine Botschaft nachzurufen:

Sie stünden unter seinem Schutz, er wolle sie persönlich den Militärs übergeben, die per Ehrenwort für ihre physische Unversehrtheit haften würden.

Der Aufruf war von 20 Mitverschwörern Fidel Castros befolgt worden – die als Gefangene in der Garnison dann tatsächlich »unversehrt« geblieben sind. Die Geste des Erzbischofs erwies sich für Fidel und seine Bewegung indessen auch politisch von hohem Wert: Sie hat ihm Respekt im Bürgertum, sogar unter konservativen Katholiken der Oberschicht verschafft. Als er nach einer Woche mit zwei erschöpften Begleitern in einer Berghütte auf La Gran Piedra schlafend überrascht wurde, leistete Fidel keinen Widerstand. Selbst in der Regierung in Havanna war nach dem Massaker die Stimmung umgeschlagen: Batista hatte mehrere Minister entlassen und Fidel Castros Schwiegervater – der den gleichen Namen wie sein Schwager hatte – als Transportminister in sein Kabinett aufgenommen. Das konnte zu diesem Zeitpunkt durchaus als versöhnliche Geste des Diktators gewertet werden: Fidels Ehe mit Mirta Díaz-Balart galt da ja noch lange als intakt.

Allerdings – eine Heldengestalt war der »politische Gefangene Fidel Castro« vor allem für die jungen Leute aus der Oberschicht und dem Mittelstand; die Industriearbeiter in den Städten und die Kleinbauern in den Provinzen konnten mit einer Figur wie ihm noch nicht viel anfangen. Unter armen Leuten, vor allem unter den Schwarzen und Mulatten, hatte ein dunkelhäutiger Aufsteiger wie Fulgencio Batista immer noch das größere Prestige – er war ihnen vor allem vertrauter. Die kubanischen Kommunisten – Batistas einstige Verbündete – wurden zwar jetzt im Zeichen des Kalten Krieges und auf Wunsch der Amerikaner vom Regime drangsaliert; für einen Jesuitenzögling und bürgerlichen Aufständischen – obendrein den Sohn eines Großgrundbesitzers – wie Fidel Castro aber hatten sie nichts übrig. Das hat die »Sozialistische Volkspartei«, wie Kubas KP sich damals nannte, in ihrem unverwechselbaren Jargon auch ängstlich zum Ausdruck gebracht:

> *»Wir verurteilen diese Putschisten-Methoden, die typisch sind für kleinbürgerliche Splittergruppen, ebenso wie den abenteuerlichen Versuch, kubanische Kasernen zu erobern. Das von den Teilnehmern an dieser Aktion angestrebte Heldentum ist falsch und steril und beruht auf irreführendem bürgerlichen Gedankengut. Das ganze Land weiß, wer den Angriff auf die Kasernen inspiriert, geplant und angeführt hat. Das ganze Land weiß, dass die Kommunisten nichts damit zu tun haben.«*

All dies stimmte zwar aufs Wort, es hat aber die Parteiführung und ihren schwarzen Generalsekretär Blas Roca nicht davor bewahrt, zu Ehren des frisch eingetroffenen US-Botschafters Arthur Gardner für ein Weilchen ins Gefängnis gesteckt zu werden. Völlig unschuldige Kommunisten landeten in Santiago wegen des Überfalls auf der Anklagebank. Und ein paar Monate nach dem Angriff auf die Moncada wurde Kubas KP mit ihren vielen Unterorganisationen und ihren zwei Tageszeitungen sogar verboten. Batista genehmigte aber immerhin, dass das kommunistische Wochenblatt *Carta Semanal* und die theoretische Monatsschrift der Partei, *Fundamentos,* nach wie vor erscheinen durften: ein freundliches Zugeständnis des Diktators an seine alten Kumpanen und früheren Minister. Die Kommunisten sind auch bald wieder freigelassen worden. Die graue Eminenz der Partei, der aus Polen stammende Fabius Graubart – auf Spanisch: Fabio Grobart –, hatte sowieso schon, lange vor dem Moncada-Überfall, das Land verlassen; er hielt sich seit einigen Monaten – seit Stalins Tod im März 1953 – in Moskau auf, um die neuen Führer des Weltkommunismus kennenzulernen. Vor allem wollte Grobart die allfälligen politischen Konsequenzen abwarten, die sich aus der Wachablösung im Kreml für den karibischen Raum ergeben mochten.

Haydée Santamaría, Heldin des Moncada, hat am 26. Juli 1980 – auf den Tag genau 27 Jahre nach dem Überfall auf die Kaserne – in ihrem Büro mit Blick auf das Meer ihrem Leben ein unschönes Ende gemacht: mit einer schweren Pistole, deren Lauf sie in den Mund nahm. Das Castro-Regime hat den Suizid erst am 28. Juli bekannt gegeben, ohne das genaue Datum – Kubas höchsten Feiertag – zu nennen. Sollte der amtlichen Mitteilung zu trauen sein, so hätte Haydée – die für eifrige Korrespondenz und bekennerische Briefe bekannt war – keine schriftliche Erklärung für ihre letzte Handlung hinterlassen. Fidel Castro war zu einer Trauerrede für die Freundin und Mitkämpferin der ersten Stunde nicht bereit; dabei hatte Haydée Santamaría Kubas weltweit angesehenste Kulturinstitution – die *Casa de las Américas* – gegründet, aufgebaut und bis zu ihrem Tod geleitet. Am offenen Grab sprach – statt Fidel – der Comandante Juan Almeida, Mitglied des Politbüros. Neben viel Lobendem drückte Almeida auch das tadelnde Bedauern von Partei und Regierung aus: Ein Revolutionär habe kein Recht auf Selbstentleibung – sein (oder ihr) Leben gehöre der Revolution und dem Volk.

Kuba hat die höchste Selbstmordrate in Lateinamerika, und das gilt auch für die Nomenklatura. Osvaldo Dorticós Torrado, 17 Jahre lang Kubas Staatsoberhaupt – ein Anwalt, Vertrauter und Verbündeter Fidels schon im mexikanischen Exil –, hat sich 1983 mit der Dienstpistole erschossen, desgleichen mehrere Comandantes und hohe Militärs. Laura Allende, eine Schwester des suizidalen chilenischen Präsidenten, stürzte sich in Havanna aus einem Hochhaus, und auch seine Tochter Beatriz brachte sich im kubanischen Exil um. Castros Geheimdienstchef Manuel Piñeiro, genannt Barbaroja, kam bei einem schwer erklärlichen Verkehrsunfall ums Leben – wie auch Haydée Santamarías Tochter Celia, die sich vorher als Trotzkistin und Abweichlerin geoutet hatte. Im Falle Haydées wurde der Freitod mit dem Moncada-Trauma, dem Foltertod ihres Bruders und ihres Verlobten erklärt – immerhin plausibel. Für eine Verzweiflungstat Haydées aber gab es auch aktuellere Anlässe. Wegen der Verfolgung regimekritischer Schriftsteller auf Kuba hatte die *Casa de las Américas* viel von ihrem internationalen Prestige eingebüßt – auch treueste Linksintellektuelle in Europa und Lateinamerika standen nicht mehr als Fürsprecher und Verteidiger der Revolution zur Verfügung. Weshalb Haydée auch ihren privaten Zugang zum »inneren Kreis« an der Machtspitze Kubas und vor allem zum *Máximo Líder* Fidel Castro verlor.

Welch ein Verlust dies für jemanden wie Haydée Santamaría bedeutete, ist für Außenstehende schwer nachzuvollziehen. Die schwärmerischen Briefe, in denen sie aus dem Gefängnis – und noch Jahrzehnte später, als Kulturpäpstin der Revolution – über »Fidel« berichtete, geben immerhin eine Ahnung davon. Dem Schriftsteller Guillermo Cabrera Infante, der 1965 nach London emigrierte, hatte sie ein paar Jahre zuvor atemlos von einem Dialog berichtet, den sie gerade mit dem *Comandante en Jefe* gehabt hatte. Fidel und Haydée sprachen über den militärischen Sieg, den Kubas Streitkräfte im April 1961 gegen die versuchte Invasion der CIA in der Schweinebucht errungen hatten – ein Sieg, der zum Teil sowjetischen Flugabwehrwaffen zu danken war.

Haydée: »*Fidel, was hättest du denn als Revolutionsführer getan, wenn es 1959 die Sowjetunion nicht gegeben hätte?*«

Fidel: »*Dann hätte ich eben mit unserer Bourgeoisie paktieren müssen. Zehn Jahre lang, wenn nötig!*«
Haydée: »*Du bist ein Genie, Fidel. Weißt du das?*«

In den Wochen unmittelbar vor ihrem Selbstmord hat die hochempfindsame Frau obendrein eine Szene miterlebt, die für die Romantiker der Kampfjahre besonders schmerzlich war: die Erstürmung der peruanischen Botschaft in Havanna durch über 10 000 kubanische Fluchtwillige – und, als Folge davon, die Öffnung des Fischerhafens Mariel durch Präsident Fidel Castro. An die 125 000 Kubaner machten zwischen April und Oktober 1980 von der Chance Gebrauch, in Mariel von exilkubanischen Privatbooten abgeholt zu werden. Fidel Castro benutzte die Gelegenheit auch dazu, seine Gefängnisse zu entlasten und Hunderte von Mördern und gewöhnlichen Kriminellen nach Florida zu exportieren. Die Operation musste auf Wunsch von US-Präsident Jimmy Carter und der überforderten Exilgemeinde in Miami »in gegenseitigem Einvernehmen« abgebrochen werden.

Haydée Santamaría ist nach ihrem Tod zur bedeutendsten kubanischen Vertreterin im internationalen Frauen-Pantheon aufgestiegen. Auf einer langen Ehrentafel werden darin die Vorkämpferinnen des Sozialismus in aller Welt aufgezählt. Neben der Russin Alexandra Kollontai, der Polin Rosa Luxemburg und der spanischen *pasionaria* Dolores Ibárruri gehören – zumindest in der von Havanna verbreiteten Version – auf deutscher Seite dazu: Clara Zetkin, Reichtstagsabgeordnete der KPD in der Weimarer Republik, die in Bolivien als Guerillera umgekommene DDR-Bürgerin Tamara Bunke, sowie Ulrike Marie Meinhof von der Roten Armee Fraktion.

FESTUNGSHAFT

Die Übertreibung ist ein legitimes Stilmittel der Rhetorik. Aber man kann es auch übertreiben.

> *»Meine Herren Richter: Noch nie hat ein Verteidiger seinen Beruf unter solch schwierigen Bedingungen ausüben müssen, und noch nie ist gegen einen Angeklagten mit einer derart überwältigenden Masse von Regelverstößen vorgegangen worden.«*

Der mit diesen Worten sein Plädoyer eröffnete, stellte sich vor als doppelter Protagonist des Gerichtsverfahrens: er war Angeklagter und Strafverteidiger in einer Person. Der gescheiterte Putschist Fidel Castro ließ sich im Oktober 1953 in Santiago de Cuba vertreten von dem jungen Rechtsanwalt gleichen Namens.

> *»Wer heute zu Ihnen spricht, hasst die Eitelkeit mit ganzer Seele, und weder sein Temperament noch seine Stimmung sind dazu angetan, im Gerichtssaal mit Posen oder Sensationen irgendwelcher Art aufzutrumpfen. (…) Ich warne Sie, ich habe erst begonnen! Sollte in Ihren Herzen noch eine Spur von Vaterlandsliebe sein, von Liebe zu Menschlichkeit und Gerechtigkeit, dann hören Sie mir genau zu. Ich weiß, dass man mich für Jahre zum Schweigen bringen will. Ich weiß, dass eine Verschwörung des Schweigens mich unter einem Berg des Vergessens*

begraben will. Doch meine Stimme lässt sich nicht ersticken – sie wird sich aus meiner Brust erheben, wenn ich mich am einsamsten fühle, und mein Herz wird ihr das Feuer verleihen, das gefühllose Feiglinge zu löschen versuchen. (…) Ein bis ins Innerste Verletzter, der sein erniedrigtes Vaterland und die am Boden zertrampelte Gerechtigkeit vor Augen hat, darf sich in einer Stunde wie dieser einer Sprache bedienen, die dem Blutstrom seines Herzens und der Wahrheitsliebe seiner Eingeweide entspringt!«

Die Militärs in Santiago de Cuba hatten das kommen sehen. Erste Kostproben von Fidel Castros Redestrom waren da bereits über die schuldbeladenen und blutbeschmierten Offiziere hereingebrochen und hatten sie das Fürchten gelehrt. Also wurden die Justizbehörden in der Hauptstadt der Provinz Oriente genötigt, die Hauptverhandlung gegen den Rädelsführer nicht mehr in einem Auditorium des Justizpalastes stattfinden zu lassen, sondern sie in einen nur 16 Quadratmeter großen Operationssaal des Hospitals Saturnino Lora zu verlegen – ohne Zuschauer, mit sechs Zeitungsreportern als einzigem Publikum. Hier sollte gegen den Hauptangeklagten Fidel Castro Ruz verhandelt werden, dessen Prozess abgetrennt wurde; seiner bewaffneten Bande als Ganzes – soweit sie den Überfall auf die Moncada-Kaserne und das anschließende Massaker überlebt hatte – war bereits im September der Prozess gemacht worden. Und damals schon hatte der Angeklagte Fidel Castro zusammen mit dem gleichnamigen Strafverteidiger den Militärs seine Waffen und Folterinstrumente gezeigt: wortgewaltig, mit stilistischen Anleihen beim Literaten und Freiheitskämpfer José Martí, mit messianischem Sendungsbewusstsein und hinreißender Chuzpe war es ihm gelungen, die Sympathie und

Bewunderung des ganzen Saales zu gewinnen – einschließlich der Richter.

An jenem 21. September, knapp zwei Monate nach dem Kasernenüberfall und der »trunkenen Blutorgie« (Castro) der Militärs, ergriff der Angeklagte in seinem ersten Auftritt wie im Handstreich vom Gerichtssaal Besitz. Im dunkelblauen Nadelstreifenanzug, mit weißem Hemd, dunkelroter Krawatte und frisch getrimmtem Oberlippenbärtchen erschien er vor dem Vorsitzenden und hielt ihm seine erhobenen Arme vors Gesicht: jeder im Saal konnte sehen, dass man Fidel in Handschellen hereingeführt hatte. »Herr Präsident, ich muss Ihre Aufmerksamkeit lenken auf diesen unglaublichen Umstand! Welche Rechtsgarantien kann ein solcher Prozess noch bieten? Nicht einmal die schlimmsten Schwerverbrecher würde man so in einen Gerichtssaal führen …«

Sogleich wurden auf Anordnung der Richter sowohl Fidel Castro wie auch alle anderen Angeklagten von den Handschellen befreit – worauf Fidel für sich das Recht auf Selbstverteidigung beantragte. Auch dieses wurde ihm vom Vorsitzenden gewährt, mit ungeahnten Folgen. Jedes Mal, wenn er in seiner Eigenschaft als Anwalt das Wort ergreifen musste, hüllte Fidel sich mit feierlicher Gebärde in die Toga des Verteidigers – die er ebenso umständlich wieder ablegte, wenn er nur als der Beschuldigte vernommen wurde. Und da er in seiner Eigenschaft als Verteidiger nicht nur die Zeugen der Anklage vernehmen durfte, sondern auch den Angeklagten – also sich selber –, wurde die schwarze Toga zu einem viel beachteten Requisit, das Fidel schauspielerisch virtuos einzusetzen wusste.

Der Staatsanwalt forderte ihn auf zu erklären, mit welchen Argumenten er seine Mitverschwörer zu dem Kasernenangriff überredet habe – »aber halten Sie uns nun bitte keine politische Gardinenpredigt«. Hierauf Castro, langsam und eiskalt artikulierend: »Ich bin nicht im Mindesten daran interessiert, hier über Politisches zu reden. Es geht mir ausschließlich darum, den Pfad zur Wahrheitsfindung freizuschlagen.« Der Staatsanwalt insistierte: »Erklären Sie dem Gericht also, mit welchen Worten Sie Ihre Leute überzeugten.« Hierauf Fidel: »In Wahrheit brauchte ich sie gar nicht zu überzeugen. Sie haben mir selbst die Richtung gewiesen. Wir alle waren überzeugt davon, dass wir – da die demokratischen Alternativen erschöpft waren – den Weg des bewaffneten Kampfes gehen mussten, wenn wir eine neue Generation von Kubanern nicht wieder der Gefahr aussetzen wollten, verloren zu gehen ...« Wie die amerikanische Castro-Biographin Georgie Anne Geyer bemerkte: »Durch sein Rollenspiel vor Gericht machte er dem Publikum begreiflich, dass jemand in einem bestimmten Augenblick ›der Staat‹ sein kann und in einem anderen nicht mehr – dass man von der Legalität in die Illegalität hinüberwechseln, aber aus dieser auch wieder zurückschlüpfen konnte. Es war seine erste öffentliche Lehrstunde an das kubanische Volk, in der er dieses davon zu überzeugen suchte, dass seine Art von Revolution eine übergesetzliche Gewalt sei – und dass er und seine Mitverschwörer nicht nur das Recht, sondern sogar die Pflicht hätten, die herrschende Ordnung zu beseitigen. Schließlich habe Batista die Macht ja mit illegitimen Mitteln erobert und usurpiert.«

Die Richter in Santiago waren alles andere als willige Vollstrecker eines Diktators. Sie gewährten den Gefolgsleuten Fidels ein faires Verfahren: Raúl Castro und Pedro Miret erhielten 13 Jahre Gefängnis, 20 weitere wurden zu je zwölf Jahren verurteilt, und drei kamen mit nur drei Jahren davon. Für einen Anschlag auf das kubanische Heer, bei dem erst einmal 19 Militärs (darunter ein Offizier) ihr Leben ließen, war dies ein eher zurückhaltendes Strafmaß. Offenkundig hatte das Kasernenmassaker an den Mittätern Fidels – das nicht Gegenstand des Verfahrens war – die Richter zugunsten der Angeklagten eingenommen. Der Prozess gegen Fidel Castro selbst wurde nach seinen wirkungsvollen Toga-Auftritten suspendiert: Gegen ihn fand einen Monat später eine eigene Gerichtsverhandlung statt, deren Rahmen ganz dem Geschmack der Militärs und der Regierung in Havanna entsprach – mit möglichst wenig Öffentlichkeit, in einem winzigen Saal des benachbarten Krankenhauses.

Aber auch hier stellte der 27-jährige Doktor der Rechte sofort klar, dass er nicht wirklich als Angeklagter oder auch nur als Verteidiger aufzutreten gedachte, sondern als öffentlicher Ankläger – und dass er vorhatte, mit der Gestik und der Rhetorik des Staatsanwalts einem Abwesenden den Prozess zu machen. Fidel Castros Hauptbeschuldigter war der Präsident der Republik, der stets als »der Tyrann« bezeichnete Fulgencio Batista, der als übelster Diktator der kubanischen, ja der lateinamerikanischen Geschichte dargestellt wurde. Schon bei dessen bloßer Erwähnung bemühte Fidel Castro seine Lateinkenntnisse.

> *»Monstrum horrendum! – ein Mann namens Batista, der nicht einmal die Eingeweide eines menschlichen Wesens hat. Nur eine einzige Person hat es im Lauf der Jahrhunderte vermocht, zwei verschiedene Epochen unserer Geschichte mit Blut zu besudeln, nur einer hat seine Klauen in das Fleisch zweier Generationen von Kubanern gegraben. Dieser Griff, diese Klauen sind uns vertraut, diese Kiefer wie todbringende Sicheln, diese Stiefel …«*

Und als das Ziel seines Plädoyers gab der Angeklagte und Strafverteidiger bekannt:

»Die feigen, elenden und heimtückischen Lügen zu entlarven, die das Regime gegen unsere Kämpfer ausgeheckt hat; mit unwiderlegbaren Beweisen die furchtbaren und abstoßenden Verbrechen zu enthüllen, die an unseren Gefangenen begangen wurden; und der Nation und der ganzen Welt den unendlichen Jammer des kubanischen Volkes vor Augen zu führen, das die grausamste und unmenschlichste Unterdrückung seiner Geschichte erleidet.«

Der Redetext mit dem Titel *Die Geschichte wird mich freisprechen,* der seit einem halben Jahrhundert von der kubanischen Regierung in so gut wie allen Sprachen der Welt verbreitet wird, hat mehrere Nachteile. Vor allem ist nicht klar, was Fidel Castro tatsächlich vor Gericht gesagt hat – wo er frei sprach und mit nur wenigen Notizen auskam – und was er später, während der ersten Monate nach seiner Verurteilung, in der Gefangenschaft hinzugefügt hat. Mit seinem nahezu fotografischen Gedächtnis dürfte Fidel vor Gericht sicherlich alles, was er sich in der Gefängniszelle zurechtgelegt hatte, wortgetreu wiederholt haben. Doch sein Plädoyer war von Anfang an als politische Kampfschrift gedacht, die es für ein breites Publikum umzuschreiben, zu erweitern und zu publizieren galt. Viele Formulierungen, die in den gedruckten Text eingegangen sind, dürften die Ohren der Richter nie erreicht haben und waren nicht eigentlich für sie bestimmt. Darüber hinaus bestehen auch zwischen den Fassungen in verschiedenen Sprachen, die von Havanna verbreitet werden, interessante Diskrepanzen. In der deutschsprachigen Version der Rede Castros fehlt eine Passage, in der der Diktator Batista unvorteilhaft mit Adolf Hitler verglichen wird. Im spanischen Original und in der englischsprachigen Fassung wetterte Fidel Castro:

»Nicht einmal die Naziverbrecher waren jemals so feige (wie Kubas Präsident). *Für die Massaker vom 30. Juni 1934 hat Hitler wenigstens die Verantwortung übernommen: er erklärte, zu jenem Zeitpunkt habe er für sich die Autorität von Deutschlands oberstem Gericht in Anspruch genommen.«*

Ob Fidel Castro das schon in seinem Plädoyer vor den Richtern in Santiago de Cuba so gesagt hat oder ob er es erst später – für die als politisches Testament veröffentlichte Fassung – hinzufügte, ist im Grunde gleichgültig. Schon der 27-jährige Fidel trumpfte gerne mit seinen zeitgeschichtlichen Kenntnissen auf, und die deutsche »Nacht der langen Messer« – Hitlers blutige Abrechnung mit den Braunhemden nach dem angeblichen Putsch des SA-Führers Ernst Röhm – lag zur Zeit des Moncada-Prozesses gerade erst 20 Jahre zurück. Mit seinem Hinweis auf Hitlers Bereitschaft, die Verantwortung für die Morde an den SA-Führern zu übernehmen, meinte Castro offensichtlich die Selbstrechtfertigung des »Führers« in seiner Reichstagsrede in der Berliner Kroll-Oper vom 13. Juli 1934: »In dieser Stunde war ich verantwortlich für das Schicksal der deutschen Nation und damit des deutschen Volkes oberster Gerichtsherr! Ich habe den Befehl gegeben, die Hauptschuldigen an diesem Verrat zu erschießen.« Die Schergen des Diktators Batista hingegen, so fuhr Fidel Castro fort, »spotten in ihrer Niedertracht, Arglist und Feigheit jedem Vergleich: sie entführen, foltern und morden – und geben hinterher in ekelerregender Weise den Gegnern des Regimes die Schuld!«

Dass Castro in seiner ersten großen Rede, die er als politisches Manifest verstanden wissen wollte, mit seinem Wissen über die Hitler-Diktatur aufwartete, ist nicht überraschend. Für politische Gestalten des 20. Jahrhunderts hatte er schon als 14-Jähriger Interesse gezeigt – wie der bereits erwähnte kindlich-schlaue Gratulationsbrief an US-Präsident Franklin D. Roosevelt bezeugte. Noch während des spanischen Bürgerkriegs – also mit etwa zwölf Jahren – habe er angefangen, Zeitungen zu lesen, erzählte Castro dem Sandinistenführer Tomás Borge. Und den jeweiligen Stand des Frontverlaufs im Zweiten Weltkrieg trug er – ganz wie der damalige Unterleutnant Augusto Pinochet im fernen Chile – mit Buntstiften auf einer Landkarte Europas ein.

Auf den Elite-Internaten in Santiago de Cuba und Havanna war der Teenager Fidel von den spanischen Jesuiten mit dem Begriff der *Hispanidad* imprägniert worden, der die Lateinamerikaner zum kulturellen Widerstand gegenüber der »angelsächsischen« Dominanz der USA animierte. Und er wurde mit José Antonio Primo de Rivera vertraut gemacht: dem eleganten und eloquenten, mit 33 Jahren erschossenen Gründer der Falange, dessen schwärmerische Kampfrhetorik und Verachtung der parlamentarischen Demokratie auf Fidel einen starken Eindruck machten, ja seinen eigenen Redestil mitprägten. »José Antonio« – seinem Anhang in Spanien und auf Kuba genügte der bloße Vorname – redete so ähnlich wie später der junge Umstürzler Fidel:

> *»Wir werden uns nicht mit der politischen Klasse um die unappetitlichen Reste ihres schmutzigen Banketts zanken. Unser Platz ist an der frischen Luft, in mondheller Nacht, das Gewehr in den Händen, die Sterne über uns. Lasst die anderen zechen. Wir bleiben draußen, wachen Sinnes. Ernst und voller Selbstvertrauen sehen wir mit klopfendem Herzen dem Sonnenaufgang entgegen.«*

Wie viele junge Kubaner der vierziger Jahre studierte Fidel – ohne noch besondere politische Vorlieben entwickelt zu haben – den Stil, die »Technik« (eines seiner Lieblingswörter), die Karriere und die Botschaft der Führergestalten des Jahrhunderts. Schulkameraden zufolge hatte er auf dem Campus immer ein Buch in der Hand, meist politische Biographien. Wie zwei von ihnen bezeugten, gehörte *Mi lucha* von Adolfo Hitler dazu; das war in jenen Zeiten an jedem Kiosk Lateinamerikas zu haben – ebenso wie Emil Ludwigs *Gespräche mit Mussolini*, Leo Trotzkis *Mein Leben* und allerhand Literatur über Lenin und Stalin, den Generalissimus Francisco Franco und den gewählten Redner-Diktator Argentiniens, General Juan Domingo Perón. Auch seine Lektüre von Gustave Le Bons *Psychologie der Massen* (1911) ist verbürgt – ein internationaler Dauerbrenner, der von Goebbels eifrig studiert wurde und von dem auch Hitler (wenngleich aus zweiter Hand) gelernt hat. Dass Fidel Anregungen keineswegs nur von links aufnahm, zeigte sich noch ein halbes Jahr vor dem Moncada-Überfall, als er längst dabei war, seine Anhänger zu Schießübungen zu führen. Das war am 27. Januar 1953, am Vorabend des 100. Geburtstags von José Martí – des emotional aufgepumpten, patriotischen »Zentenariums«. Zehntausende von Studenten und Schülern marschierten an jenem Abend zum Paseo del Prado, um den kubanischen Nationalhelden zu feiern. Eine Gruppe von ein paar 100 jungen Menschen stach hervor: Sie marschierten in Reih und Glied und hielten brennende Fackeln in die Höhe – eine in Lateinamerika so gut wie unbekannte Attraktion. Das waren die Fidelistas.

Wie Melba Hernández sich erinnert, ragten aus diesen in Teer getränkten Holzfackeln lange Nägel heraus – für den Fall, dass die Polizei oder die Anhänger Batistas gegen die Demonstranten vorgehen sollten. Die Idee mit dem nächtlichen Fackelzug stammte von Fidel: der hatte wohl das packende Pathos der feierlichen Wochenschau-Aufnahmen in

Erinnerung, auf denen uniform gekleidete junge Menschen mit brennenden Fackeln ihrem Führer huldigten. Fidel war während der Herrschaft des »Dritten Reiches« zwischen sieben und 19 Jahre alt: Die sekundären Geschlechtsmerkmale des Faschismus scheinen in seiner Bewegung auch später gelegentlich durch, wie in der auf ganz Kuba an 1000 Mauern gepinselten Parole »Oberkommandierender, befiehl!«. Der Spruch Mussolinis: »Innerhalb des Staates: alles. Über dem Staat, außerhalb des Staates, gegen den Staat: nichts!« spiegelte sich Jahrzehnte später in einer Rede des Comandante vor dem kubanischen Schriftstellerverband. Allenfalls in Stilfragen gab er den Intellektuellen freie Hand mit der großzügig klingenden Direktive: »Innerhalb der Revolution: alles! Gegen die Revolution: nichts!« Und *die* Revolution – ein handelndes Subjekt der Geschichte, ausgestattet mit eigenem Willen wie Mussolinis »Stato« – war identisch mit ihrem *Líder*.

Das Plädoyer, von Fidel nachträglich mit enzyklopädischer Wissensfülle abgerundet, wurde Stück für Stück aus dem Gefängnis geschmuggelt und in Havanna noch von Jorge Mañach redigiert – einem damals berühmten Intellektuellen, Jahrgang 1898 und Harvard-Absolvent, der die bedeutendste Biographie von José Martí verfasst hatte. Trotzdem trägt das Dokument eindeutig die Handschrift Fidel Castros. Und da auch andere Kubaner sich in der Zeitgeschichte auskennen, war es unvermeidlich, dass nach weiteren Quellen und Vorbildern der wirkungsstarken Schrift gefahndet wurde. Der Schriftsteller Guillermo Cabrera Infante – der als junger Mann in Havanna Chefredakteur der fidelistischen Kulturzeitschrift *Lunes de Revolución* gewesen war – hat Jahre später im Londoner Exil den Vorwurf anderer Exilkubaner aufgegriffen: Fidel Castro habe in seinem berühmtesten Ausspruch niemand anderen als Adolf Hitler paraphrasiert.

Der hatte im November 1923 zuerst im Bürgerbräukeller und anschließend am nächsten Morgen vor der Münchner Feldherrnhalle gegen die Weimarer Republik zu putschen versucht, war damit blutig gescheitert und bald darauf vor Gericht gelandet.

»Verurteilt mich! Es bedeutet nichts. Die Geschichte wird mich freisprechen!«, rief der junge Kubaner zum Abschluss seines Plädoyers vor dem Gericht in Santiago de Cuba. Dreißig Jahre zuvor war es der künftige »Führer« des Deutschen Reiches gewesen, der – ebenfalls des Hochverrats angeklagt – vor dem Volksgericht in München ziemlich genau das Gleiche sagte. Nur hat Adolf Hitler sich viel geschwollener und ungeschickter ausgedrückt als Fidel:

> *»Mögen Sie uns tausend Mal schuldig sprechen, die Göttin des ewigen Gerichts der Geschichte wird lächelnd den Antrag des Staatsanwaltes und das Urteil des Gerichtes zerreißen – denn sie spricht uns frei!«*

Indessen, dass der zeitgeschichtlich versierte Bandenführer und Staatsstreich-Amateur Fidel Castro sich bewusst und direkt von der Figur des deutschen »Führers« habe inspirieren lassen, mutet unwahrscheinlich an. Hitler war erstens ein kolossaler Verlierer und schon deshalb kein Vorbild, und zweitens ein politischer Verbrecher, den die Geschichte – so unvorhersehbar ihr Urteil sonst sein mochte – wohl niemals »freisprechen« würde. Aber Castro bediente sich auch bei späteren Auftritten großzügig mit Versatzstücken und Schlagwörtern aus fremden Reden oder Aufsätzen – vor allem bei José Martí, den er schon als Schüler auswendig zu zitieren vermochte, aber auch bei Simón Bolívar, bei Perón, bei spanischen und mexikanischen Intellektuellen. Die verblüffenden Parallelen in den Karrieren Hitlers und Fidel Castros andererseits sind so zahlreich, dass einem das Unvermeidliche fast ein wenig schwerfällt: sie dem puren Zufall zuzuschreiben.

Beide Diktatoren entwickelten ihre politischen Ambitionen nach der Entdeckung, dass sie »reden« konnten. Beide waren rastlose Leser, die Auswahl ihrer Bücher aber war »utilitaristisch«, ganz auf den persönlichen Nutzwert ausgerichtet, weitgehend ihren politischen Neigungen, Obsessionen und Plänen untergeordnet. Beide konnten das Gelesene oder sonst wie Aufgeschnappte – bis hin zu statistischen Zahlenangaben – bei Bedarf scheinbar mühelos »abrufen« und ihre Freunde oder Gegner damit beeindrucken. Hitler wie Castro bewegten sich zunächst als Agitatoren in zweifelhaftem Milieu – im »halbkriminellen Rowdytum« Münchens (Joachim Fest) der eine, im politischen *gangsterismo* der Universität Havanna der andere. Beide versuchten, die Macht zuerst im Handstreich, durch rasche, theatralische und gewaltsame Aktionen zu erobern – und beide scheiterten damit als Dilettanten schon im ersten Anlauf. Beiden gelang es jedoch, dieses Scheitern – das viele Anhänger das Leben kostete – zum Heldenakt zu verklären und sich damit als nationale Figuren zu profilieren. Die Todesopfer – jene der Feldherrnhalle ebenso wie die der Moncada-Kaserne – begründeten den Märtyrermythos der beiden Bewegungen: Der 9. November 1923 wie der 26. Juli 1953 wurden nach der jeweiligen Machteroberung alsbald zu Nationalfeiertagen erhoben und begründeten einen nekrophilen Heldenkult. Sowohl Hitler wie Castro sind nach ihren Putschen als Hochverräter vor Gericht gestellt worden, sie fanden aber sympathisierende oder verständnisvolle Richter. Die Bedingungen privilegierter Festungshaft, unter denen sie einen Teil ihrer Strafe verbüßten, waren ihrer persönlichen Weiterbildung, der Indoktrination ihrer Jünger und dem Ausbau ihrer Bewegungen förderlich. Hitler diktierte im Gefängnis den ersten Band seines Buches *Mein Kampf*, Castro schrieb hinter Gittern sein politisches Manifest *Die Geschichte wird mich freisprechen*. Sowohl Castro wie Hitler profitierten danach von einer ungewöhnlich frühen Haftentlassung respektive einer großzügigen Amnestie. Beiden hat diese Vorzugsbehandlung die Weiterführung ihres Kampfes bis hin zur Machteroberung wesentlich erleichtert.

Der fundamentale Unterschied zwischen den künftigen Diktatoren aber war, dass Fidel Castro während der langen Kampfjahre seinen Gegner immer als einen »Tyrannen« bezeichnen und die Wiederherstellung der verfassungsmäßigen Ordnung als sein Ziel proklamieren konnte – oder so zumindest wurde er verstanden. Wohingegen das von Hitler bekämpfte »System« eine parlamentarische Demokratie war – und der »Führer« keinen Zweifel an seiner Absicht ließ, ebendiese abzuschaffen und durch eine völlig neue Ordnung zu ersetzen: durch *seine* Ordnung, den Führerstaat.

Oder war Fidel Castros Bekenntnis zu den demokratischen Spielregeln und den bürgerlichen Freiheiten vielleicht doch nicht so wasserdicht formuliert, wie es aus seinem Plädoyer/Manifest herausgelesen wurde?

> *»Meine Herren Richter, lassen Sie mich Ihnen eine Geschichte erzählen. Es war einmal eine Republik. Sie hatte eine Verfassung, ihre Gesetze und ihre Freiheiten, sie hatte einen Präsidenten, ein Parlament und die Gerichte. Alle Bürger hatten das Recht, sich zu versammeln, Vereinigungen zu bilden und in völliger Freiheit ihre Meinungen zu äußern. Die Menschen waren zwar nicht zufrieden mit den Regierenden zu jener Zeit, aber sie würden bald Gelegenheit haben, sich neue zu wählen. Es gab politische Parteien, Debatten im Rundfunk und polemische*

Diskussionen im Fernsehen. Die Menschen trugen den Kopf hoch in der Überzeugung, dass ihre Freiheit als ein heiliges Recht respektiert werden würde. Sie fühlten sich sicher davor, dass jemand das Verbrechen begehen könnte, ihre demokratischen Institutionen zu schänden.«

Der Tonfall des Märchenonkels, den der Angeklagte Fidel Castro da anschlug, hatte womöglich einen Hintersinn. Anscheinend wollte er nicht nur ein zivilgesellschaftliches Idyll beschreiben, das Fulgencio Batista mit seinem (zunächst unblutigen) Staatsstreich zerstört habe, sondern die verflossene kubanische Demokratie in ein ironisches Licht tauchen: hatte er sie doch selber – als bewaffneter Student, politischer *pistolero* und Bandenführer – weit eher bekämpft als respektiert. Und war er nicht vor ein paar Jahren noch auf Kosten des halbfaschistischen Perón-Regimes als Agitator nach Kolumbien geflogen? Dass Fidel Castro als lupenreiner Demokrat die Wiederherstellung der verfassungsmäßigen Ordnung Kubas anstrebte, wurde in demselben Manifest, mit welchem er Batistas »Tyrannei« zum Einsturz bringen wollte, keineswegs so eindeutig versprochen.

Castro zählte in seinem Plädoyer die fünf »Revolutionären Gesetze« auf, die er unmittelbar nach der Eroberung der Moncada-Kaserne im Rundfunk zu verkünden beabsichtigte. *Gesetz Nr. 1*: »Die Macht gehört wieder dem Volk, und die Verfassung von 1940 ist oberstes Gesetz bis zu dem Zeitpunkt, da das Volk sie zu verändern wünscht. Die Revolutionäre Bewegung verkörpert die Volkssouveränität und übernimmt die legislative, exekutive und judikative Gewalt.« *Gesetz Nr. 2*: »Aller Grundbesitz von weniger als fünf *caballerías* (also von maximal 67 Hektar) wird Eigentum seiner Pächter, Mieter oder Besetzer.« *Gesetz Nr. 3*: »Arbeiter und Angestellte aller Industrie-, Handels- und Bergbau-

Unternehmen sowie der Zuckermühlen haben ein Recht auf 30 Prozent des Gewinns.« *Gesetz Nr. 4*: »Alle Zuckerrohr-Anbauer haben ein Recht auf 55 Prozent ihres Anteils an der Zuckerproduktion.« *Gesetz Nr. 5*: »Beschlagnahme allen Eigentums und allen Kapitals, das unter früheren Regimen gesetzwidrig erworben wurde. Sondergerichte mit entsprechenden Vollmachten erhalten Zugang zu den Unterlagen aller im Lande tätigen Firmen. Eine Hälfte der beschlagnahmten Mittel wird in Rentenfonds für Arbeiter investiert, die andere Hälfte in Hospitäler, Waisenhäuser und Wohltätigkeits-Organisationen.« Fidel Castro fuhr fort: »Keines dieser Gesetze kann verfassungswidrig genannt werden, und die erste frei gewählte Regierung Kubas wird sie zu respektieren haben.«

Dass es sich beim Verfasser um einen gelernten Juristen handelte, war diesen Gesetzen nicht anzumerken. In ihrem Populismus spiegelte sich ein Rechtsverständnis, das im günstigsten Falle als amateurhaft oder exzentrisch, präziser wohl als messianisch-autoritär zu bezeichnen wäre. Zwar kam das Wort »Kapitalismus« in dem 70 Schreibmaschinenseiten langen Text nur ein einziges Mal vor, aber der Tonfall war bereits verschwommen-klassenkämpferisch und gab einen Vorgeschmack vom diktatorischen Sponti-Stil einer Ein-Mann-Herrschaft, die sich nach der Machtübernahme innerhalb eines Jahres durchsetzen würde. Lange nach der Moncada-Rede, im mexikanischen Exil und noch während der Jahre der Guerilla hat Castro den revolutionären Tonfall drastisch abgeschwächt und den Kampf gegen die »Tyrannei« und für die Verfassung von 1940 in den Vordergrund gestellt. Das war es, was ihm die Sympathien der kubanischen Mehrheit sicherte. Die wirtschaftlichen Ziele der »Gesetze« jedoch, die er nach einem siegreichen Putsch im Rundfunk hatte verlesen wollen, spielten da schon keine Rolle mehr.

Sie waren von einer infantilen Einschätzung der Reichtümer Kubas ausgegangen: Das Land könne »drei Mal so viele Menschen ernähren, als es Einwohner hat«, es müsse seine eigenen Stahlwerke, chemischen Industrien und Papierfabriken hervorbringen.

Ein junger deutscher Journalist, der sich 1969 fünf Wochen auf Kuba umsehen konnte, bezeichnete *Die Geschichte wird mich freisprechen* als »eine der größten rhetorischen Leistungen spanischer Sprache im 20. Jahrhundert«. Was hat ihn da geritten, was könnte ihn dazu verleitet haben? Unbewusste Anbiederung an die deutsche Studentenrevolte, nächtelange Palaver mit jungen Gefolgsleuten Fidel Castros und Guerilla-Anwärtern aus Lateinamerika wie Roque Dalton aus El Salvador, die schäumende Brandung am Malecón von Havanna, der Hüftschwung der Mulattinnen, die hochprozentigen Rumgetränke … Vieles erklärt, nichts entschuldigt einem Reporter die Beurlaubung seiner kritischen Fähigkeiten. In Wirklichkeit troff Fidel Castros 100 Mal nachgebessertes Plädoyer von Eigenlob, Opportunismus und Klischees, es umschmeichelte seine Richter, entlastete die Militärs, biederte sich bei der Oberschicht an, drosch auf die Kommunisten ein, wartete mit zweifelhaften Statistiken auf, versuchte, Gruppen gegeneinander aufzuhetzen, und kannte nur einen – grotesk überzeichneten und dämonisierten – Feind: Fulgencio Batista und seine »Tyrannei«. Die schwungvolle Theatralik seines Auftritts, die übertölpelnden Einfälle, die durch Wehleidigkeit kaum gebremste Kraftmeierei, die schiere Dreistigkeit seiner Standpunkte waren durchaus beeindruckend. Aber sonst war da nichts, vor allem keine Substanz. Und noch ein Detail ist aufschlussreich: Wer sich Fidels damalige Aufzählung sämtlicher Gebrechen und Probleme Kubas zu Gemüte führt, würde nie auf den Gedanken kommen, dass die Inselbevölkerung zur Hälfte aus Schwarzen und Mulatten bestand und dass Diskriminierung aufgrund der Hautfarbe ein Problem sein könnte. Bis heute spiegelt sich die ethnische Zusammensetzung Kubas in seiner Revolutionsführung weit weniger als etwa die der USA im Washingtoner Kapitol.

»Welch eine großartige Schule dieses Gefängnis doch ist! Hier kann ich mein Weltbild vervollständigen und den Sinn meines Lebens vertiefen!« Auf der Pinieninsel – der er als Herrscher Kubas schon in wenigen Jahren einen anderen Namen geben würde – saß Fidel Castro in der monumentalen *Prisión Modelo* ein, verurteilt zu 15 Jahren Gefängnis. Die anderen zwei Dutzend Überlebenden des Moncada-Putsches durften mit Fidel zusammen sein, sie empfingen Post, Besucher, Geschenke und Fresspakete, koexistierten – getrennt von den gewöhnlichen Kriminellen – in einer Art Gefangenen-Selbstverwaltung, stellten eine Bibliothek von 500 Bänden zusammen und betrieben eine politische Volkshochschule mit Seminaren und Fortbildungskursen. Privatdozent in Kriegsgeschichte und Weltpolitik: Dr. Fidel Castro. Es war eine Art Festungshaft, man wurde ritterlich behandelt wie in einem Kriegsgefangenenlager für Offiziere des Ersten Weltkriegs – oder eben wie in der oberbayerischen Strafanstalt Landsberg, wo dreißig Jahre vorher ein anderer Putschist seine Haftzeit unter andächtig lauschenden Jüngern absitzen durfte.

Der »Tyrann« Fulgencio Batista versuchte derweil, seine Herrschaft durch die Aufhebung des Ausnahmezustands, durch allgemeine Entspannung und Liberalisierung sowie die Vorbereitung freier Wahlen zu legitimieren. Die wirtschaftliche Lage Kubas hatte sich in seiner zweiten Präsidentschaft weiter verbessert, seine Popularität erlebte einen gewissen Aufschwung, und es galt durchaus als möglich, dass er die Wahlen am 1. November 1954 für sich entscheiden könnte. Das gelang ihm tatsächlich – wenn auch unter demütigenden Umständen: Kurz vorher hatte sein einziger Konkurrent – der linksliberale Expräsident Ramón Grau San Martín, der von den Kommunisten unterstützt wurde – seine Kandidatur zurückgezogen, sehr zum Ärger der Letzteren. Zwar bedeutete dies, dass Grau San Martín sich keine Siegeschancen ausrechnete, aber es war für den nach Legitimität dürstenden Batista dennoch frustrierend, ohne einen Gegenkandidaten Präsident geworden zu sein. Immerhin nahm das Parlament seine Arbeit wieder auf, und zumindest formal hatte Kuba bis 1955 seine demokratischen Institutionen in Gang gebracht. Die Presse arbeitete so gut wie unbehindert, und die Illustrierte *Bohemia* – Auflage: eine halbe Million – brachte ein Interview mit Fidel Castro aus seiner Gefängniszelle. Batista trat am 24. Februar mit allem Pomp sein Präsidentenamt an und wollte einen Schritt weitergehen – eine Generalamnestie ausrufen, selbst für politische Gewalttäter.

Der Eindruck, durch eine Begnadigung durch Batista freizukommen, war jedoch das Letzte, was Fidel Castro sich wünschte. Mit grandios klingenden, völlig verlogenen Phrasen wandte er sich an seine journalistischen Sprachrohre in Havanna: »Wir werden um der Freiheit willen nicht unsere Ehre preisgeben! Lieber tausend Jahre Gefangenschaft als eine solche Demütigung! Lieber tausend Jahre unseres Lebens opfern als unsere Würde!« Gleichzeitig wies er seine engsten Vertrauten an, eine Unterschriftensammlung für seine Begnadigung und die der übrigen Gefangenen zu veranstalten. »Kuba, befreie deine Söhne!« lautete die Parole, die die Frauen der Bewegung – Raúl Castros künftige Gattin Vilma Espín und Fidels Vertraute Celia Sánchez – dem populären Feldzug voranstellten. Im Handumdrehen konnten die nötigen 20000 Unterschriften im Kongressgebäude eingereicht werden. Teilnehmer des Moncada-Putsches im mexikanischen Exil wurden aus dem Gefängnis auf der Pinieninsel angewiesen, nach Kuba zurückzukehren und sich den Behörden zu stellen: »Das wäre eine willkommene Sensationsmeldung zu einem Zeitpunkt, da alle Welt unsere Amnestierung fordert«, schrieb Fidel ungeniert.

Seine Herkunft aus dem Großgrundbesitz, die Bekanntschaft seines Vaters mit Batista und seine Einheirat in die Oberschicht waren Fidel Castro auch als politischer Häftling zugutegekommen: In seiner Zelle auf der Pinieninsel wurde er von Batistas Innenminister Luis Hermida aufgesucht, der ihm versicherte, der »Tyrann« sei in Wahrheit ein Ehrenmann und habe persönlich gar nichts gegen ihn. (Offenbar wusste der Homosexuelle Hermida nichts davon, dass Fidel ihn in seiner Korrespondenz als »degeneriertes Schwein« zu betiteln pflegte.) Inzwischen hatte Batista für die Wiederherstellung der Formaldemokratie auch die fällige Belohnung der Vereinigten Staaten erhalten: US-Präsident Dwight D. Eisenhower entsandte seinen Vize Richard Nixon zur Gratulation nach Havanna. Und Batista konnte sich nun halbwegs sicher fühlen, beide Häuser des Parlaments im Mai 1955 über ein Amnestiegesetz abstimmen zu lassen. Es war sein Ziel, dem Terrorismus den Boden zu entziehen und das Land zu befrieden, damit er selbst und seine Freunde sich ungestört bereichern konnten.

Am 5. Mai endlich wurde im Kongressgebäude von Havanna, das überdeutlich dem in Washington nachempfunden ist, über eine Generalamnestie abgestimmt. Alle politischen Parteien – Batistas Koalition an der Spitze – waren sich darin einig, sämtliche politischen Gefangenen auf Kuba freizulassen. Das Gesetz wurde tags darauf von Batista unterzeichnet, und zehn Tage später kamen Fidel Castro und seine Freunde frei. Statt 15 Jahre im Gefängnis zu verbringen, hatte der Putschist von Moncada nur 18 Monate absitzen müssen. Gegenüber den Zeitungsreportern bedankte er sich bei der Gefängnisleitung für korrekte Behandlung, erklärte den Militärs seinen Respekt, kündigte die Fortsetzung des Kampfes an und ließ sich in Havanna von den Studenten auf den Schultern tragen.

»Man hat mir Unterkunft, Nahrung und Wäsche zur Verfügung gestellt. Ich habe nachdenken, studieren und analysieren können, habe meine Pläne gemacht und meine Männer vorbereitet.« So fasste Fidel Castro in einem Brief an den Journalisten Carlos Franqui seinen Gefängnisaufenthalt zusammen.

Nur eine Stimme erhob sich im Parlament gegen das Amnestiegesetz. Es war Fidels alter Freund und (immer noch) Schwager Rafael Díaz-Balart, nun nicht mehr Staatssekretär im Innenministerium, sondern Fraktionsführer der Batista-Koalition im Repräsentantenhaus. Der Kumpan aus Studentenzeiten, der die verlassene Mirta Castro und Fidels kleinen Sohn Fidelito zwei Jahre lang mit einer Sinekure des Innenministeriums durchgefüttert hatte, ergriff nach der Abstimmung das Wort, um sein abweichendes Votum zu erklären:

»Die Argumente zugunsten der Amnestie, die von fast der ganzen Kammer befürwortet wurde, haben mich partout nicht überzeugt. Fidel Castro und seine Gruppe erklärten in ihrem komfortablen Gefängnis, dass sie es nur verlassen würden, um neue gewaltsame Taten vorzubereiten. Sie wollen keinen Frieden, keine nationale Versöhnung irgendwelcher Art, weder Wahlen noch Demokratie. Fidel Castro und seine Gruppe wollen nur eines: die Macht, und zwar die totale Macht, die es ihnen ermöglichen wird, auf Kuba jede Spur von Verfassung und Rechtsstaat zu beseitigen, um eine grausame, barbarische Tyrannei zu er-

richten – eine Tyrannei, die dem Volk die wahre Bedeutung dieses Wortes beibringen wird: ein totalitäres, grausames, skrupelloses, räuberisches und mörderisches Regime, das auch nach zwanzig Jahren schwer zu stürzen sein würde. Fidel Castro ist nichts anderes als ein faschistischer Psychopath, der, einmal an der Macht, nur noch mit dem Weltkommunismus paktieren könnte, da der Faschismus im Zweiten Weltkrieg untergegangen ist. Allein der Kommunismus kann Fidel noch das pseudo-ideologische Gewand liefern, um zu morden und zu rauben, um straflos alle Gesetze zu brechen und auf immer das ganze geistige, historische, moralische und rechtliche Erbe unserer Republik zu zerstören.

Leider gibt es in unserer eigenen Regierung solche Kräfte, die keine demokratischen Lösungen wollen, weil sie nicht einmal in den Stadtrat der kleinsten Gemeinde gewählt werden könnten. Aber die öffentliche Meinung des Landes ist zugunsten der Amnestie mobilisiert worden, und die führenden Männer unserer Regierung haben nicht die nötige Klarheit und Standfestigkeit gegenüber dem Druck der Medien entwickelt, um den Präsidenten und vor allem die Kubaner zu überzeugen.

Ich erflehe von Gott, dass die Mehrheit meiner anwesenden Kollegen recht behält. Ich erflehe von Gott, dass ich derjenige bin, der sich täuscht. Für Kuba!

Wer einen solchen Schwager hat, der braucht keine Feinde mehr, mag Fidel Castro sich gedacht haben. Aber die Familienbeziehung würde ohehin nicht mehr lange währen, da Mirta Castro ihre Scheidungsklage vorbereitete. Es dauerte dann nur noch zwei Jahre, bis in Fulgencio Batista die Erkenntnis dämmerte, dass er mit der Unterzeichnung des Amnestiegesetzes auch seinen eigenen Untergang besiegelt hatte. In dem halben Jahrhundert, das nach Batistas Flucht aus Kuba vergangen ist, hat es eine solche Amnestie nie wieder gegeben. Keiner, der sich mit der Waffe gegen Fidel Castro erhob, ist mit dem Leben davongekommen.

SCOOP

Es ist eine eher bescheidene Attraktion im Vorgebirge der Sierra Maestra – kaum einen Quadratmeter groß und nur zu Fuß zu erreichen. Über eine Stunde muss der Fremde auf überwachsenen Pfaden wandeln, ehe er seine Lungen mit dem Atem der Geschichte füllen kann. Eine Marmortafel gibt es hier, die im Jahr 2007 – ein halbes Jahrhundert nach dem historischen Ereignis – an den Felsen geschmiedet wurde. Sie verkündet in knappen Worten das Wesentliche: »An dieser Stelle traf der Oberkommandierende Fidel Castro am 17. Februar 1957 mit dem nordamerikanischen Journalisten Herbert L. Matthews zusammen.« Das kann natürlich nicht jeder wissen – vielleicht nicht einmal jeder Kubaner –, und so erfüllt die Tafel eine aufklärende Mission. Die Gedenkstätte würde aber vielleicht mehr Besucher anziehen, wenn etwas volkstümlicher formuliert wäre, worum es geht: »Hier haben unsere heroischen Guerilleros den Gringo von der *New York Times* verarscht.«

Die spärlich besiedelte Gegend ist 1976 in den Rang einer Provinz erhoben worden und bekam den Namen *Granma* – nach der 20 Meter langen und nicht besonders wasserdichten Motorjacht, mit der Fidel Castro im November 1956 von Mexiko aus in den Südosten Kubas vorstieß. Sein Landungsunternehmen ist am 2. Dezember 1956 ebenso fatal gescheitert wie dreieinhalb Jahre vorher der Überfall auf die Moncada-Kaserne. Die Zahl der geopferten Menschenleben war noch größer: Von den 82 militärisch trainierten Gefolgsleuten Castros haben nur 17 die Sierra Maestra erreicht. Die restlichen 65 – vier Fünftel seiner Kräfte – sind vor der Küste abgesoffen oder in den Mangrovensümpfen versunken, wurden von der kubanischen Luftwaffe erspäht und beschossen, gerieten in einen tödlichen Hinterhalt der Truppen Batistas oder verbrannten im benzinübergossenen Zuckerrohr.

Das Debakel war nicht zuletzt der rhetorischen Inkontinenz des Comandante zuzuschreiben. »Ohne den Schatten eines Zweifels verspreche ich, dass wir noch 1956 frei sein oder als Märtyrer sterben werden«, hatte Fidel Castro während einer Fundraising-Tour durch die USA ausgerufen. Dann schloss er in Mexiko einen Pakt mit der gewaltfreudigen Studentenführung von Havanna: Terrorakte in den Städten sollten noch vor Castros Landung ein Bürgerkriegsklima schaffen. Und zwei Wochen vor dem Auslaufen der *Granma* teilte er einer mexikanischen Regierungszeitung mit, dass seine Landung auf Kuba unmittelbar bevorstehe. Aus Fidels messianischen Botschaften konnten Kubas Militärs sogar herauslesen, dass er im Südosten der Insel landen wollte: auf historischem Boden, wo der Nationaldichter José Martí 1895 den Aufstand gegen die spanische Kolonialmacht begonnen hatte, indem er ihr weithin sichtbar auf einem weißen Ross entgegenritt und als Erster niedergeschossen wurde.

Die amerikanische Nachrichtenagentur UPI meldete am 4. Dezember 1956 aus Havanna, der Landungsversuch der Castro-Truppe sei gescheitert, die Invasoren seien aufgerieben, ihre Anführer ums Leben gekommen. Gut möglich, dass es sich nicht einmal um eine bewusste Falschmeldung des Regimes handelte. Batista vertraute den Zusicherungen seiner Generäle, die ihrerseits nicht an Wunder glaubten. Wer konnte sich vorstellen, dass bei diesem vernichtenden Schlag gegen ein dilettantisches Unternehmen ausgerechnet der Anführer unverletzt bleiben würde? Oder dass es weitere 17 Überlebende gab – die sich später, in halbreligiöser Anlehnung an die Apostel, gerne *Los Doce* (»die Zwölf«) nennen ließen? Zu dieser winzigen Schar versprengter Jünger zählten die baldigen Kommandanten Ernesto Guevara, Raúl Castro, Camilo Cienfuegos, Ramiro Valdés und Juan Almeida.

Es dauerte drei Wochen, bis die Davongekommenen halb verhungert in den nördlichen Ausläufern der Sierra Maestra zusammenfanden. Einige hatten sogar, wie der Anfänger Che Guevara, in Panik ihre Waffen weggeworfen. Dass sich diesem trübseligen Haufen spontan »die Bauern« oder gar »die Landlosen« angeschlossen hätten, ist Legende. Um nicht dauernd Zuckerrohr saugen und sich vor dem Volk verstecken zu müssen, griff Castro auf seine Geldreserven zurück: Bei den Kleinbauern, die nicht zu Unrecht als potentielle Denunzianten galten, versorgten sich die Rebellen mit Reis und Bohnen und Schweinefleisch – »zu verdoppelten Preisen«, wie das spätere ZK-Mitglied Faustino Pérez klagte.

Rettung kam nicht von den Ausgebeuteten der Umgebung, sondern aus dem »Flachland«, wie es in der Sierra hieß: aus den Städten Kubas, in denen Fidel Castros »Bewegung des 26. Juli« ein Untergrundnetz unterhielt. Die verschworene Gemeinschaft, die er während seiner Festungshaft auf der Pinieninsel aufgebaut hatte, wurde nun wichtiger als der Guerillaverband, der in Mexiko von einem Veteranen des Spanienkrieges ausgebildet worden war. Aber auf militärische Erfolge kam es während des ersten Jahres weniger an als auf die Existenz einer Geisterarmee, auf ihr nachweisbares Überleben in den Bergen, auf Legendenbildung, internationale Wahrnehmung, Dollarhilfe von Exilpolitikern, Bündnisse über Partei- und Klassengrenzen hinweg – und auf die Stimme Fidel Castros im Äther. Nichts davon existierte Anfang 1957. *Radio Rebelde* begann erst im Februar 1958 zu senden.

A la montaña con Fidel! – die Flüsterparole, an der Seite Fidels in die Berge zu ziehen, weckte zuerst nur falsche Illusionen. Über zwei Monate nach dem Landungsdesaster trafen die ersten Mitglieder der »Bewegung« bei Fidel ein. Vor allem kamen Celia Sánchez – die bald seine Geliebte wurde –, die Moncada-Veteranin Haydée Santamaría und Vilma Espín, die spätere Frau Raúl Castros: mutige und praktisch denkende Frauen, die der desperaten Gruppe etwas Leben einhauchten. Aber anders als nach dem Moncada-Überfall verfügten die jungen Kubanerinnen nicht mehr über die Propagandamittel und die Bewegungsfreiheit, mit denen damals die Botschaft Fidels auf der Insel verbreitet wurde. Jetzt waren ihre Helden in einer verzweifelten Lage: kaum mehr als ein Dutzend Kämpfer, die vorerst wie Strauchdiebe leben mussten. Scharmützel mit der Landpolizei hatten die Aufmerksamkeit der Militärs auf sie gelenkt. Bei den Bauern waren sie auf Misstrauen und Verrat gefasst. Im Umfeld der großen Zuckermühlen hatten sie gegen die *Batistianos* keine Chance. Ein paarmal schoss die Luftwaffe auf mutmaßliche Guerilleroverstecke. Fehlanzeige.

Ein Durchbruch, ein Befreiungsschlag konnte nur von außen kommen, von weit her. Und er kam: aus der Oberschicht in Havanna und aus den USA. Von dort aus wurde das Wunder vom 24. Februar 1957 eingeleitet: nur elf Wochen nach der Landungskatastrophe stieg Fidel Castro an jenem Tag zu einer internationalen Mediengestalt auf, einem Protagonisten der Zeitgeschichte. Auf einmal war er der romantische Freiheitskämpfer, der eines nicht zu fernen Tages aus den Bergen kommen würde, um den blutigen Diktator von der Insel zu verjagen. Mehr noch: Wie ein karibischer Franklin D. Roosevelt würde Dr. Castro aus einer rückständigen Republik einen liberalen, demokratischen und modernen Staat machen. Diese Metamorphose des einstigen *pisto-*

lero und gescheiterten Putschisten wurde den Kubanern und ganz Amerika durch ein Medienereignis vermittelt – eine Zeitungsreportage aus der Sierra Maestra. Aber es war weniger der Bericht als das Medium, worauf es ankam. Das Blatt, das alles wendete, war die *New York Times*.

Eingefädelt wurde der Scoop von Felipe Pazos, dem früheren Präsidenten der kubanischen Nationalbank, der die Korruption unter Batista nicht mehr ertrug. Pazos hatte einen Sohn, der mit der »Bewegung des 26. Juli« sympathisierte und erfahren hatte, wie und wo der Überlebende Fidel Castro in der Sierra Maestra zu kontaktieren sei. Mit dieser Kenntnis spazierte Pazos zu einer guten Freundin, der langjährigen Havanna-Korrespondentin Ruby Hart Phillips. Diese hatte zwar keine hohe Meinung von Castro und auch keine Lust auf eine Expedition ins Gebirge, aber sie wusste, welcher berühmte Kollege für diese Art Story geradezu prädestiniert war: Herbert L. Matthews von der *New York Times* gehörte zu jenen Auslandsreportern und Kommentatoren, die vor der Herrschaft des Fernsehens die großen Stars des amerikanischen Journalismus waren.

Frühen Ruhm hatte Matthews schon 1935 erlangt, als er mit den Invasionstruppen Mussolinis in Äthiopien einfiel und von dort mit atemloser Bewunderung über den zivilisatorischen Vormarsch des Faschismus berichtete. Während des spanischen Bürgerkriegs wechselten Matthews' politische Sympathien zu den Sozialisten und Kommunisten über, die die Volksfrontregierung in Madrid gegen die Falange und die Truppen des Generalissimus Francisco Franco verteidigten. Der Kriegsreporter Matthews zählte dort zu den besten Freunden Ernest Hemingways, und Martha Gellhorn – Hemingways dritte Frau – outete Matthews Jahre später als das Modell der Romangestalt Robert Jordan, des Helden von *Wem die Stunde schlägt*.

Dass er 1943 in dem gleichnamigen Farbfilm von Gary Cooper verkörpert wurde, hat dem Selbstbewusstsein von Herbert Matthews vermutlich nicht geschadet. Bei der *New York Times* erhielt er die vielbeneidete Doppelfunktion eines Leitartiklers und reisenden Reporters, und da er mit dem *Times*-Verleger Arthur Hays Sulzberger gut befreundet war, wurden seine Texte wie die Heilige Schrift respektiert. Mit 58 Jahren, weißgrauem Haar und begleitet von seiner Frau, fiel es Matthews auf Kuba nicht schwer, als Tourist aufzutreten und von den Kontrollposten der Polizei durchgewinkt zu werden. Das letzte Stück des Weges am Nordhang der Sierra Maestra musste er zu Fuß zurücklegen, und als er endlich zu dem Urwald-Hauptquartier Fidel Castros geführt wurde, begegnete Matthews keiner abgerissenen Soldateska, sondern militärischer Disziplin und Ritterlichkeit. »Sie werden sich noch ein wenig gedulden müssen, Sir«, wurde ihm mitgeteilt. »Der *Comandante en Jefe* hat gerade eine Besprechung mit seinem Generalstab.«

Eine gute Gelegenheit, sich umzusehen. Dabei sind dem Reporter – nach seinem Bericht in der *Times* zu urteilen – »Hunderte« uniformierter und modern bewaffneter Revolutionäre über den Weg gelaufen. Organisator dieses Spektakels war der damals 26-jährige Raúl Castro, Fidels vergleichsweise schmächtiger und nahezu bartloser kleiner Bruder, der eine Pfeife rauchte und auf Fotos gerne ein verschmitztes Lächeln aufsetzte. Doch selbst wenn Raúl Castro die List und das Organisationstalent eines Feldmarschall Rommel besessen hätte – ohne die verblüffende Leichtgläubigkeit des amerikanischen Journalisten wäre ihm das tolle Täuschungsmanöver wohl kaum gelungen: Mit einem Dutzend junger Männer, die er mit wechselnder Kopfbedeckung und Ausrüstung aus verschiedenen Richtungen an Herbert Matthews vorüberziehen ließ, einen Guerillatrupp von Regimentsstärke zu simulieren. Gewiss, aus ferner gelegenem Dickicht ertönten hin und wieder scharfe Kommandos, die sich an größere Gruppen zu richten schienen; sie blieben jedoch immer ohne Echo. Das moderne Gewehr mit Zielfernrohr, das Fidel Castros persönliche Waffe war, wurde von einem Dutzend einander abwechselnder Guerilleros immer wieder in Sichtweite des Amerikaners geschultert, als gehöre es zu ihrer Standardausrüstung.

Nach der langen, frei erfundenen Sitzung mit seinem »Generalstab« schritt Fidel Castro entspannt und ausgeruht auf den Besucher zu – ein Feldherr des Befreiungskriegs, der sich seiner Siegesaussichten gewiss war. Gastfreundlich wie ein Großgrundbesitzer überreichte er Herbert Matthews eine seiner Lieblingszigarren, und er sorgte dafür, dass sie beide – unter einem Baum behaglich miteinander plaudernd und paffend – von der Kamera der *New York Times* fotografiert wurden. Da Batista sinnloserweise immer noch behauptete, Fidel Castro sei gefallen oder befinde sich in Mexiko, war dies das ideale Beweismittel, um die Story des angesehenen Reporters als exklusive Enthüllung zu verkaufen – als einen Scoop. Sicherheitshalber bestand Castro auch darauf, das Notizbuch von Matthews mit seinem Autogramm zu versehen. Einmal wurde während ihres Gesprächs die Ankunft eines atemlosen Kuriers gemeldet, der dem Comandante eine dringende Botschaft der »Kolonne Nr. 2« übermitteln wolle. Fidel Castro winkte ab: »Sie sehen doch, dass ich einen amerikanischen Journalisten hier habe. Geben Sie dem *Compañero* erst einmal einen Kaffee. Er soll später zu mir kommen.« Jene »Kolonne Nr. 2« existierte damals ebenso wenig wie der ungeduldige Kurier oder dessen dringende Botschaft. An Fidel Castros Aussage traf wohl nicht einmal zu, dass es Kaffee gab.

So schlau durchdacht und sorgfältig geprobt die Inszenierung gewesen sein mag, die Bruder Raúl für Herbert

Matthews in einer Urwaldlichtung veranstaltete – dass der Gringo voll darauf hereingefallen sei, mutet etwas unwahrscheinlich an. Die *New York Times*-Reportage aus der Sierra Maestra gehört zwar zur kubanischen Geschichte, sie verdient aber auch einen Platz in der Skandalchronik des Journalismus. Es war nicht nur Naivität, die Herbert Matthews dazu verleitete, dem Schauspiel vor seinen Augen zu trauen. Da war auch viel Sympathie für die farbige und journalistisch ergiebige Figur des Comandante im Spiel – und die Sucht des Reporters, selber ein »Player« zu sein und etwas zu bewirken.

Gleichwohl dürfte Matthews sich an jenem 17. Februar 1957 von der Sierra verabschiedet haben im subjektiv ehrlichen Bewusstsein, eine Weltsensation in der Brusttasche zu tragen. Weitere Nachforschungen vor Ort vermied er, als habe er das geflügelte Wort eines Hamburger Illustriertenredakteurs verinnerlicht: »Man sollte eine gute Geschichte nicht kaputt recherchieren.« Er vertraute keinem Fernschreiber, flog so schnell wie möglich in die Redaktion zurück. Bei der *New York Times* sind zynische Äußerungen wie in Hamburg verpönt – *fact-checking* geht über alles –, aber die Kollegen dürften ihren Star wohl kaum einem Verhör unterzogen haben. Seine Story erhielt den kostbarsten journalistischen Rahmen, den es damals gab: den Aufmacher der Titelseite der Sonntagsausgabe der *New York Times*. Matthews' Geschichte wurde mit einem Foto des jungen bärtigen Comandante illustriert, der verträumt sein Scharfschützengewehr vor der Brust hielt.

An jenem 24. Februar 1957 ist ein maßloser Aufschneider, der mit zwei Dutzend Desperados im subtropischen Urwald Kubas kampierte, zu einer internationalen Berühmtheit aufgestiegen – einer mythischen Gestalt des Zeitgeschehens, einer Art Robin Hood der Demokratie. »Tausende von

Männern und Frauen sind ein Herz und eine Seele mit Fidel Castro – einem Mann mit Idealen, mit Courage und einer überwältigenden Persönlichkeit«, psalmodierte Herbert Matthews auf der Titelseite der *Times*. Er verglich den Rebellenführer mit Oliver Cromwell. Und dann kam der Satz, der jedem liberalen US-Bürger das Herz öffnen musste: »Fidel Castro bietet seinem Volk einen *New Deal* – radikal, demokratisch und somit antikommunistisch.« Das Schlagwort *New Deal* war von US-Präsident Franklin Delano Roosevelt (1932–1945) geprägt worden für seine staatlichen Eingriffe und Reformen während der wirtschaftlichen Depression der dreißiger Jahre. »FDR« galt vielen als der Retter Amerikas, auch wenn die Erholung des Landes erst wirklich einsetzte, als die Anforderungen des Zweiten Weltkriegs die Industrie wieder auf Hochtouren brachten. 1957 war Roosevelt weiterhin der politische Hausheilige der *Times* – weshalb Matthews mit dem Weihrauchfass des *New Deal* die Meinungsmacher des Blattes für seine Castro-Deutung gewann.

Schon drei Jahre später wurde die Edelfeder zur Unperson degradiert. Matthews' Kuba-Kommentare kamen nicht mehr unredigiert ins Blatt, und bald wurde ihm das Thema Castro ganz entzogen. Als der neue Star James Reston aus Washington berichtete, dass Kuba sich in einen sowjetischen Satellitenstaat verwandelt habe, schmiss Matthews seinen Job hin und schrieb mehrere Bücher zur Verteidigung Castros, obwohl der Kubaner sich auf einem Pressedinner gerühmt hatte, den naiven Gringo in der Sierra Maestra hereingelegt zu haben. Aber auch Matthews' hehres Blatt musste nun einiges einstecken. Eine weitverbreitete Karikatur porträtierte Fidel Castro als Diktator, der grinsend auf der Insel Kuba herrschte; darunter stand das geflügelte Wort, mit dem die große Zeitung um Stellenanzeigen warb: »I GOT MY JOB THROUGH THE NEW YORK TIMES.«

Selbstkritik gehört nicht zu den Stärken des Journalismus. In dem 800-Seiten-Wälzer über die Verlegerdynastie der *Times* wird man vergeblich nach Walter Duranty suchen – ihrem Moskau-Korrespondenten von 1922 bis 1936, der von Josef Stalin für seine Wahrhaftigkeit gepriesen wurde und 1932 den Pulitzer-Preis erhielt. Duranty brachte es damals fertig, den Klassenmord an mehreren Millionen ukrainischer Kulaken zunächst zu leugnen und dann als Folge einer Missernte auszugeben. Sein Hauptinformant war immer der sowjetische Geheimdienst. Über die Moskauer Schauprozesse berichtete er ganz im Sinne Stalins. Es dauerte Jahrzehnte, bis die *New York Times* sich von ihrem früheren Korrespondenten distanzierte. Neuerdings geht das schneller: Nach dem 11. September 2001 hatte die Starreporterin Judith Miller eifrig die Propagandaversion der Bush-Regierung »investigativ« gestützt, wonach der irakische Diktator Saddam Hussein über Massenvernichtungswaffen verfüge – der aus der Luft gegriffene Vorwand für den amerikanischen Einmarsch im Irak und die Bomben auf Bagdad. Obwohl auch sie Pulitzer-Preisträgerin war, wurde Judith Miller darauf von ihrer eigenen Zeitung bloßgestellt, ihr journalistischer Ruf ruiniert. Aber die Reporterin fand alsbald eine neue Heimat – im Fernsehgewerbe, bei den *Fox News* des reaktionären Medientycoons Rupert Murdoch.

Während Fidel Castro und der Gringo von der *New York Times* – ein halbes Jahrhundert lag das schon zurück – edle Havannas rauchten und über die Zukunft der Demokratie auf Kuba redeten, spielte sich in nächster Nähe ein Drama ab. Raúl Castro und Che Guevara warteten im Guerillaversteck nur darauf, dass Herbert Matthews endlich die Szene verlassen würde. Sie hatten Eutimio Guerra in ihrer Gewalt: einen ortskundigen jungen Bauern der Umgebung, der ihnen zunächst als Führer nützlich gewesen war, sich aber offensichtlich den Streitkräften Batistas als *chivato* – Spion oder Denunziant – angedient hatte. Nach den Aufzeichnungen des Che war dieser Eutimio schuldbewusst schluchzend zusammengebrochen und hatte um seine Hinrichtung gebeten: Er habe den Tod verdient und könne sich auch damit abfinden, sofern »die Revolution« verspreche, sich seiner Kinder anzunehmen und ihnen eine gesicherte Zukunft zu bieten. Die Geschichte klang stark nach Volksliteratur, und es ist unter den Revolutionschronisten nicht einmal klar, ob Eutimio Guerra von Raúl oder von Che erschossen wurde. In seinen Aufzeichnungen hat Guevara behauptet, die unangenehme Aufgabe selbst übernommen zu haben, und er hat sie – vielleicht als Lehrstück – mit klinischer Kälte geschildert. Die Hinrichtung fand am 17. Februar 1957 statt, kurz nachdem Herbert Matthews sich von Fidel Castro verabschiedet hatte. Es war immerhin die zweite Exekution eines kubanischen Bauern durch die Guerilleros innerhalb eines Monats.

Nur: diese Episode aus dem Rebellenalltag wäre kein Thema für Herbert Matthews gewesen – und auch nicht für Fidel Castro. Wie dieser seine Lage dargestellt sehen wollte, hat er Anfang 1957 in einem »Manifest aus der Sierra Maestra« selber zu Papier gebracht:

> *»Unfähig, die Revolution des Volkes mit Waffen zu schlagen, hat das Regime die feige Lüge in die Welt gesetzt, dass unsere Expeditionstruppe und ich vernichtet worden seien. Nach drei Monaten unbeschreiblicher Opfer und Anstrengungen können wir dem kubanischen Volk nun versichern, dass die ›vernichtete‹ Truppe eine Belagerung durch mehr als tausend Soldaten überstanden hat, dass ihre Reihen ständig durch Bauern aus der Sierra Maestra aufgefüllt werden, und dass sie mutig den Angriffen der Luftwaffe und der Artillerie getrotzt hat. Unser*

Expeditionskorps kämpfte fast jeden Tag gegen mehr als dreitausend Mann, die mit modernsten Waffen ausgerüstet sind: Panzerfäusten, Granaten und Maschinengewehren aller Art. Diese verzweifelten, doch ohnmächtigen Bemühungen der Schergen des Tyrannen haben die Sierra Maestra in ein Inferno verwandelt, in dem die unablässig fallenden Bomben, das Knattern automatischer Waffen und die Feuerstöße der Sturmgewehre zu vernehmen sind.«

Originalton Fidel Castro wird man das wohl nennen dürfen. Mit der Wirklichkeit der Guerilla hatte all dies wenig Ähnlichkeit. Es ist auch nicht eigentlich die Sprache eines Revolutionärs, sondern die eines Propagandisten. Im gleichen Manifest, das offenkundig an seine Anhänger in den Städten gerichtet war, wurden die Kubaner zu gewaltsamen Aktionen gegen die *Batistianos* aufgefordert – zu Mordanschlägen »gegen die Lakaien des Regimes, die unsere Revolutionäre foltern und morden, und gegen alle, die dem Erfolg unserer Bewegung im Wege stehen«. Nach einem Franklin D. Roosevelt klang das gar nicht mehr – aber es war auch nicht für den Gringo bestimmt. Mit solchem Material und einer wirklichkeitstreuen Darstellung des Guerillahäufchens in der Sierra Maestra hätte es Herbert L. Matthews bei der *New York Times* bestenfalls zu einem Zweispalter auf den hinteren Nachrichtenseiten gebracht.

Aber der Castro-Aufmacher in der Sonntagsausgabe der angesehensten Zeitung Amerikas machte Geschichte. Da das Batista-Regime den Kioskverkauf des Blattes auf Kuba sogleich zu verhindern suchte, wurde der Artikel von der Exilgemeinde in New York und Miami gesammelt, kopiert, übersetzt und an Tausende von Adressen in Kuba verschickt. Für den breiten Mittelstand der Insel war diese Darstellung aus den USA fast so etwas wie eine Legitimierung Fidel Castros als Demokrat. Er hat das wohl auch selbst so verstanden und nach diesem Riesenerfolg seinen Ton gemäßigt, ja geradezu entpolitisiert. Programmatisches kam in den Bergpredigten aus der Sierra nun kaum noch vor. *Die Geschichte wird mich freisprechen* – das Plädoyer des angeklagten Putschisten Fidel Castro vor dem Gericht in Santiago de Cuba – hatte 1953 noch radikale Wirtschaftsreformen, Zerschlagung des Großgrundbesitzes und Verstaatlichungen ausländischer Konzerne versprochen. Darauf kam Fidel Castro fortan nicht mehr zurück. Auf einmal ging es ihm nur noch um das Ende von Willkür und Tyrannei, um die liberale Verfassung von 1940, um Demokratie, Rechtsstaatlichkeit und Pressefreiheit. Das war die Botschaft, die von der Mehrheit der Kubaner gewünscht wurde. Sie hat sich auch auf die Haltung des Offizierskorps ausgewirkt: Das Foltern und Morden von Regierungsgegnern ging unter dem Kommando der alten Batista-Vertrauten weiter, der Polizeiterror auf dem Land wurde verschärft, aber die Kampfbereitschaft der Militärs ging zurück.

The Man who Invented Fidel ist die Biographie betitelt, die ein früherer Reporter der *New York Times* über seinen 1977 verstorbenen Kollegen Herbert Matthews geschrieben hat. Der Titel ist nicht ganz ernst gemeint, obwohl Matthews selbst sich als Castros Entdecker empfand. Natürlich hätte es Fidel mit seiner Rednergabe, seinem Machtwillen und persönlichen Magnetismus weit gebracht in der kubanischen Politik. Ein romantischer Held war er für viele Kubaner auch schon vor dem Beginn seines Guerilla-Experiments. Und doch ist etwas dran an der Karikatur-Beschriftung: »I got my job through the New York Times.« Zur Mythenbildung um Fidel Castro haben Herbert Lionel Matthews und seine Zeitung den frühesten und bedeutendsten Beitrag geleistet.

VOLKSGESUNDHEIT

Es war keine Delegation im Saal, nur ein paar Touristen ruhten sich aus, aber die Schizophrene im weißen Abendkleid schmetterte trotzdem ihr Ave Maria. Ihre Stimme hatte Fülle und Strahlkraft wie für ein großstädtisches Opernhaus, doch ihr Gesang wirkte beklemmend: laut, schrill, mechanisch, ohne Modulation oder eine Spur von Gefühl. Der abwesend blickende Klavierbegleiter hingegen, ebenfalls ein Geisteskranker, spielte gediegenen Schubert. Die Darbringungen der Patienten liefen ab auf stilles Kommando, in lax gewordener Routine. In einer halben Stunde, sobald die fröhlichen Brasilianer im Auditorium Platz genommen hatten, würde die korpulente Blondine in Weiß abermals auf die Bühne schweben und mit puppenhaften Armbewegungen erneut ihr Ave Maria zu Gehör bringen. Und pünktlich zur Ankunft der französischen Psychotherapeuten würde im Turnsaal nebenan eine Gruppe geistig Behinderter erscheinen, um die graziöse Gestik einer Solotänzerin des kubanischen Nationalballetts nachzuahmen.

Das rostige Uhrwerk tickte also immer noch. Auch damals noch, 1996 – im 37. Jahr der Revolution. Im *Hospital Psiquiátrico de La Habana,* dem bekanntesten Irrenhaus Lateinamerikas, konnte die Menschenfürsorge des kubanischen Sozialismus weiterhin als heile, wenn auch etwas surreal wirkende Luxuswelt vorgeführt werden. Die weitläufige Anlage bei Rancho Boyeros, in der Nachbarschaft von Havannas internationalem Flughafen, war eine der ersten vorzeigbaren Errungenschaften der Revolution – obendrein eine persönliche Schöpfung Fidel Castros. Das ursprüngliche *Hospital de Dementes* hatten die spanischen Kolonialherren 1857 errichtet – und es existierte 102 Jahre lang, bis zum Sieg der Revolutionäre, so gut wie unverändert weiter, obwohl die Zahl der Insassen sich verdreifacht hatte. Die entsprechenden Zustände änderten sich erst, nachdem Fidel Castro und seine Getreuen nach einem siebentägigen Triumphzug durch die Insel am 9. Januar 1959 die volle Kontrolle in der Hauptstadt übernommen hatten.

Fidel war lange genug Jurastudent und Anwalt in Havanna gewesen, um den Ruf des *Hospital de Dementes* zu kennen. Außerdem gehörte zu seinen Guerilleros in der Sierra Maestra ein Musikliebhaber, einstiger Studentenführer und junger Anästhesie-Arzt, der sich als Kämpfer ebenso wie bei der Verwundetenbetreuung hervorgetan hatte. Diesen Dr. Eduardo Bernabé Ordáz, der seine ganz persönlichen Vorstellungen von Geisteskrankheit und Therapie hatte, erhob Fidel Castro noch am Tag des Sieges in den Rang eines Comandante. Bernabé wurde für ihn eine Art Gesundheitsguru; mit ihm zusammen machte er sich gleich nach dem Einmarsch in Havanna auf den Weg, das Irrenhaus in Rancho Boyeros zu revolutionieren.

Es war eine jener lockeren Aktionen der Guerilleros, denen Kuba zu einer Spielwiese geworden war, in der sie vor staunenden oder jubelnden Menschen die bestehenden Verhältnisse auf den Kopf stellten. Fidel Castro bekleidete zwar noch kein Regierungsamt, traf aber bereits Dispositionen bis zum Ende des Jahrhunderts und darüber hinaus. Mit seiner verwegen kostümierten Leibwache, seinem bärenhaften Dr. Bernabé und dem üblichen Tross von Reportern eilte der *Comandante en Jefe* zu der berüchtigten Institution, deren Insassen auf die kaum fassbare Zahl von 6000 Geisteskranken geschätzt wurde. Castro machte einen kurzen Rundgang und benannte die Irrenanstalt mit einer eingängigen Formel: *El infierno de Dante!* Das war keineswegs übertrieben, wie eine bräunlich gewordene Fotogalerie noch viele Jahrzehnte später belegte. Nackte Kinder waren darauf zu sehen, die mit Hundeketten an ihren Schlafstellen festgehalten wurden, sowie halbnackte, skeletthafte und kotverkrustete Erwachsene, die auf dem Zementboden herumlagen oder sich kraftlos an die Gitterstäbe klammerten.

Noch an Ort und Stelle beförderte Fidel Castro seinen Kumpel Bernabé zum Direktor des Irrenhauses. Es wurde alsbald in *Hospital Psiquiátrico de La Habana* umgetauft und dazu bestimmt, eine Musteranstalt des staatlichen Gesundheitsdienstes zu werden. Auch für den neuen Geist der kubanischen Ärzteschaft war schnell das passende Schlagwort gefunden: *Humanismo revolucionario*. Von den Schauprozessen und Erschießungen abgesehen, war Fidels Irrenhaus-Reform die spektakulärste Handlung während der ersten Wochen des neuen Regimes. Der Comandante gab seine Ideen, Befehle und Richtlinien damals einfach vor den Fernsehkameras bekannt und drückte das offizielle Kuba (Staatspräsident, Premierminister, Kabinett – viele von ihm selbst ernannt) mit seiner physischen und verbalen Omnipräsenz in den Hintergrund.

Im Volksmund unter dem düster klingenden Namen »La Mazorra« bekannt, eignete sich das *Hospital de Dementes* wie kaum eine andere Einrichtung im Lande als Demonstrationsobjekt: Hier konnten die Krieger aus der Sierra Maestra die idealistisch-sozialromantische Komponente ihrer Revolution mit der größten Anschaulichkeit vorführen – nicht nur um den Kubanern, auch um dem Rest der Welt zu imponieren.

Kein Aufwand war Fidel Castro fortan zu verschwenderisch oder zu ausgefallen, um aus diesem einstigen Inferno eine Insel der Seligen zu machen, die schon bald einen nicht abreißenden Strom von Besuchern und Bewunderern empfangen sollte. Die Zahl der Insassen war gleich nach der Umbenennung in *Hospital Psiquiátrico* halbiert worden, und 2200 Angestellte – Ärzte, Psychiater, Therapeuten, Pädagogen, Köche, Gärtner, Entertainer, Hilfspersonal – kümmerten sich in dem blitzsauberen Gelände fortan um weniger als 3000 Patienten. Als Direktor fungierte auch 1996 noch der inzwischen bejahrte Comandante Bernabé, der mit seinem schwarzgefärbten Vollbart, dem weißen Arztkittel und seinem weißen Cowboyhut zu den erkennbarsten und populärsten Gestalten der Insel gehörte. Fidel, hieß es immer, könne ihm keinen Wunsch abschlagen.

Eduardo Bernabé Ordaz war ein begnadeter Grußonkel und PR-Mann. Jede Besuchergruppe empfing er mit revolutionären Umarmungen. Eiligen Schrittes und mit euphorischem Redefluss zog er von Pavillon zu Pavillon, überall von beglückt wirkenden und eifrig nickenden Patienten bewundert, und erläuterte den Gästen seine Philosophie: Der Geisteskranke ist nicht wirklich krank, er hat nur ein gestörtes Verhältnis zur ihn umgebenden Gesellschaft. Und da der Neue Mensch des kubanischen Sozialismus seine wahren Wurzeln, seine Rechtfertigung und Selbstverwirklichung in produktiver Arbeit finde, müsse auch der Patient zu schöpferischer Tätigkeit oder materieller Produktivität angehalten werden. Wenn Arbeit jedem gesunden Kubaner Würde und Lebenssinn verlieh, wie konnte man dann dem Kranken die Chance verweigern, sich durch seine Tatkraft und Kreativität mit der Revolution und der Gesellschaft zu identifizieren?

Landesfremde wurden im *Hospital Psiquiátrico* vor allem mit den künstlerischen Aspekten der Heilkraft Arbeit bekannt gemacht. Das Ave Maria der Blondine im Abendkleid; die spastisch wirkenden Verrenkungen einer Therapiegruppe, die die Bewegungen der etwas beleidigt blickenden Staatsballerina offenbar zu karikieren versuchte; das Herumgehüpfe von Schizophrenen zu den Klängen kubanischer Folklore – überzeugend wirkte das nicht, und Comandante Bernabé stand da schon nicht mehr für Auskunft zur Verfügung. Alsbald ertönte vom Patio her laute, zirkusartige Orchestermusik, und die Besucher wanderten hinüber. *Rhapsody in Blue* – so viel immerhin war zu erkennen – erklang hier zwar erheblich schräger und dissonanter als vom Komponisten vorgesehen, aber für eine Kapelle von Geistesgestörten war dies eine eindrucksvolle Leistung. Ein Dirigent und etwa 50 Instrumentalisten gaben ein Freiluftkonzert – dreimal in der Woche, so wurde versichert. Nach George Gershwins Paradestück wartete die Irrenhauskapelle mit einem Potpourri aus spanischen Zarzuelas auf, das allerdings ziemlich krass danebenging.

Bald sprach sich eine bizarre Berichtigung herum: Das Freiluftkonzert war keine Darbietung der Patienten. Diese Instrumentalisten waren nicht geisteskrank, sondern festangestellte Berufsmusiker, und die Psychiatrie war ihr ständiger, einziger Arbeitsplatz. Das Orchester des *Hospital Psiquiátrico de La Habana* ist eine etwas abseits gelegene, aber vielgerühmte kulturelle Einrichtung; es verfügte 1996 noch über 79 Instrumentalisten und zwei Dirigenten – ein Aufgebot, von dem so manches deutsche Stadttheater nur träumen kann. Umso stärker fielen den ausländischen Besuchern auf einmal die Verschleißerscheinungen der Revolution auf: Hier konnte man hören und sehen, wie verzweifelt (und verzweifelt komisch) das Regime an einer seiner stolzesten und sinnlosesten Errungenschaften festhielt.

Basstuba und Posaunen zeigten keinen Messing- oder Silberglanz mehr, das Holz der Oboen, Fagotte und Klarinetten wirkte verschimmelt – aber wen kümmerte das? Ein Dutzend

Patienten allenfalls hörte dem wurstigen Getöse teilnahmslos zu. Und nur ein einziger Geisteskranker zeigte Wirkung: jedes Stück, ob von George Gershwin oder Franz Léhar, begleitete er mit ekstatisch kreisenden Hüften, als vernehme er einen Rumba-Rhythmus. »Unser Stammgast«, erläuterte der Dirigent trocken. Bei Durchsicht des Programms konnte man erstaunt feststellen, dass das Orchester auch Richard Wagners *Tannhäuser*-Vorspiel in seinem Repertoire hatte. Und 1998, beim Kuba-Besuch von Papst Johannes Paul II., durfte das Psychiatrie-Ensemble den Heiligen Vater mit Händels *Halleluja* erfreuen. Wie das geklungen hat, ist leider nicht überliefert.

Der Monatslohn der 79 Orchestermusiker lag zum Zeitpunkt unseres Besuches bei 295 Pesos, weit über dem kubanischen Durchschnitt. Und sie hatten sich im Lauf der Jahrzehnte offenbar so sehr an ihr winziges und unkritisches Publikum gewöhnt, dass sie selbst nicht mehr darauf achteten, wie ihre Musik eigentlich klingen sollte. Die Meinung eines deutschen Wirtschaftsberaters, dass sich Kuba den Luxus eines Irrenhaus-Orchesters vielleicht eines Tages nicht mehr leisten könnte, wirkte auf die Musiker befremdlich, ja erschreckend. »Fidel würde unsere Abschaffung niemals zulassen«, bemerkte ein Oboist tonlos. Er gehört einer auf Kuba weitverbreiteten Schicht an, die von der kubanischen Zensusbehörde als »nicht-produktiv« eingestuft und mit 1,1 Millionen Menschen beziffert wird – fast ein Drittel aller Arbeitskräfte. Zu dieser Million gehören auch jene rund 300 000 Akademiker oder sonstigen Intellektuellen, für die es keinen Arbeitsplatz gibt und die vom Staat dafür bezahlt werden, dass sie zu Hause bleiben und Ruhe geben; das Ergebnis ihrer wissenschaftlichen Forschungen oder schriftstellerischen Bemühungen hat wegen Papiermangels ohnehin fast keine Aussicht, veröffentlicht zu werden.

Trauriger als im Musikbereich ging es im *Hospital Psiquiátrico* in der Abteilung »Kunsttherapie« zu, weil die Kranken hier in das Täuschungsritual eingespannt werden mussten. In der sogenannten Malklasse harrten Dutzende von Patienten ewig auf ihren Bänkchen aus, obwohl sie weder Leinwand noch Papier, weder Pinsel noch Stifte bekamen. Einzig ein älterer Herr zeichnete – offenkundig stellvertretend für eine halbe Hundertschaft zuschauender Patienten – eine Heldenskizze des jungen Fidel Castro. In der Abteilung »Maniküre« wurde das Lackieren der Fingernägel nur gemimt: die gepflegten Hände der Herzeigepatientin waren mit einem Lack von ganz anderer Farbe bemalt als der des einzigen vorhandenen Fläschchens. Und was als »Beschäftigungstherapie« durchging, war unwürdiges Theater mit chemisch beruhigten Kranken, die nur still herumhocken konnten. Weiter draußen aber, abseits der Vorzeigepavillons und des Besucherparcours, wo bei der Blumen- und Gemüsezucht tatsächlich körperliche Arbeit nötig war, machte die Insel der Seligen partout keinen glücklichen Eindruck: Harkende und schaufelnde Patienten, oft barfuß und in Lumpen, wurden vom Aufsichtspersonal angeschnauzt und rüde herumgestoßen. Von der Heilkraft der Arbeit war hier nichts zu spüren.

Dennoch hatte das Irrenhaus noch 1996 wenigstens einen besonderen Reiz: Das Essen war ausreichend, ja es schmeckte sogar. Spenden der EU füllten das Lagerhaus des *Hospital Psiquiátrico,* das – wie so manche andere Klinik auf Kuba – schon damals ohne die Hilfe sympathisierender Geberländer längst zusammengebrochen wäre. »Viele, die als geheilt entlassen werden, wollen ganz schnell wieder zu uns zurück«, erzählte stolz der Psychiater Rolando Marín. Ein zweischneidiges Selbstlob: Denn ob geheilt oder nicht, die Entlassenen sehnten sich nicht nur nach relativer Ruhe und ausreichenden Mahlzeiten, sondern auch nach Zuflucht vor größerer Verwirrung. »El verdadero manicomio está afuera«, hatte uns zwinkernd einer der Musiker zugeflüstert: Die wahre Klapsmühle sei draußen, im kubanischen Alltag.

Aber das war vor 15 Jahren, und Fidels ehemaliges Luxus-Irrenhaus hat inzwischen ganz dramatisch an Anziehungskraft verloren – bei den potentiellen Patienten und potentiellen Besuchern gleichermaßen. Am 24. Januar 2011 druckte das Parteiblatt *Granma* einen langatmigen Bericht mit der geradezu reißerischen Überschrift: »Urteile im Prozess wegen der Vorgänge im Hospital Psiquiátrico de La Habana«. Die Namen der Angeklagten wurden darin nicht genannt, nur ihre Amtsbezeichnungen, und die Strafen aufgezählt. Der Direktor des Muster-Irrenhauses – es war längst nicht mehr der Comandante Bernabé mit seinem weißen Cowboyhut, denn der ist 2006 gestorben – und fünf der Vizedirektoren sowie eine nicht genannte Zahl von Angestellten der Verwaltung waren zu sechs bis 14 Jahren Gefängnis verurteilt worden.

Vorgeworfen wurde ihnen »Vernachlässigung von Minderjährigen, Behinderten und Schutzlosen« sowie »Veruntreuung«. *Granma* berichtete ebenso händeringend wie gewunden von einer »schwierigen und schmerzlichen Wahrheitssuche, die im Tiefsten die Sensibilität eines jeden Kubaners berührt, da sie auf einem Gebiet nötig wurde, das den Stolz der ganzen Nation ausmacht«. In der drei Zeitungsspalten füllenden Meldung war nur in einer einzigen Zeile verschämt vom Gravierendsten die Rede – von »eingetretenen Todesfällen«. Nur, über diese selbst wurde nichts gesagt, außer dass sie »von den Feinden der Revolution als Vorwand benutzt worden sind für den Versuch, eine unserer schönsten Errungenschaften herabzuwürdigen«. Das wirklich Skandalöse sind für *Granma* somit nicht die »eingetretenen Todesfälle« unter den Patienten der Musterklinik: Skandalös ist nur, dass sie bekannt geworden sind.

Bei der Rückkehr von einem vierwöchigen Aufenthalt in der Sowjetunion hat Fidel Castro einmal behauptet, das dortige Parteiorgan *Prawda* sei »die beste Tageszeitung der Welt«. Seine Qualitätsmaßstäbe müssen sich im Lauf der Jahrzehnte verschoben haben, denn in den sechziger Jahren ließ er sich noch täglich, überallhin und wenn nötig mit dem Hubschrauber, die *New York Times* bringen. Von Touristen abgesehen, scheint niemand die *Prawda* von Havanna zu kaufen: *Granma,* das Zentralorgan der Kommunistischen Partei Kubas, ist trotz seines lustigen Namens – amerikanisch für »Oma«, nach der Motorjacht der 1956 auf Kuba gelandeten Guerilleros – eines der ödesten Blätter der Welt, und es enthält aus Prinzip nichts von Bedeutung, was nicht schon längst bekannt wäre.

Die Kubaner wussten seit Monaten, dass im Winter 2010 26 (nach anderer Zählung: 31) Patienten des *Hospital Psiquiátrico* verhungert oder an Unterkühlung gestorben waren. Auch die Ursachen hatten sich herumgesprochen: Große Mengen der kostbaren Lebensmittel aus EU-Spenden waren von den Direktoren und dem Verwaltungspersonal entweder für den Eigenverbrauch oder für den Verkauf auf dem Schwarzmarkt abgezweigt worden. Das Gleiche passierte mit erheblichen Mengen an Bettwäsche, Decken und Matratzen. Und, eine besondere Kostbarkeit auf Kuba: Auch die Fensterscheiben eines der Pavillons waren abmontiert worden und verschwunden.

Dass auch noch im 53. Jahr der Revolution Besucherscharen aus aller Welt durch das berühmte *Hospital Psiquiátrico* geführt werden, muss als unwahrscheinlich gelten. Dank dem Internet sind Berichte aus der Irrenanstalt nach draußen gedrungen, und sie sind im Exil und auf Kuba selbst verbreitet worden. Da wird unter anderem geschildert, wie schwierig es gewesen sei, die halbnackten, bis auf die Sehnen abgemagerten und in der Dezemberkälte einander umarmenden Alzheimer-Patienten zu trennen, besonders die Toten von den Lebendigen. Auch Fotos von Leichnamen und von Überlebenden, die KZ-Gestalten glichen, sind per Handy aufgenommen und übermittelt worden. Wenn der greise Fidel Castro sie zu Gesicht bekommen hat – was möglich, aber nicht sehr wahrscheinlich ist –, würde er sich vielleicht an seine eindrucksvolle Empörung beim ersten Besuch erinnert haben. Und an die Bezeichnung, die ihm vor einem halben Jahrhundert eingefallen war: Dantes Inferno.

Das Debakel einer Institution, die den Stempel des *Máximo Líder* trägt und zum Aushängeschild des kubanischen Gesundheitsdienstes wurde – immerhin der international anerkanntesten Leistung des Regimes –, ist für die Gebrüder Castro eine Katastrophe. Die Enthüllung verleiht obendrein früheren Schaudergeschichten einige Glaubwürdigkeit, die nur deshalb wenig Beachtung gefunden hatten, weil sie von der Exilgemeinde in Miami verbreitet worden waren. Der Hauptvorwurf lautete, die kubanische *Seguridad* habe das weltbekannte Hospital nach sowjetischem Vorbild auch zum Wegsperren und Bearbeiten von Dissidenten und Unbequemen benutzt. Schon 1991 war in den USA eine Dokumentation veröffentlicht und von Menschenrechtlern verbreitet worden, die die Existenz von »Strafpavillons« in dem *Hospital Psiquiátrico* beklagte: dort seien ständig politische Opponenten eingesperrt. 30 von ihnen wurden namentlich aufgezählt.

Fidels leutseliger Gesundheitsguru Bernabé räumte damals ein, dass er auch »politische Patienten« aufgenommen habe; diese aber würden einer »völlig legitimen Therapie« unterzogen. Ein früherer Krankenwärter des Hospitals, Heriberto Mederos, ist lange nach seiner Auswanderung nach Florida – und als US-Bürger – von einem Folteropfer in Dade County wiedererkannt und vor Gericht gebracht worden: Belkis Ferro, die mit 15 Jahren als »rebellischer Teenager« in die Musterklinik gesperrt worden war, beschuldigte Mederos, sie mit Elektroschocks gequält und mit Psychopharmaka ruhiggestellt zu haben. Der alte Herr ist von einem Gericht in Florida zu drei Jahren Gefängnis verurteilt worden und bald darauf gestorben.

In einem der kümmerlichen Buchläden der Altstadt von Havanna, in denen selbst die Werke von Carlos Marx und Federico Engels nur gegen Dollar zu haben waren, wurde eine bibliophile Kostbarkeit angeboten. Über einem Buchumschlag, der die Brust einer stillenden Mutter zeigte, stand der Weisheitsspruch Fidel Castros: »Die Frau ist die Werkstatt der Natur, in der das Leben geschaffen wird.« Das klang wie Machismo-Leninismo, war jedoch nur ungelenker Ausdruck der extrem ehrgeizigen Gesundheitspolitik des Comandante. Zwischen 1970 und Mitte der achtziger Jahre war Kuba dabei, sich zu einer medizinischen Großmacht zu entwickeln. Besonders in der Betreuung von Müttern und Säuglingen nahm das Land eine Spitzenstellung ein – und dies keineswegs nur in der Dritten Welt. Auf internationalen Gesundheitstagungen verkündeten die Kubaner mit besonderer Vorliebe, dass die Sterblichkeitsrate unter Neugeborenen in Havanna niedriger sei als in Washington, D. C.

Trotz aller Vorsicht, die gegenüber offiziellen Zahlenangaben aus kommunistischen Ländern immer schon angebracht war: Es ist nicht ausgeschlossen, dass diese Information eine Zeitlang gestimmt hat oder sogar heute noch zutrifft. Auf Kuba wurden gewisse gesundheitspolitische Ziele im selben Geist angestrebt wie einst die Produktionszahlen in der Landwirtschaft (»Ehrensache: Zehn Millionen Tonnen

Zucker!«) oder Rekordergebnisse in der Leichtathletik. Es ist eine Vorgabe des Gesundheitsministeriums an die Gynäkologen und Geburtshelfer, dass auf Kuba weniger werdende Mütter – oder Neugeborene im ersten Jahr – sterben dürfen als sonst irgendwo auf der Welt. Dieses Ziel ist keineswegs unerreichbar, wenn die Mediziner in den pränatalen Untersuchungen extrem strenge Maßstäbe anlegen und beim geringsten Zweifel an der Gebärfähigkeit der Mutter oder an der Gesundheit ihrer Leibesfrucht eine Abtreibung anordnen – nicht etwa nur empfehlen. Gegen eine solche Anweisung hat die kubanische Patientin kein Einspruchsrecht.

Ob Fidel Castro je enge Freunde hatte, bevor er Gabriel García Márquez in seine Nachbarschaft holte, ist umstritten. Als sicher aber darf gelten, dass er in seiner Umgebung seit jeher eine besondere Vorliebe für Ärzte hatte. Den Argentinier Ernesto Guevara hat er in Mexiko für sein kubanisches Guerilla-Unternehmen zunächst weniger als Kämpfer oder gar Strategen angeheuert, sondern weil er einen Arzt dabeihaben wollte. Später waren es der Comandante Bernabé Ordaz und der ebenfalls zum Comandante beförderte Chirurg René Vallejo, die ständig an seiner Seite waren. Castro ist mit wechselhafter Neugier an vielen Themen interessiert, aber Medizin ist wohl sein beständigstes Hobby. Viele halten ihn für einen Hypochonder und sein Interesse für pathologisch – bis ihn eine geheimnisvolle Darmerkrankung auf den Operationstisch und zum Verzicht auf alle seine hohen Ämter zwang. Als Castros ölreicher Kumpan und Förderer Hugo Chávez erkrankte, stellte ihm Fidel ein kubanisches Team von Vertrauensärzten zur Verfügung, das dem teuren Freund auch in Venezuela nicht von der Seite weicht. Es war Fidel, der Chávez in Havanna zu eingehenden Untersuchungen veranlasste, bei denen Krebs entdeckt wurde. Chávez nannte Fidel im venezolanischen Fernsehen scherzhaft »meinen Oberarzt«.

Zweifellos waren die Investitionen des Castro-Regimes in Krankenversorgung und medizinische Ausbildung außerordentlich; sie wurden nur noch von den Anstrengungen übertroffen, mit denen Kuba sich zur größten Militärmacht Lateinamerikas aufschwang. Beides – Volksgesundheit und weltweiter Kampf gegen das »Imperium« – waren persönliche Steckenpferde Fidel Castros, für die er über ein Vierteljahrhundert lang die massive Hilfe der Sowjetunion und des Ostblocks bekam. Allerdings wird in so gut wie allen Lobpreisungen der kubanischen Krankenversorgung ein Detail übersehen: Schon ein Jahrzehnt vor Castros Machtübernahme hatte Kuba auf diesem Gebiet ein Niveau erreicht, das nur knapp unter dem der USA und Kanadas lag; ja, es gab auf der Insel mehr Ärzte pro 1000 Einwohner als in Großbritannien, Frankreich oder Holland – nur lebten diese fast nur in den Städten und in dichtbesiedelten Gebieten, während riesige, eher bevölkerungsarme Landstriche vollkommen vernachlässigt wurden. Und Fidel stammte aus der rückständigsten Provinz: Oriente.

Ernüchterung und Skepsis, die sich bei einer Führung durch das *Hospital Psiquiátrico de La Habana* einstellten, sind auch gegenüber allen anderen Wunderzahlen der medizinischen Versorgung auf Kuba angebracht. Besonders kritisch stimmt der Triumphalismus des Gesundheitsministeriums. Eine Aussage aber ist wenigstens korrekt: »1959 hatte Kuba 6290 Ärzte, heute sind es 69713.« Demnach gäbe es auf Kuba heute 6,3 Ärzte pro 1000 Einwohner – ein phantastisches Verhältnis nicht nur für ein Entwicklungsland. In Deutschland, das im Weltmaßstab nicht gerade als unterversorgt gelten kann, kommen auf 1000 Einwohner nur 3,3 Ärzte. Dass Kuba im Verhältnis zur Einwohnerzahl beinahe doppelt so viele Mediziner wie das reichste Land Europas hervorgebracht hat, stellt ein Kuriosum dar – besonders wenn man berücksichtigt, dass in Deutschland die Altersstruktur eine personell weitaus intensivere Versorgung nötig macht als im sehr viel jüngeren Kuba.

Das eigentliche Wunder des Gesundheitswesens unter Fidel Castro bestand darin, die von seiner Revolution ausgelöste Massenflucht der Ärzte ohne eine weltweites Aufsehen erregende Katastrophe überstanden zu haben. Während der ersten Jahre der Herrschaft Castros hatte Kuba als einziger totalitärer Staat der Welt keinen Eisernen Vorhang – jedenfalls nicht für Menschen, die genug Devisen für einen Flugschein auftreiben konnten. Auf dem *Aeropuerto José Martí* von Havanna hing über der internationalen Abflughalle der Spruch: »*Die nicht fühlen können, dass sie in diesen außerordentlichen Zeiten unserer Geschichte Soldaten des Volkes sein müssen, sollen gehen.*« Gezeichnet: »*Fidel.*« Von den 6000 Ärzten Kubas hat damals gut die Hälfte dieser Aufforderung Folge geleistet – und ihre Häuser, Wohnungen und Möbel, ihre Autos und Haushaltsgeräte, ihren Schmuck und ihr gesamtes Vermögen zurückgelassen. In der Medizinischen Fakultät von Havanna – einer der größten Lateinamerikas – blieben nach dem Ärzte-Exodus von 1959/62 nur 16 Professoren übrig.

Und heute hat Kuba 70 000 Mediziner! Seit der Erfindung der chinesischen *barefoot doctors* während der Kulturrevolution des Vorsitzenden Mao hat wohl kein anderes Land eine solch mirakulöse Ärzte-Vermehrung erlebt. Das Ziel Fidel Castros war von Anfang an, einen großen Teil dieser Mediziner außerhalb Kubas einzusetzen – mit dem Ehrentitel »Internationalisten«, den auch die kubanischen Soldaten und Offiziere in den Bürgerkriegen von Angola oder Äthiopien oder Namibia für ihren Einsatz auf der richtigen Seite erhielten. Ein Drittel der kubanischen Ärzte – rund 25 000 – »kämpfen« fern der Heimat in Ländern der Dritten Welt, um potentiellen Brudervölkern zu helfen und den Sozialismus zu fördern. Doch selbst der auf der Insel verbliebene Rest – 45 000 Ärzte – stellt für ein Entwicklungsland von elf Millionen Einwohnern ein verblüffendes Kapital dar. Auch ohne seine »Internationalisten« übertrifft Kuba an Ärztedichte eine hochentwickelte Industrienation wie Deutschland.

Selbst wenn die befreundeten Diktatoren in Angola und Äthiopien und anderen zeitweiligen Bruderländern längst gestürzt sind – mindestens in wirtschaftlicher Hinsicht macht der kubanische Überschuss an Medizinern sich immer noch bezahlt. Schon allein die 15 000 »Internationalisten«, die im Venezuela des Fallschirmspringer-Oberstleutnants und Castro-Verehrers Hugo Chávez in den Slums und Armenvierteln willkommene Hilfe leisten, bringen ihrer Heimat überlebenswichtige Dividende ein. Die 110 000 Fass Erdöl pro Tag, die auf Kuba die Lichter gerade noch brennen lassen, stellen eine Art kollektives Arzthonorar aus Venezuela dar. Auch die übrigen 10 000 »Dr. med. Internationalist« aus Kuba, die zwischen Bolivien und Pakistan für fremde Regierungen arbeiten, helfen dem Castro-Regime womöglich mehr als ihrem Gastland: Der größte Teil ihres in US-Dollar ausbezahlten Gehalts fließt direkt nach Havanna. Trotzdem zieht es viele kubanische Ärzte ins Ausland, denn sie können von dort mit Importgütern zurückkehren, die auf Kuba unerschwinglich sind. Die Zahl der Deserteure ist gering; Frauen und Kinder der reisenden Ärzte müssen auf Kuba bleiben, und antiimperialistisch gesinnte Gastländer wie Hugo Chávez' Venezuela gewähren Abspringern kein Asyl.

Aleidita, die Internationalistin, sprach ganz leise, als verrate sie ein Geheimnis. »Vor drei Jahren waren wir am Ende.

Weißt du, damals habe sogar ich schon geglaubt, Kuba sei nicht mehr zu retten.« Dann aber haute Aleidita ihrem Besucher kumpelhaft mit der flachen Hand aufs Knie: »Wir haben es durchgestanden, nicht wahr? Und wir wissen jetzt, dass wir das Schlimmste hinter uns haben, dass es von jetzt an wieder vorwärtsgeht!«

Ach, 15 Jahre ist das schon wieder her, dass Aleidita – Dr. med. Aleida Guevara March – uns mit ihrer Zuversicht anzustecken suchte – die Kinderärztin, die ihr erstes Praxisjahr noch während des Bürgerkriegs in Nicaragua absolviert hatte, in den Lazaretten der Sandinisten; Aleidita, die Internationalistin, die in Angola für die Volksbefreiungsfront von Agostinho Neto schuftete – »oft vergeblich, denn die unterernährten Kinder starben uns weg, es war sehr traurig«. Im Geist des *humanismo revolucionario* arbeitete sie dann weiter in Havanna und war bei wichtigen Anlässen auf der Haupttribüne zu sehen – dem Revolutionsadel entstammend, der Nomenklatura zugehörig und oft in sichtbarer Nähe des *Comandante en Jefe.*

Bevor ihr Vater, als sie noch sehr klein war, 1966 die Insel Kuba verließ zu einer Reise ohne Wiederkehr, hatte er seinen fünf Kindern (von zwei Ehefrauen) geschrieben: »Seid vor allem immer fähig, jede Ungerechtigkeit gegen jeden Menschen an jedem Ort der Welt im Innersten zu fühlen. Das ist die schönste Eigenschaft eines Revolutionärs.« Dr. Aleida Guevara March würde diese Maxime aus Bescheidenheit wohl kaum wiederholen, aber sie hat viele Jahre lang versucht, ihre Biographie am überall plakatierten moralischen Anspruch des Vaters zu orientieren. Während unserer Begegnung 1996 ließ ihr die Nachricht keine Ruhe, dass in Bolivien die angeblichen Überreste des Comandante Ernesto Che Guevara ausgebuddelt wurden.

»Der Verlust meines Vaters hat mich erst spät, als Erwachsene getroffen. Als Kind habe ich 1967 zwar geheult, aber im Grunde nur die Trauer meiner Mutter mitempfunden.« Nun aber, da der tote Che – die Ikone auf den bunten T-Shirts der halben Welt – ihr seelisch viel vertrauter geworden war, fand Aleidita es »unerträglich«, dass, was immer von ihrem Vater übrig war, »für eine Art Heiligenschrein missbraucht werden könnte«. Leider ist es uns seither nicht gelungen, die inzwischen 50-Jährige zu fragen, was sie von dem pharaonischen Che-Mausoleum im zentralkubanischen Santa Clara hält: Mittlerweile wurden die zweifelhaften Gebeine aus Bolivien vom *Comandante en Jefe* Fidel Castro für authentisch erklärt und als Rechtfertigung für einen imposanten, staatstragenden Schrein benutzt. Der Totenkult – keineswegs nur für Che, sondern für eine ganze Reihe von Helden und Märtyrern – gehört zu den halbreligiösen Riten der Revolution, die der Verewigung ihrer Herrschaft dienen.

Dass die Pädiatrie-Fachärztin Aleida Guevara March uns im Sommer 1996 nicht an einem ihrer beiden Arbeitsplätze in Havanna – zwei Kinderkrankenhäusern – antreffen wollte, muss schon seinerzeit am sichtbaren Verfall revolutionärer Errungenschaften gelegen haben. Deren Anblick ist nicht für die Augen eines Landesfremden bestimmt. Wie weit der allgemeine Niedergang in den seither verflossenen 16 Jahren fortgeschritten ist, kann unschwer den Berichten kubanischer Blogger entnommen werden, die Verwandte in den Krankenhäusern besuchten. Was im Parteijargon die »Sonderperiode in Friedenszeiten« genannt wird – die Zustände auf Kuba seit dem 22 Jahre zurückliegenden Untergang der Sowjetunion –, ist besonders für die Hospitäler fatal. Dass in vielen Vierteln Havannas stundenlang der Strom ausfällt, die Straßen nicht gereinigt werden und das Trinkwasser nur gefiltert und abgekocht zu genießen ist, findet eine dramatische Entsprechung im Gesundheitsdienst.

Verwandte der Kranken bringen Eimer oder Blechdosen, Seife, frische Handtücher und Bettwäsche in die gewöhnlichen Hospitäler mit, um ein Minimum an Hygiene herstellen zu können. Es gilt, Fäkalien und Blut wegzuschaffen, da die Toiletten und Abflüsse oft verstopft sind, und die Patienten wollen ja auch einmal unter die Brause. Von den Wänden eines früheren Herzeigehospitals lösen sich Staubwolken und fallen Kacheln herunter, weil bei der Renovierung zu viel Sand und Zement für die Verschönerung des Altstadtkerns von Havanna abgezweigt worden war.

Aber mit all diesen negativen Aspekten wäre der Zustand der Krankenfürsorge auf Kuba höchst unfair dargestellt. Es gibt eine andere Seite der Medaille, die zu optimistischen Prognosen Anlass geben könnte. Der Filmemacher Michael Moore hat in seiner publikumswirksamen Reportage *Sicko* amerikanische Patienten gezeigt, die noch an den Folgen der Terror-Attacke vom 11. September 2001 litten, sich aber in ihrer Heimat keine angemessene Behandlung leisten konnten; Moore brachte die Patienten nach Kuba und filmte, wie sie dort in einer blitzsauberen Klinik hervorragend gepflegt wurden. Tatsächlich ist auf Kuba dafür gesorgt, dass Ausländer, die mit Devisen zahlen können, in den besonderen Kliniken und von den besten Spezialisten mindestens so sorgfältig behandelt werden wie kubanische Politbüro-Mitglieder oder hohe Offiziere der Streitkräfte und deren Familien. Hierfür wird von Havanna aus auch intensiv und im richtigen Jargon geworben:

> »SERVIMED CUBA *hat sich zu einem der weltweit führenden Anbieter von Gesundheitstourismus und Gesundheitsmedizin entwickelt, mit einem Netzwerk von Fachärzten und Gesundheitszentren. Den Kunden wird beste Versorgung durch modernste medizinische Behandlung,*

technische Ausstattung und einem ruhigen Erholungsort garantiert. Denn Kuba ist nicht nur ein Ort für geschäftliche Angelegenheiten und Freizeitvergnügen, sondern bietet darüber hinaus auch erschwingliche und sichere Gesundheitsvorsorge auf Weltklasse-Niveau …«

Kein anderer Wirtschaftszweig Kubas – neben dem gewöhnlichen Tourismus – scheint solche Wachstumschancen zu haben. Die Kosten für ein neues Hüftgelenk, für Krebsbehandlung, Augen-Chirurgie, Kosmetik-Operationen oder Drogen-Rehabilitierung liegen um 60 bis 80 Prozent unter denen der USA. Im Jahr 2006 kamen bereits 20 000 Gesundheitstouristen aus Europa, Kanada und Lateinamerika auf die Insel – zunehmend auch aus den USA. Diese Zahl dürfte seit der Aufhebung vieler Devisen-Restriktionen durch Präsident Barack Obama erheblich gestiegen sein. Die Reisepässe von US-Bürgern werden auf Kuba traditionell ohnehin nicht abgestempelt, um ihren Inhabern Unannehmlichkeiten bei der Heimkehr zu ersparen. In den Devisen-Apotheken von Havanna sind Antibiotika und Entzündungshemmer problemlos zu haben, ja sogar Viagra wird geboten.

Wer indessen keine Verwandten in den USA oder in Europa hat und auch sonst keinen Zugang zu fremder Valuta, ist gesundheitspolitisch ein Bürger zweiter Klasse. In einer Klinik für gewöhnliche Kubaner kann der Arzt einem Patienten mit Bronchitis keine Antibiotika verschreiben – die sind in gewöhnlichen Apotheken nicht erhältlich. Sogar Aspirin ist dort nur mühsam aufzutreiben. Und der Unterschied zwischen den ausländischen und den einheimischen Patienten ist der überwältigenden Mehrheit der Kubaner nur allzu geläufig – er ist so auffällig und schmerzhaft wie die Apartheid zwischen Touristen und Einheimischen, wenn sie sich einem Restaurant oder einer mit Importwaren gefüllten *diplotien-*

da nähern: Die einen gehen hinein, die anderen schauen ihnen zu. Weshalb der Witz umgeht: »Was möchtest du gerne werden, wenn du einmal gross bist?« Die Antwort des Kindes: »Ausländer.«

IN SCHWULITÄTEN

Es war eine Begegnung von Bärtigen, die aus verschiedenen Welten kamen. Doch trotz aller Gegensätze war ihnen einiges gemeinsam: die Geste der Empörung, die Sprache der Rebellion, die Botschaft der Befreiung. Ihre Wege kreuzten sich im April 1959 aus purem Zufall: in Princeton, der feinen, elitären Universitätsstadt in New Jersey, wo die Vertreter der beiden Zeitströmungen als Fremdkörper auffielen.

Die einen kamen aus San Francisco. Sie wurden Beatniks oder Hipsters genannt, und ihre Leitfiguren waren Dichter, Künstler, Bohemiens, erfüllt von antibürgerlichem Affekt und der Freude an der Provokation. Gregory Corso, Allen Ginsberg, Lawrence Ferlinghetti und ihr Kometenschweif hatten per Anhalter oder in zusammenbrechenden Bussen die Berge und Prärien Amerikas überquert: langhaarige, magere, auch abgerissene Gestalten, umweht von Haschischwolken, von Skandalgeschichten und frühem Ruhm. Allen Ginsbergs bekanntestes Gedicht trug den Titel »Howl« – Geheul. Ihre Botschaft war radikal-pazifistisch, und sie forderten vor allem Befreiung – von allem. Den Chilenen Jorge Edwards, der als Stipendiat in Princeton lebte, reizte der Kontrast zwischen diesen Beat-Poeten und den Nobelpreisträgern, die vor nicht so langer Zeit in Princeton aufzutreten pflegten: Leute wie William Faulkner oder Thomas Mann. Letzterer hatte noch Vorlesungen über Goethe, Wagner, Freud und seinen *Doktor Faustus* gehalten, ja einmal auch, ganz bescheiden: »On Myself«.

Die anderen Bärtigen, die im April 1959 in Princeton eintrafen, kamen aus Kuba. Wie es schien: direkt aus der Sierra Maestra. Sie trugen verschwitzte olivgrüne Kampfanzüge, struppige Bärte, Flechten und Zotteln im Haar, und schritten selbstbewusst einher mit wiegendem Gang und rollenden Schultern. Es war ein Wanderzirkus, der schon – nach Havanna – in Caracas, Buenos Aires, New York und Boston aufgetreten war, und seine Botschaft war gleichfalls eine der Befreiung. Im Grunde war es die Botschaft eines einzelnen Mannes, die sich von Tag zu Tag, von Ort zu Ort, aber auch vor verschiedenem Publikum ständig veränderte – manchmal nur um Nuancen. Jorge Edwards verstand die Botschaft in erster Linie als eine aus dem Süden kommende »Reaktion und Opposition gegen den *American way of life*, gegen den Tanz um das Goldene Kalb, die hektische und falsche Vulgarität des Nordens«. Weshalb sie gar nicht so weit entfernt zu sein schien von der Protesthaltung der Beatniks, die es soeben aus dem fernen Westen in Princeton angeschwemmt hatte. Diese blickten fasziniert auf die bärtigen Kommunarden aus Kuba: Die vertraten offenbar einen romantischen Kommunismus, durchpulst von karibischem Rhythmus, ohne fremde Panzer, ohne russische Besatzer. Das mussten Brüder im Geiste sein.

Fidel Castro wurde zum Entsetzen seiner Leibwache von hingerissenen amerikanischen Studenten entführt und auf den Schultern herumgetragen. Nicht weniger entsetzt war der Schriftsteller Jorge Edwards über einen Studentensprecher, der nach der Rede Fidels in die Euphorie hinein mit ruhiger Überzeugung festgestellt hatte: »Er wird erst einmal die Wirtschaft zugrunde richten.« Edwards erwiderte ihm wütend, ohne je auf Kuba gewesen zu sein, dort gebe es nichts zu zerstören, es müsse überhaupt erst alles aufgebaut werden! Welch ein Irrtum; Anastas Mikojan, der Kampfgefährte Lenins und Stalins, war gerade als erster Sendbote der Sowjetunion in Havanna eingetroffen, und nach einer kurzen Rundfahrt hatte er ausgerufen: »... und das soll ein Entwicklungsland sein?« Die Infrastruktur, die die Revolutionäre vom Kapitalismus geerbt hatten, leistete ihnen noch viele Jahrzehnte lang gute Dienste, ehe sie ächzend ihren Geist aufgab.

Dabei hatte Fidel Castro in Princeton anders als zu Hause gesprochen, hatte sich chamäleonhaft seiner Umgebung angepasst und eher wie der junge Senator John F. Kennedy geklungen, der ein Jahr später, im Präsidentschaftswahlkampf von 1960, die amerikanische Jugend für sich gewann. Gegenüber den Studenten der politischen Wissenschaften in Princeton lautete die Botschaft Fidels: Anders als die Russische Revolution, anders als das marxistische Modell, sei die Umwälzung auf Kuba nicht aus dem Klassenkampf hervorgegangen; Mitglieder sämtlicher sozialer Schichten vielmehr hätten teilgenommen am Ringen gegen die Tyrannei Batistas. Kubas Agrarreform mit ihren Enteignungen habe vor allem das Ziel, viele neue Eigentümer zu schaffen. Genau gegen dies aber – »neue Bauern, die wie die anderen Bauern werden und eine kleinbürgerliche Mentalität entwickeln« – war Fidel Castro in Wahrheit allergisch, ebendies wollte er verhindern: als hätte er sich das Marx'sche Wort von der »Eigentumsscheiße« zu Herzen genommen.

Unter allen Beatniks und Hipsters war Allen Ginsberg wohl derjenige, dem das Wort Kommunismus den geringsten Schrecken einjagte. Seine etwas exzentrische Mutter war nicht nur Nudistin, sondern auch Mitglied der amerikanischen KP gewesen, und sie hatte ihren Irwin Allen schon als Teenager zu Parteiversammlungen mitgenommen; das war damals, während der Kriegsjahre, als »Uncle Joe« Stalin Amerikas Verbündeter war, nicht unbedingt mit einem Stigma behaftet. Als die kubanische Kulturbürokratie Anfang der sechziger Jahre ihre Fühler nach jungen progressiven Intellektuellen in aller Welt – einschließlich der USA – ausstreckte, nahm Allen Ginsberg 1965 eine Einladung nach Havanna an: Er sollte bei einem Literaturwettbewerb der *Casa dé las Américas* als Juror mitwirken. Wie alle Sympathisanten aus der Heimat des Imperialismus wurde der Beatnik-Barde mit revolutionären Umarmungen empfangen. Aber die Euphorie des jungen Dichters ließ entschieden nach, als es ihm in Havanna nicht gelingen wollte, seinen täglichen Bedarf an Marihuana zu decken. Diese Substanz, so musste er erschrocken feststellen, war auf Kuba schwerer zu beschaffen als in San Francisco oder New York; ja, ihr Konsum wurde von der Polizei ganz offen hintertrieben.

Ginsberg schloss daraus, dass die Menschenrechtslage auf der Insel prekär sei, und er machte sich daran, weitere Defizite aufzuspüren. Als bekennendem Schwulen konnte ihm nicht lange verborgen bleiben, dass »die Revolution« (mit anderen Worten: Dr. Fidel Castro) eine tiefe, radikale, ja geradezu physische Abneigung gegenüber Homosexuellen empfand. Und zwar seit jeher: Schon nach seinem gescheiterten Überfall auf die Moncada-Kaserne war Fidel gegen den Innenminister des Dikators Batista kein abträglicherer Vorwurf eingefallen als der, dass dieser ein Schwuler, ein *degenerado sexual* sei. Nach dem Sieg der Revolution aber musste die Verfolgung von Schwulen und Lesben anders, nämlich ideologisch begründet werden: Es gelte, so hieß es nun, die Gesellschaft von dieser »Hinterlassenschaft des Kapitalismus« zu säubern. »Objektiv« – eines der Lieblingswörter der Revolutionäre – seien Schwule »Agenten des Imperialismus«.

Der Sympathisant Allen Ginsberg wäre 1965 wohl kaum nach Havanna gekommen, hätte er dem unendlichen Interview lauschen können, das Fidel Castro etwa um diese Zeit dem US-Reporter Lee Lockwood gewährte, und das später als prachtvoller Bildband *(Castro's Cuba, Cuba's Fidel)* erschienen ist. »Nie haben wir geglaubt, dass ein Homosexueller die Erwartungen erfüllen könnte, die wir in einen wahren Revolutionär setzen«, erklärte Castro darin. »Die Abartigkeit verträgt sich nun einmal nicht mit dem Begriff, den wir von einem kommunistischen Kämpfer haben.« Um in die einzige politische Partei Kubas aufgenommen zu werden – für eine Karriere auf jeder Ebene nahezu unerlässlich –, stellten auch andere Abartigkeiten ein Hindernis dar: Praktizierende Katholiken und Protestanten blieben ausgeschlossen. Schwule, besonders junge Schwule, hatten es noch viel schwerer: Sie wurden zu den Asozialen gerechnet, den Konterrevolutionären, den *elementos lumpen* – wie Castro sie nannte – und den als gefährliche Sekte eingestuften Zeugen Jehovas. Für diese Gruppen gab es in der Provinz Camagüey mehrere berüchtigte Arbeits- und Umerziehungslager, die amtlich als »Militärische Einheiten für die Produktionshilfe« bezeichnet wurden. Es handelte sich schlicht um einen Gulag, in dem Zwangsarbeit, Brutalität, Hunger, Dreck und Krankheit alltäglich waren. Im festen Glauben, dass der Mensch verbesserungsfähig sei, gewährten Psychiater jungen Homosexuellen aber auch eine Chance: Ekel vor dem eigenen Geschlecht wurde ihnen eingebleut, sie erhielten Elektroschocks und militärischen Drill.

In einem Brief des Che Guevara an einen Freund findet sich die Schlussformulierung: »Ich umarme Dich mit all der Heftigkeit, die meine Macho-Würde mir gerade noch erlaubt.« Das ist zwar leicht ironisch im Ton, aber doch bezeichnend für das ehrpusselige Verhältnis der Revolutionäre in Bezug auf ihre Männlichkeit. In der Sierra Maestra pflegten die Guerilleros mönchisch anmutende Reinheitsideale, wie sie für Männerbünde jeder politischen Couleur charakteristisch sind, und die Homosexualität war ihnen dort schon als Problem begegnet. Trotz – oder vielleicht wegen – ihrer Nähe zu den USA haben Mexiko und Kuba obendrein eine ungesunde Neigung, Courage mit Männlichkeit zu verwechseln und Letztere ständig hervorzukehren; das Verhalten der kubanischen Frauen gegenüber den Helden wirkte dieser Neigung nicht gerade entgegen. Die bedauernswertesten Opfer des kubanischen Machismo aber, die Schwulen, wurden mit einer exorzistischen Grausamkeit verfolgt, die der Unsicherheit der Revolutionäre entsprang.

Dass im »Ersten Freien Territorium Amerikas« eine Minderheit, der er selbst angehörte, in Arbeitslager gesteckt wurde, hat das politische Gewissen Allen Ginsbergs herausgefordert. Es war zwar bekannt, dass auf Kuba so mancher linientreue Künstler von der offiziellen Schwulenhatz dispensiert wurde – etwa Fidels kommunistischer Jugendfreund, der Filmfunktionär Alfredo Guevara –, aber Ginsberg war integer genug, von diesem zweifelhaften Privileg keinen Gebrauch zu machen. Lieber prahlte er in der *Casa de las Américas* damit, dass Kubas revolutionäre Führungsfiguren seine Libido in Wallung brächten. Natürlich nannte er da an erster Stelle den Che Guevara, der sich allerdings schon aus der Öffentlichkeit zurückgezogen hatte. Danach war es Fidels jüngerer Bruder und Verteidigungsminister, Comandante Raúl Castro Ruz, den Allen Ginsberg öffentlich »cute« fand – auf sexyhafte Weise süß. Die Wirkung des Bekenntnisses ließ nicht auf sich warten: Der US-Bürger und Beat-Barde verbrachte eine Nacht hinter Gittern und wurde tags darauf mit der ersten Maschine nach Prag ausgeflogen.

Fidels Homophobie hat nicht nur Tausenden von schwulen Kubanern das Leben ruiniert, wie dem Schriftsteller Reinaldo Arenas, der in New York Selbstmord beging. Sie hat sich auch gegen Kuba ausgewirkt und entscheidend zur kulturellen Isolierung des Regimes beigetragen, zur Abkehr vieler frühen Bewunderer. Der einst absurd fidelgläubige Philosoph Jean-Paul Sartre und die einflussreiche Intellektuelle Susan Sontag kündigten Castro ihre Sympathie – woraufhin das Regime den Franzosen beschuldigte, im Dienste der CIA zu stehen. Die russischen Panzer in Prag und Fidel Castros Unterstützung des sowjetischen Überfalls auf die Tschechoslowakei haben den Bruch der westlichen Linken mit Havanna dann weiter vertieft. Noch zwei Jahrzehnte später, kurz bevor Reinaldo Arenas seinem Leben mit Schlaftabletten und Alkohol ein Ende machte, haben Frankreichs bekannteste Intellektuelle dessen »offenen Brief« an Fidel Castro mit unterzeichnet und publik gemacht. Der Inhalt war besonders peinlich: Arenas forderte den kubanischen *Máximo Líder* darin auf, sich ein Beispiel zu nehmen an dem weltweit geächteten Augusto Pinochet. Dieser hatte 1988 die Chilenen darüber abstimmen lassen, ob sie ihn weiterhin an der Macht haben wollten; da der Diktator das Referendum (wenn auch nur knapp) verlor, kehrte Chile zur Parteiendemokratie zurück.

Als Allen Ginsberg aus Kuba hinausgeworfen wurde, weil er sich als schwul geoutet und Raúl Castro als »cute« bezeichnet hatte, trug Fidels kleiner Bruder und Verteidigungsminister schon keinen Pferdeschwanz mehr. Auf den irreführenden Habitus des Hippie-Guerillero hatte der Comandante Raúl kurz nach dem Sieg der Revolution verzichten müssen – zugunsten des kurzen Haarschnitts und der klobigen, tellerförmigen Generalsmütze, die von den Sowjets auf Kuba eingeführt wurden. Im Lauf von über 40 Jahren entwickelte sich der ewige Vizepräsident und hartnäckige Whiskytrinker im Schatten seines Bruders zu einem streng blickenden, humorlos wirkenden Kommisskopf, von dem nicht mehr zu befürchten war, dass homoerotische Lyriker ihn unwiderstehlich finden könnten. Wenn solches sich aber trotzdem ereignete, wäre Raúl vermutlich nicht gleich in Ohnmacht gefallen. Vieles spricht dafür, dass der zweite Mann im Staat – inzwischen Fidels Nachfolger in allen Ämtern – sich während der vergangenen 20 Jahre zum sexuell aufgeklärtesten Politbüro-Mitglied der Insel entwickelt hat.

Dafür sorgte seine Tochter, Mariela Castro Espín, Jahrgang 1962. Die ist von Beruf Pädagogin, nennt sich Sexologin und präsidiert in Havanna dem Nationalen Zentrum für Sexualerziehung – einer Institution, die in den achtziger Jahren in der Panik der Aids-Seuche gegründet werden musste; seit 1990 wird sie von Mariela geführt. Jede Ausgabe der Zeitschrift *Sexología y Sociedad*, deren Herausgeberin sie ist, landet zuerst auf dem Nachttisch ihres Vaters. Für ausländische Journalisten ist die selbstbewusste und attraktive Genossin ein Objekt der Begierde. Verzweifelter Begierde, denn es finden sich auf Kuba sonst kaum Gesprächspartner aus der winzigen, ängstlich abgesperrten Führungsschicht. Mariela Castro, Nichte des alten und Tochter des neuen Staats- und Regierungschefs, ist mit etwas Glück an ihrem Arbeitsplatz ansprechbar.

Da hört sie Transsexuellen zu, die über Diskriminierung und den Mangel an Haarentfernungsmitteln klagen, und sie bemüht sich um die Ausbildung von Aids-Beratern. Dass in den Streitkräften, deren Oberbefehlshaber ihr Vater ist, homosexuelle Betätigung bestraft wird, stellt für Mariela ein Dilemma dar: Zu ihr kämen auch Schwule, die Liebhaber in Uniform hätten – für Kuba eine Äußerung von sensationeller Unverblümtheit. Der im Exil lebende Schriftsteller Norberto Fuentes, der zu den Saufkumpanen Raúl Castros gehörte, hat dessen Tochter als Paradiesvogel in Erinnerung: Im Studententheater trat sie mit nacktem Busen auf, sie hat

Kinder von einem Afrikaner, einem chilenischen Terroristen und einem italienischen Fotografen, mit dem sie inzwischen verheiratet ist. Eines ihrer Ämter ist der Vorsitz in der »Nationalen Kommission für die Verfolgung der Störung der geschlechtlichen Identität« – dieses Namensungetüm sagt einiges aus über die Hinterlassenschaft von Fidel Castros Machismo-Leninismo.

Der wahre Grund für die Liberalisierung hat leider wenig mit den Menschenrechten zu tun und viel mit materiellen Interessen. Kurz nach dem Fall der Berliner Mauer hat die kubanische Führung begriffen, dass das Schicksal Kubas und das Überleben des Regimes weitgehend davon abhingen, dass die Touristen kamen. Dazu war es nötig, die Aids-Seuche unter Kontrolle zu bringen – was weitgehend gelungen ist – und der Welt ein freundliches, von Brutalität und Diskriminierung freies Erscheinungsbild zu bieten. Revolutionäre Gestikulation – sí! Kommunistischer Muff – no! Nur hat der Übergang, dank Fidel, zwei Jahrzehnte in Anspruch genommen.

»Wo kommen nur die wohlgenährten Hunde her?«, musste sich der Besucher fragen, der kurz vor der letzten Jahrhundertwende abends durch Havanna spazierte. Sie waren eine Novität, trotteten über das Kopfsteinpflaster der Altstadt, umschnüffelten die barocke Kathedrale, preschten in der Dämmerung die windgepeitschte Uferpromenade entlang. Von humorlos dreinblickenden Uniformträgern geführt, sollten die Polizeihunde der Hauptstadt den Reiz des Unbekümmerten nehmen. Das gelang auf Anhieb: Tauchten Herr und Hund in der Ferne auf, stiegen die langbeinigen Nachtwandlerinnen aus ihren Stöckelschuhen und sprinteten barfuß davon. So verschwanden die vertrauten *jineteras*, die käuflichen Touristen-Reiterinnen, eine Weile aus Havannas Straßenbild.

Für die kubanische Mangelwirtschaft, in der auch minderwertige Fleischfetzen nur gegen Dollar zu haben sind, stellte die Haltung volkseigener Polizeihunde eine respektgebietende Leistung dar. Aber wie ernst musste für unzählige Kubanerinnen die Versuchung der Prostitution sein, wenn das Regime so aufwendige Mittel gegen sie einsetzte? Die Vorstellung von Menschen, die ihre Körper vermarkten, raubte Fidel Castro damals wieder einmal den Schlaf. Er sah in Prostitution – deren Existenz er immer wieder bestritten hat – ein peinliches Zeichen des Bankrotts der Revolution. Also startete er im Oktober 1998 die »Operation Geschwür« – einen Versuch, den Straßenstrich zu entvölkern und den Amüsierbetrieb zu sterilisieren. Einschlägig bekannte Discos in den Hotels und dem *Teatro Nacional* wurden geschlossen. Würden die schwarzen, milchkaffeebraunen und weißen Mädchen in Minirock oder Hotpants, die ihre Verfügbarkeit mit entblößtem Nabel signalisierten, in Umerziehungslagern landen? Das hatte es unter Fidel schon einmal gegeben – 1961, als im »Bordell der Karibik« (der Legende nach 100 000 Prostituierte) die gewerbliche Unzucht verboten wurde und die Revolution sich der verbliebenen Dirnen annahm. Sie wurden umgeschult zu Sekretärinnen, Traktoristinnen, Lehrerinnen, und in ihrer wiedergewonnenen Menschenwürde – so hieß es damals – hätten sie für Fidel Castro eine Verehrung entwickelt, die ans Religiöse grenze.

Nun, seither mußte wohl eine Umschulung in der Gegenrichtung stattgefunden haben, denn der Maria-Magdalena-Effekt blieb aus. Die jungen Dirnen von Havanna bedienten sich der landesüblichen Gestensprache – sie zerrten unterm Kinn an einem imaginären Bart, wenn sie den *Comandante en Jefe* meinten: »Warum hasst uns der Alte, warum schikaniert und verfolgt er uns?« Vielleicht, weil er hoffte, mit dem Tourismus könne es auch sündenfrei aufwärtsgehen.

Damals verzeichnete Kuba 1,4 Millionen Besucher im Jahr, dreimal so viele wie kurz nach dem Mauerfall. Der »gesunde Familientourismus« aber, den das Fremdenverkehrsministerium als Ziel proklamierte, ließ auf sich warten. »Die Männer kommen nicht wegen der barocken Kirchen«, hieß es trocken in den Reisebüros. Also verfuhren die Sittenwächter der Revolution bald wieder wie in den marktwirtschaftlich orientierten Entwicklungsländern: mal tolerieren, mal schikanieren, mal dazwischenfahren, mal wegschauen, streng, aber bestechlich – in Dollar oder in Naturalien. Auf die Frage, wie es denn weitergehen werde mit dem Nachtleben Havannas, erwiderte ein Hotelportier: »Keine Sorge, Chef, bei uns läuft alles dialektisch.« Gemeint war: Auf die These (Durchgreifen) werde bald wieder die Antithese (Gewährenlassen) folgen. Nur zur Synthese hat Fidel Castros Dialektik des Nachtlebens nie finden können.

Seiner Nichte Mariela Castro aber scheint es wenigstens gelungen zu sein, dem Patriarchen ein Schuldbekenntnis zu entlocken. Im August 2010 bezeichnete Fidel Castro die Errichtung von Arbeitslagern für bekennende Homosexuelle als »Momente von großer Ungerechtigkeit« in der Geschichte seiner Revolution. »Und wenn jemand dafür verantwortlich war, dann war es ich.« Der Verzicht auf den majestätischen Plural verdient hier hervorgehoben zu werden: In der Vergangenheit versteckte Fidel seine Entscheidungen immer hinter einem »Wir«, das den kollektiven Willen der Revolutionäre zum Ausdruck bringen sollte – auch wenn es sich in Wahrheit immer um einen einsamen Entschluss des Revolutionsführers handelte, dem keiner zu widersprechen wagte.

Das politische Schuldbekenntnis nach amerikanischer und japanischer Art, das sich im vergangenen Vierteljahrhundert auch in den meisten europäischen Demokratien als rituelle Zerknirschungs- und Entlastungsübung durchgesetzt hat, stellt für Kuba und für Fidel Castro ein erstaunliches Zugeständnis dar. Es könnte als demonstrative Anpassung an westliche Maßstäbe erscheinen – wenn dahinter auch nur im Ansatz eine Demokratisierung zu erkennen wäre. Die scheint partout nicht beabsichtigt zu sein. In allen Bereichen, die jenseits des Sexus liegen, gibt Mariela die verschnarchten Visionen ihres Vaters wieder: »Wir brauchen eine offenere Diskussion über die Wirtschaft. Zweifellos müssen Staatsbetriebe effektiver werden, aber marktwirtschaftliche Rezepte sind kein Allheilmittel.« Ist die in Havanna manchmal vernommene Idee völlig bizarr, dass Fidels inzwischen 50-jährige Nichte – sofern ihr 81-jähriger Papa einmal ausfallen sollte – eine Machtrolle übernehmen könnte? Als einzige genetisch Berufene der Nomenklatura, sozusagen? Nichts erscheint mehr ausgeschlossen.

So einzigartig das Schuldbekenntnis des greisen Fidel gegenüber den kubanischen Homosexuellen wirken mag – als Zeichen einer politischen Öffnung des Regimes kann es nicht gelten. Es ist eine Anpassungsgeste, die westlichen Modeerscheinungen Rechnung trägt. Das Regime will sich weiter dem Tourismus öffnen, will einer Klientel entgegenkommen. Es gibt in Havanna einen nach John Lennon benannten Park, geschmückt mit einer lebensechten Skulptur des ermordeten Popmusikers. Und es gibt in der Altstadt die Gedenkstätte für Lady Di … Dass Fidel Castro die von ihm betriebene Verfolgung der Schwulen heute bedauert, passt zu diesem Modernisierungsschub. Political correctness, *light*.

FIDEL TRIFFT PINOCHET

Die Indios zogen erschrocken die Köpfe unter ihren Stahlhelmen ein. Vom Pazifik her hatte eine Sturmböe die Mikrophone auf dem leeren Rednerpult erfasst, und aus den Lautsprecherboxen donnerte Schlachtenlärm. Die einander ähnlichen Fahnen von Chile und Kuba (Variationen der Trikolore mit einem weißen Stern) beantworteten jeden Luftstoß mit einem Peitschenknall. Unter makellosem Frühlingshimmel brannte die Sonne auf Tannenwälder und Hochöfen, auf weiße Felsen und graue Fabrikhallen, zwischen dem leuchtenden Schnee der Kordilleren und der funkelnden blauen Masse des Ozeans. Kleinwüchsige Arbeiter hielten Ausschau nach einer Staubwolke, die durch das Gelände des Stahlwerks Huachipato raste. Heisere Explosionen, erkennbar als Beifallskundgebungen, zeigten an, dass die Autokolonne Fidel Castros näher kam.

Während sein Vorredner ihn noch als »Kommandanten Lateinamerikas« anpries, spielte Fidel auf dem Podium den Gelangweilten. Ein Arbeiter drang unbehindert zu ihm vor und überreichte ihm die mit Castro-Fotos gepflasterte Werkzeitung. Fidel betrachtete das Blatt erst mit Wohlgefallen, dann benutzte er es, um sich Wind in den Bart zu fächeln, schließlich hielt er es verkehrt herum vor die Augen und schüttelte mit einem Ausdruck extremer Begriffsstutzigkeit den Kopf. Der Vorredner merkte nichts von der Clownerie, verstand nicht, warum die vorderen Publikumsreihen lachten. Welch eine Chance für einen jungen deutschen Reporter:

Er sprang nach dem Arbeiter aufs Podium und reichte Fidel ein selbstverfasstes Kuba-Buch, mit einem Castro-Bild auf dem Titelblatt. Auge in Auge mit dem Comandante nun, allein mit Fidel vor dieser Massenversammlung, endlose Minuten lang ... Doch der Comandante wollte keine Fragen beantworten: Er legte den Zeigefinger auf die Lippen, als müsse er nun unbedingt seinem Lobhudler lauschen, und blätterte spielerisch in dem Bändchen; ja, er ergriff den Kugelschreiber, als wollte er ein Autogramm geben. Dann entdeckte er, dass die Sprache des Buches ihm fremd war, und er hielt inne. Ganz langsam schüttelte Fidel den Kopf, reichte dem Reporter das Buch samt Kugelschreiber zurück und widmete ihm einen trägen, kühlen, misstrauischen Blick, als wittere er eine Falle. Ein zorniger Leibwächter kam herauf, die kurze Begegnung bei Concepción in Südchile war beendet.

Zehn Tage vorher – am 10. November 1971 – war der Kubaner in Santiago einer *Iljushin-62* entstiegen, die ihm die Russen speziell für diese Reise zur Verfügung gestellt hatten. Nach seinem letzten Besuch in der Sowjetunion war Fidel Castro sieben Jahre lang dem Ausland ferngeblieben. Als müsste er jetzt einen entsprechenden Nachholbedarf befriedigen, wurde gleich nach seiner Ankunft bekannt gegeben, wie lange sein Staatsbesuch in Chile dauern werde: drei Wochen. Über 800 Reporter, darunter 350 ausländische, mussten sich also auf eine strapaziöse Tour einstellen – niemand hatte je eine so lange Politikerreise mitgemacht. Von Antofagasta im Norden bis in die 2000 Kilometer weiter südlich gelegene Hafenstadt Puerto Montt hat Fidel Castro das schmale und lange »Land am Ende der Welt« bereist – und auf jeder größeren Plaza und in jedem Fußballstadion eine Rede gehalten. »Als wäre er als Wahlkämpfer hier!«, rief ein chilenischer Kollege, und ein älterer Reporter von der *Washington Post* musste weit in die Vergangenheit zurückdenken, um einen Vergleich zu finden: die endlose Eisenbahntour, mit der es Harry Truman 1948 gelungen war, den hochfavorisierten Thomas Dewey im Kampf ums Weiße Haus zu schlagen.

Salvador Allende hatte sich nicht damit begnügen wollen, seinen Staatsgast protokollgerecht vor dem Flugzeug zu erwarten. Der 64-jährige Volksfrontpräsident war die steile Treppe hinaufgestiegen, um den 20 Jahre jüngeren Fidel Castro zu umarmen. Es war ein spannendes Zusammentreffen, denn ein Sieg des Sozialismus ohne bewaffneten Kampf war im Weltbild Fidel Castros bis dahin nicht vorgesehen. Seit dem Triumph seiner Revolution vor zwölf Jahren propagierte der Kubaner den Guerillakrieg in der Dritten Welt – vor allem in Lateinamerika –, und er sah die Anden-Kordillere als eine Fortsetzung der Sierra Maestra an, von der eines Tages die bärtigen Befreier herabsteigen würden. Doch in Bolivien, Chiles nördlichem Nachbarn, hatte Che Guevara vor vier Jahren mit seinem Guerillatrupp keine revolutionsbereiten Bauern gefunden – nur Gleichgültigkeit, Niederlagen und den Tod. Um diese Zeit etwa war Fidel Castro schon halbwegs auf die Linie der Sowjetunion eingeschwenkt, die den kubanischen Revolutionsexport nur dort unterstützen wollte, wo er der friedlichen Koexistenz mit den Amerikanern nicht in die Quere kam – in einigen Ländern Afrikas, allenfalls.

Salvador Isabelino del Sagrado Corazón de Jesús Allende Gossens war dem Comandante gleich nach dem Sieg seiner Revolution zum Begriff geworden. Der Mediziner, Sozialist, Freimaurer (kein Wunder bei einem solchen Vornamen), Segler, Tennisspieler und Whiskykenner aus der Oberschicht von Valparaíso gehörte zu den ersten politischen Touristen, die 1959 nach Havanna pilgerten, sich für Castros Kuba begeisterten und jedes Jahr wiederkamen. Umgekehrt hielt sich die Bewunderung in Grenzen: Drei Mal war der rhetorisch mittelmäßige Allende seit 1952 als Präsidentschaftskandidat der Linken durchgefallen, und Fidel fiel es schwer, ihn ernst zu nehmen. Che Guevara immerhin hatte ihm damals sein *Guerrilla*-Handbuch geschenkt – mit der großzügigen Widmung: »Auf verschiedenen Wegen zum selben Ziel.« Und 1970 war dann das äußerst Unwahrscheinliche doch noch Ereignis geworden: Mit der Parole »Sozialismus in Freiheit« hatte es Allende im vierten Anlauf geschafft, der »erste frei gewählte marxistische Präsident der Welt« zu werden.

Wahlarithmetisch gesehen, war jener Volksfrontsieg ein politischer Unglücksfall, der nicht nur in Washington Alarmstimmung erzeugte. Eine »Achse Havanna-Santiago«, die von den Florida Straits bis zur Südspitze Feuerlands reichte, wurde als Schreckgespenst an die Wand gemalt. Wenn der Kommunismus in Lateinamerika mit den Stimmzetteln genauso wie mit den Gewehren siegen konnte, waren alle Republiken *South of the border* in Gefahr … Dabei hatte es in Chile nicht einmal einen leichten Linksruck gegeben: 1970 erreichte die kommunistisch-sozialistisch-linkskatholische Volksfront *Unidad Popular* mit Allende gerade einmal 36,2 Prozent der Stimmen – 2,4 Prozent weniger als bei der verlorenen Präsidentenwahl von 1964. Doch die Parteienlandschaft war seither weiter zerfasert, so dass die Volksfront mit wenig mehr als einem Drittel der Wähler den Staatspräsidenten bestimmen konnte. Eine Stichwahl wie in Frankreich hätte Allende nie überlebt.

Ein Mandat, Chile umzukrempeln und in eine Volksdemokratie zu verwandeln, besaß er auch nicht; und natürlich keine Parlamentsmehrheit. So etwas wie eine Revolution würde Chile somit nur dann erleben, wenn der legal gewählte Präsident sich illegaler, außerparlamentarischer

Mittel bediente. Doch so etwas musste man erst einmal abwarten. Zunächst stand nur so viel fest: Der hartnäckige und kostspielige Versuch der USA, Castro in Lateinamerika zu isolieren, war gescheitert. Schon vor seinem Sieg hatte Allende verkündet, Fidel sei in Chile als »Staatsgast in Permanenz« willkommen. Den Termin möge er selbst bestimmen.

Nun wurde der Chilene beim Wort genommen. Fidel war gekommen – und wollte drei Wochen bleiben. Begrüßt wurde er von einer immer noch demokratischen Republik, die auf ihre Traditionen stolz war. Alle waren erschienen: die Vorsitzenden des Senats und der Abgeordnetenkammer, der Kardinal-Erzbischof, die Oberbefehlshaber der vier Teilstreitkräfte, die kommunistische Jugend in roten Hemden – und der Kommandant der Stadtgarnison von Santiago de Chile, General Augusto Pinochet Ugarte. Diesem als unpolitischen Kommisskopf eingestuften Offizier wurde nachgesagt, ein verfassungstreuer Diener Allendes zu sein. Im Hauptstadt-Bezirk war Pinochet zuständig für die Sicherheit von Staatsbesuchern; mit etwas steifer Courtoisie stellte er sich an die Seite Fidel Castros und eskortierte ihn zu allen Terminen.

Leider haben nur wenige Fotos überlebt, auf denen Castro und Pinochet an jenem Tag gemeinsam zu sehen waren: vor dem Denkmal des Befreiers Bernardo O'Higgins und an einer anderen Gedenkstätte, den Nationalhymnen lauschend und mit verschlossener Miene zackig salutierend. Sowohl das chilenische wie das kubanische Fernsehen dürften zwei Jahre später das Filmmaterial aus dem Verkehr gezogen haben. Es hätte einen aufmerksamen Pinochet gezeigt, der mit Castro keine Probleme hatte. Sehr viel später, nach seiner 17 Jahre währenden Diktatur und nur noch als Oberbefehlshaber der Streitkräfte aktiv, hat der greise General einer Journalistin seine Erinnerung an Fidel ins Notizbuch diktiert: »Er war eine mächtige Erscheinung, die nie zu reden aufhörte. Leider wechselte er das Thema nicht, wenn es erschöpft war. Vor versammelten Zivilisten entwickelte er Charisma, und zu den Damen konnte er sehr charmant sein. Aber ich mochte ihn nicht wirklich.«

Eine Sandsteinsäule in Dresden glaubt noch an den frommen Mythos. Sie zeigt das Antlitz eines Schnurrbärtigen mit Brille: »Salvador Allende, Präsident Chiles, ermordet von einer reaktionären Militärjunta am 11. September 1973.« Doch dem Mahnmal ist der Sinn abhandengekommen: einen Salvador-Allende-Platz vor dem schönen Altbau der Dresdner TU gibt es nicht mehr; die Umbenennung aus der Ära Honecker wurde rückgängig gemacht, man gab sich wieder zufrieden mit Münchner Platz. Heute erinnert der Gedenkstein weniger an Chile als an die alte DDR. Warum in so viele Epitaphe die Falschmeldung »ermordet« gemeißelt wurde, ist mit etwas Nachsicht zu begreifen. Zu dem Märtyrergewand, das dem Leichnam von östlichen Funktionären und westlichen Schwärmern übergezogen wurde, passte die Legende der Erschießung besser als das Faktum der Selbstentleibung. Ärzte aber hatten früh die Darstellung der Generäle bestätigt, dass es sich um Suizid gehandelt habe. Auch Allendes Familie hat das nie bezweifelt. Durchaus, der Volksfront-Präsident hat sich selbst umgebracht – mit einem Sturmgewehr Kalaschnikow AK-47, das Fidel Castro ihm aus Havanna mitgebracht hatte. Das makabre Abschiedsgeschenk war mit einer Goldleiste versehen: der Widmung des Kubaners an den »Weggenossen und Waffenbruder Salvador Allende«.

Am liebsten hätte Chiles Linke dem Diktator Pinochet auch diesen Tod zur Last gelegt. Aber die Richterschaft der Andenrepublik, die 40 Jahre zuvor den Militärputsch als Voraussetzung für die Wiederherstellung des Rechtsstaates begrüßt hatte, tat sich da schwerer. Ein voller Generationswechsel war nötig, ehe sich das neue, einem Prozess gegen Pinochet adäquate Rechtsempfinden eingestellt hatte. Allerdings hat Chiles junge Richterschaft im Jahr 2006 das Rennen gegen den Sensenmann verloren: Der Rollstuhl mit dem empört blickenden Greis konnte nicht mehr in den Gerichtssaal geschoben werden. Es wäre für 15 Millionen Chilenen auch ein dubioses Spektakel gewesen: der General als Angeklagter einer modernisierten und reformierten Republik, deren Hauptreformer er selber war? Das Wirtschaftswunder, das Chile über drei Jahrzehnte lang das höchste und beständigste Wachstum auf dem Kontinent beschert hat, war ein Pinochet-Wunder. Der Musterstaat, der seinen früheren Tyrannen aburteilen wollte, war dessen ureigenste Schöpfung. Noch heute ist auch das soziale Gefälle unverändert, das Pinochet hinterließ. 17 Jahre lang hatte er als Despot geherrscht – und 1988 seinen eigenen Abgang mit einer Volksabstimmung besiegelt, in der immerhin noch 43 Prozent der Chilenen für ihn stimmten. Oberkommandierender des Heeres blieb Pinochet unter zwei frei gewählten Präsidenten noch ein Jahrzehnt lang – bis 1998. In dieser Rolle ermunterte er die Politiker zur Festigung der demokratischen Institutionen.

»Schakal der Karibik«, ja »Marionette des Kremls« lauteten einige der Schlagzeilen, mit denen Chiles rechte Boulevardblätter Fidel Castro 1971 begrüßt hatten. Aber die Misstöne konnten kaum den Eindruck trüben, dass der Kubaner insgesamt freundlich aufgenommen wurde – nicht nur von Allendes Volksfront und den linken Medien, auch vom chilenischen Mainstream. Offensichtlich war er nicht als Verkünder einer brachialen Revolutionspolitik gekommen, sondern mit dem Ziel, Allende innenpolitisch zu helfen. Seine Rhetorik sollte jenen ultralinken Kräften in der Regierung und der

Gesellschaft einen Dämpfer versetzen, die in Chile – oft unter Berufung auf das kubanische Vorbild – eine Radikalisierung der Volksfrontpolitik erzwingen wollten. Der Vermittler zwischen Havanna und Santiago war ein stiller älterer Herr, der bei allen Auftritten Castros meist unbeachtet im Hintergrund saß: Senator Volodia Teitelboim, der intellektuelle Kopf der chilenischen KP. Die Kommunisten waren in der Volksfront zwar die stärkste Partei, aber die anderen Kräfte – Allendes eigene Sozialisten und die Linkskatholiken – hatten sie durch Lautstärke und Radikalismus überboten und etwas in den Hintergrund gedrängt. Teitelboim war es in Havanna offenbar gelungen, Fidel für eine mäßigende Rolle zu gewinnen: Er sollte auf die linken Eiferer einwirken, sie von ihrem straßenkämpferischen Gefuchtel, von »spontanen« Landbesetzungen und Fabrikübernahmen abhalten, die den Rechtsstaat aufs Spiel setzten.

Auf dem Hof der Universität Concepción wurde Fidels Appeasement-Versuch auf eine harte Probe gestellt. Zwischen den 3000 Fahnen schwingenden und Parolen brüllenden Studenten und dem Rednerpult waren die Indios aufgestellt worden: ausgemergelte, ärmlich gekleidete Landarbeiter, deren nackte Füße in selbstgefertigten Sandalen aus alten Autoreifen steckten. Sie gehörten der Linksrevolutionären Bewegung (MIR) an: einem vom Geist des Che inspirierten, auf Gewalt setzenden Radikalenverband, der sich durch »Enteignung« gutgehender Farmen hervortat und offenbar über Waffen und reichlich Geld verfügte. Diesen Kräften gegenüber hielt Fidel eine als Plauderei und Dialog getarnte Predigt, in der von ihm nicht erwartete Bekenntnisse verbreitet wurden: Eine unblutige Revolution sei bekömmlicher als eine blutige, sozialer Idealismus müsse mit Wirklichkeitssinn einhergehen … Zum ersten Mal und in Chile völlig unerwartet mischten sich da in den ohnehin lustlosen

Beifall der linken Studenten und Landproletarier schockierende Laute: Pfiffe und Buhrufe.

Aber die Kalaschnikow für Salvador Allende war nicht die einzige Waffe gewesen, die Fidel damals ins Land gebracht hat. Wie so oft hielt er sich mehr als nur eine Option offen. Im Fernsehen trat er als ein Verbündeter Allendes auf, der die Demokratie als chilenische Besonderheit gelten ließ und an der Parole »Sozialismus in Freiheit« (mit ihrer impliziten Kritik an Kuba) keinen Anstoß nahm. Andererseits aber waren die meisten Waffen, die von den Linksextremisten der MIR zur Subversion benutzt wurden, in kubanischen Handelsschiffen oder als diplomatisches Gepäck aus Havanna nach Chile gelangt. Was die chilenische Rechte immer behauptete – dass die Leibwache Allendes von der MIR gebildet und von kubanischen Agenten geführt werde –, hat sich später bestätigt. Auch die Verbindungszentrale des Regimes wurde vom kubanischen Geheimdienst betrieben. Gegenüber Erich Honecker, mit dem er Jahre später in Havanna darüber plauderte, hat Castro sich seiner damaligen Voraussicht gerühmt: »Als der Staatsstreich losbrach, gab es in der kubanischen Botschaft schon Waffen für ein ganzes Bataillon – automatische Waffen, panzerbrechende Waffen!« Die hätten bereitgelegen für die Kommunisten, »aber die haben sie nie abgeholt«. Das war klug von Chiles alter KP – sonst hätte die Repression unter Pinochet (innerhalb von 17 Jahren 3197 Todesopfer) noch ganz andere Ausmaße angenommen.

Verwitterung macht Monumente erträglich. Das Allende-Denkmal in Santiago – nicht fern der Stelle, wo der Präsident sich die Kugel gab – hat Patina angesetzt. »Die Kugel« ist freilich ein Understatement. Salvador Allende lief am 11. September 1973 im Regierungspalast den ganzen Morgen mit der Kalaschnikow herum, die Fidel ihm geschenkt hatte. Die Massen, auf die er sich immer berufen hatte, wo waren die Massen geblieben? Gegen Mittag versuchte die Luftwaffe, dem einsamen Mann nochmals den Rücktritt nahezulegen: Düsenjäger traktierten den massiven Bau mit Bordraketen. Die Palastgarde war längst desertiert, das Feuerwerk verjagte nun auch die Leibwache. Einer der Getreuesten wurde von Allendes letzter Amtshandlung überrascht: »Er setzte sich, stellte das Gewehr zwischen die Beine und legte das Kinn auf die Mündung. Die Hand glitt nach unten, zum Abzug. Wir waren starr vor Schreck.« Als erster der Aufständischen betrat General Palacios den Raum: »Auf dem roten Sofa fand ich den Körper des Herrn Allende. Sein Gesicht war fast intakt, aber das Gehirn war oben herausgeflogen.«

Lange Zeit hatte Pinochet die Annäherungsversuche von Möchtegern-Putschisten abgewiesen. Allende hielt ihn für verlässlich. Wie der Despot später genüsslich erzählte, wurde ihm die Bemerkung des Präsidenten hinterbracht: »Dieser Pinochet könnte nicht einmal seine eigene Frau betrügen.« Aber selbst die Putschisten wurden von seiner Verschlagenheit überrascht. »Wir dachten, er habe sich uns nur angeschlossen, um nicht als Erster verhaftet zu werden«, erzählte viel später ein Luftwaffen-Oberst. Am Putschtag aber war Pinochet ganz in seinem Element. Auf dem Kommandoposten hoch über Santiago, das Präsidentenpalais im Visier, erschreckte er viele mit seinen hassbebenden Befehlen: »Packt die Schweinebande jetzt! Ins Flugzeug mit dem Abschaum, der unser Land ruiniert hat. Nackt oder in Unterhosen, raus mit der Bagage, raus!« Was sich da Luft machte, war tiefsitzendes Ressentiment. Wie viele Offiziere hatte auch Pinochet die Verachtung der Mittelschichten zu spüren bekommen. Selbst der Besucher Castro hat es damals gehört: In manchen Wohngegenden trommelten die Hausfrauen auf leere Töpfe, um die Volksfront wegen Lebensmittelmangels und rasender Geldentwertung anzuprangern. Lieblingsziel der Häme aber waren die Militärs, Bewahrer der Verfassung. Offiziere wurden mit Hühnerfutter beworfen, bei ihrem Anblick wurde gegackert und »gallinas!« gerufen: Hennen seien sie, feige Hennen – trotz Chaos und Kommunismus nicht fähig zur befreienden Tat.

Wie einst Havanna galt damals Santiago de Chile als Versuchsstation des Weltgeistes. Meister des marxistischen Durchblicks eilten aus Paris herbei, grimmige Studentenführer aus Frankfurt, Schwarze Panther aus New York, blasierter Guerilla-Adel aus Kuba, leibhaftige Minister aus Hanoi. Die Euphorie der Linken wirkte auf angereiste Reporter ansteckend. Den Protestballaden Violeta Parras wurde gelauscht wie anderswo der Matthäus-Passion. Darunter brodelte es. Idealismus schlug um in dogmatische Arroganz. Volksfrontpolitiker schrien bewährte Demokraten als Faschisten nieder. Der Rundfunk zählte jeden Tag Betriebe, Geschäfte und Banken auf, die umgehend enteignet würden. Die Notenpresse lief auf Hochtouren: Löhne und Gehälter wurden drastisch erhöht, die Preise für Lebensmittel und Konsumgüter eingefroren, Hamsterkäufe fegten die Märkte leer. Arbeiter besetzten Fabriken und erklärten sie für unproduktiv, um die Übernahme durch den Staat zu erzwingen. Parteijugend mit reichlich Bargeld zog los, um Agrarreform auf eigene Faust zu beginnen. Ein Psychiater-Kollektiv konstatierte in Santiago die »schleichende Angst, dass alles auf fulminante Weise schiefgehen wird«.

Warum Allende dem ruinösen Unfug nicht Einhalt gebot, ist schwer zu ergründen. Die Christdemokraten, eher links der Mitte, entzogen ihm ihre Unterstützung. Ohne Mandat stellte er seinen Ministern Verordnungsvollmachten von windiger Legitimität aus. Wenn Gerichte versuchten, Übergriffe rückgängig zu machen, rief er »Klassenjustiz«. Kokettierte er mit dem Untergang, fühlte er sich zum Märtyrer berufen? Vor allem bewunderte, beneidete Allende die Jungen. Mag sein, dass er die Illusionen der Linksrevolutionären Bewegung (MIR) seines Neffen Andrés Pascal teilte, die mit Waffen aus Kuba geheime Manöver abhielt und das Heer zu unterwandern suchte. Dieser delirierenden Minderheit war er verbunden. Unter seinen eigenen Sozialisten nannte Parteichef Carlos Altamirano sich stolz »Robespierre der chilenischen Revolution« und forderte die Generäle offen heraus: »Wir sind die Avantgarde des Proletariats, bereit, jedem Putsch zu widerstehen. Chile wird sich in ein *Vietnam Heroico* verwandeln!« So förderte der Guevarismus kubanischer Provenienz die Selbstzerstörung der Linken.

Und nach dem Pinochet-Putsch war es die MIR, die auf Stadtguerilla und Terrorismus geeicht war: kleine Kommandotrupps, abgeschottete Untergrundzellen, Selbstfinanzierung durch Banküberfälle. So bekam der Widerstand gegen die Diktatur jene Bürgerkriegskomponente, die den Militärs als Rechtfertigung für die Folterpraxis diente. »Die Kombattanten in diesem Schattenkrieg waren symbiotisch, einander ähnlich wie Spiegelbilder: besessen von ihrer Ideologie, zur Schweigsamkeit verschworen, nur unter Kodenamen bekannt«, schrieben Pamela Constable (*Washington Post*) und Arturo Valenzuela (Georgetown University) in *A Nation of Enemies* (New York, 1993). Die Repression gegen die gewalttätige Linke färbte auf die Bekämpfung der gesamten, überwiegend gewaltlosen Linksopposition ab. Terroristen mit Waffen aus Kuba unternahmen im September 1984 ein Attentat auf Pinochet, der mit seinem Enkelkind im Auto unterwegs war. Fünf Leibwächter starben, doch der Fahrer konnte seine Passagiere in Sicherheit bringen. Die Folgen waren absehbar.

Für die Deutschen ist Allende anscheinend eine Lichtgestalt. All die Straßen und Plätze, Schulen und Schwimmbäder, die nach ihm benannt sind, könnten sich eigentlich nach einem Würdigeren umsehen. Er war nicht nur ein tragischer Verlierer, sondern ein frivoler Versager. Es gehört zu den Sarkasmen der Geschichte, dass der Volksfrontpräsident selbst es war, der Pinochet gefördert und für die Rolle des Verräters und späteren Diktators prädestinierte. Die Lebensläufe der beiden sind eng verknüpft. Allende und Pinochet gehören zusammen wie Ursache und Wirkung.

Fidel Castro weilte gerade auf dem Iberoamerika-Gipfel in Oporto, Portugal, als im Oktober 1998 gegen Augusto Pinochet in London ein Haftbefehl des spanischen Richters Baltasar Garzón erging und zumindest auf dem Papier vollzogen wurde. Als dem Staatschef Kubas in Gegenwart anderer Gipfelteilnehmer diese Nachricht überbracht wurde, ist er keineswegs in Jubel ausgebrochen, sondern war nur verblüfft. Es dürfte wohl der Rechtsanwalt in ihm gewesen sein, der eine erste, vorsichtige Reaktion formulierte: *Inédito e inusitado* nannte er das Ereignis – das schwankte so zwischen »ohne Präzedenz« und »unerhört«. Dann fügte Castro pragmatisch hinzu, dass ein Hausarrest Pinochets auf britischem Boden ihn verwundere – nach all der Unterstützung, die das Königreich im Falkland-Krieg gegen Argentinien von Seiten Chiles erhalten habe. Erst einen Tag später gelang es dem Kubaner, sich zu der Aussage durchzuringen, die Maßnahme gegen Pinochet stelle einen »Sieg der Gerechtigkeit« dar. Da die Briten den Unsinn nicht auf die Spitze treiben wollten und Pinochet aus Gesundheitsgründen bald den Heimflug nach Chile genehmigten, dürfte auch Fidel Castro damals erleichtert durchgeatmet haben.

DIE ROTE SONNE

Mit Heinrich Lübke um die Welt zu fliegen war ein sonderbares Vergnügen. Auch ein Luxus-Erlebnis: Die Lufthansa rüstete 1964 eine ganze *Boeing 707* auf Erste Klasse um, und im Gepäck musste man – als Mann – sowohl einen Smoking wie auch einen Frack mitführen. Das Bonner Staatsoberhaupt und Gattin Wilhelmine legten Wert darauf, in ihrer Kabine mit jedem Mitreisenden ein Einzelgespräch zu führen: eine endlose halbe Stunde, in der die Weltfremdheit der beiden Vielgereisten sich quälend bemerkbar machte. Ihre Staatsbesuche galten diesmal Peru, Chile, Argentinien und Brasilien, aber der Flug führte auch nach Montreal und Miami – weil das Präsidentenpaar erst einmal Grönland aus der Luft beobachten und danach in Südflorida die akrobatische Begabung der Delphine studieren wollte.

So wurde der Tross der Begleiter zur eigentlichen Attraktion. In der Ära Adenauer/Erhard war das noch eine zeitgeschichtlich bunte Mischung – unter den hohen Beamten ebenso wie unter den Journalisten: Menschen, denen die Naziherrschaft Verfolgung, Folter und Exil beschert hatte oder eine steile diplomatische Karriere oder ein brisantes Gemenge aus Kollaboration und Widerstand. An Außenminister Gerhard Schröder war das von Ost-Berlin verbreitete Etikett »SA-Mann« haften geblieben, obwohl er einen beneidenswert sauberen Weg durch die Diktatur gegangen war. »Johnnie« Herwarth von Bittenfeld, Chef des Bundespräsidialamts, hatte an der Botschaft in Moskau gefährlich gelebt und die Geheimklauseln des Hitler-Stalin-Pakts an die Amerikaner verraten. Der Planungschef im AA und spätere Regierungssprecher Günther Diehl hingegen war zuständig für Kultur und Propaganda an der Botschaft in Vichy-Frankreich gewesen ... Doch der Mann mit der abenteuerlichsten Vergangenheit im Kometenschweif der Lübkes war unter den Journalisten zu finden: Boris Goldenberg hieß er, und er baute in Köln gerade die Lateinamerika-Abteilung der Deutschen Welle auf.

»Ich bin Kubaner«, stellte er sich mit seiner kehligen und resonanten Stimme vor – und man glaubte es ihm aufs Wort: der dunkle Teint, die südländischen Gesichtszüge, der fremdartige Akzent. Aber er war 1905 in Sankt Petersburg geboren und mit seiner Mutter 1920 nach Berlin ausgewandert; seine Jugend war geistig und politisch noch ganz von der Weimarer Republik geprägt. Als es für jemanden wie ihn dringend nötig wurde, möglichst großen Abstand zu Hitlerdeutschland und seinen heranrückenden Panzern zu gewinnen, war er 1941 von Marseilles aus nach Kuba gelangt. Dort hat Boris Goldenberg endlich ein Exilland ohne Antisemiten gefunden, das aber in seiner politischen Verkommenheit und Anfälligkeit für Gewalt stark an »Weimar« erinnerte. Er lehrte Philosophie und Geschichte an der Ruston Academy, einem Privatgymnasium, und wurde nach dem Krieg auch Gastprofessor an der Universität Havanna. Zu seinen Schülern gehörten der heutige kubanische Präsident Raúl Castro, der Kulturpapst des Revolutionsregimes, Armando Hart – und, in den wilden Jahren des *gangsterismo* eher flüchtig, auch der studentische Bandenführer Fidel Castro.

Es gehört zu den großen Vorzügen des vergangenen Jahrhunderts, dass man damals noch Menschen wie Boris Goldenberg antreffen konnte. Er muss hier nicht nur deshalb erwähnt werden, weil er zu den Ersten gehörte, die den Charakter der kubanischen Revolution erkannten, sie zu definieren wussten und ihre weitere Entwicklung voraussagten. Bedeutsam ist auch die Herkunft solcher Klarsicht; sie stammte aus einer Lebenserfahrung, in der sich Gelehrsamkeit stets mit politischem Aktivismus verband und in der die geistigen Strömungen des Europa der ersten Jahrhunderthälfte wie in einem Brennglas zusammenfanden.

Goldenbergs *name-dropping* (denn als solches hörte es sich zunächst an) war gewöhnungsbedürftig. In Berlin, Freiburg und Heidelberg hatte er bei Karl Mannheim, Alfred Weber und Karl Jaspers studiert und auch promoviert. Golo Mann, Hannah Arendt, Frank Borkenau, Richard Löwenthal, Norbert Elias gehörten im Weimar-Deutschland zu seinem Umgang. Und auch er selbst hatte sich – als »roter Boris« – einen Namen gemacht: ein überzeugter Marxist, Jungkommunist, Studentenführer, KPD-Mitglied, Debattenredner, Agitator … Und, faszinierender noch: ein Einflussagent, der sich den wechselhaften Direktiven der Moskauer Komintern anzupassen hatte. Auf Weisung jener fernen Zentrale des Weltkommunismus verließ Boris zum Schein die KPD und schloss sich in Berlin der Sozialistischen Arbeiterjugend an – mit dem Auftrag, sie zu unterwandern und auf den Kurs der Kommunisten zu bringen …

Ein steifes Staatsbankett und eine inhaltsleere Lübke-Rede waren nur mit Hilfe großer Mengen Champagner und Pinot Noir zu ertragen. Und hinterher, in einem Straßencafé von Lima oder Santiago de Chile, packte Boris spätnachts das nächste Kapitel aus. Seinem jungen Zuhörer – oft noch im Frack oder Smoking – schwirrte bald der Kopf. Von den Komintern-Anweisungen war Boris ab 1929 befreit, denn seine besten Freunde hatten beschlossen, die KPD zu spalten und eigenständige, vom Diktat Josef Stalins unabhängige deutsche Kommunisten zu werden: Sie wurden aus der KPD ausgeschlossen und gründeten die KPO – die winzige »Kommunistische Partei in der Opposition«. Bei dieser lernte Boris, wie die Extreme sich berühren und zueinanderfinden können: Die Oppositions-Kommunisten suchten Anhänger und politische Verbündete, und solche waren auf der Linken nun kaum noch zu finden. In der Spätphase der Weimarer Republik wucherte ein Dickicht von radikalen Gruppierungen und konspirativen Zirkeln, unsicher und orientierungslos trotz ihrer zackigen Schlagwörter – und ihnen wandte Boris sich nun zu. Bei den kommunistischen Abweichlern der KPO wurde es zu seiner Hauptaufgabe, den Dialog mit Figuren der extremen Rechten zu suchen, die gleichfalls die ungeliebte Republik bekämpften, wenn auch aus einer anderen Ecke als die Nazis.

»Das waren Leute, von denen einige noch an den Fememorden an linken Politikern teilgenommen, sich aber inzwischen selbst nach links entwickelt hatten. Leute, die daran interessiert waren, mit Russland und mit den deutschen Kommunisten Bündnisse zu schließen, um die Kapitalistenklasse aus dem Sattel zu heben und eine ›nationale Revolution‹ zu verwirklichen. Man nannte sie ›linke Leute von rechts‹, die es aber mit dem Sozialismus – anders als die Nazi-Bewegung – ernst meinten«, schrieb Goldenberg ein halbes Jahrhundert später in den Erinnerungen für seine junge Tochter. Zu Boris' Diskussions- und Verhandlungspartnern gehörten die rechtsradikale *Organisation Consul* (ehemals Brigade Ehrhardt), die *Schwarze Front* des Nazi-Linksabweichlers Otto Strasser, aber auch die Nationalbolschewisten um Ernst Niekisch – und ein Mann wie Harro Schulze-Boysen aus der *Volksnationalen Reichsvereinigung;* ein Jahrzehnt später, als Anführer der Widerstandsgruppe *Rote Kapelle,* wurde Schulze-Boysen auf Befehl Hitlers in Berlin-Plötzensee gehenkt. Mit weit ausholender Gestik schilderte

Boris eine von ihm geleitete Veranstaltung im Hinterzimmer eines Berliner Bierlokals: »Links an der Wand: rote Fahne mit Hammer und Sichel. Rechts an der Wand: rote Fahne mit Hakenkreuz. Links von mir: die Genossen von der KPO. Rechts von mir: die linken Nazis. Vor uns allen: die Bierkrüge. Und in der Mitte: ein kleiner, dunkler, staatenloser Jude. Ich.«

Die »Machtergreifung« der richtigen Nazis machte diesen surrealen Begegnungen ein Ende. Als Kommunist und Jude hatte Boris Goldenberg nach dem Reichstagsbrand das Glück, die erste Verschleppung durch die SA und die anschließende Gewaltorgie zu überleben: die Schläge mit Gewehrkolben und Hundeketten, den Nahrungsentzug, die Stiefeltritte, die seinen fast leblosen Körper das Treppenhaus der Polizeikaserne beim Alexanderplatz hinunterbeförderten. Er stand das durch, und da seine Mutter wohlhabend genug war, einen nationalsozialistischen Rechtsanwalt zu gewinnen, kam Boris auch bald frei. Schon im April 1933 konnte er in Köln ein klappriges Flugzeug nach Brüssel nehmen, dort in den Nachtexpress nach Paris steigen – und schon war er aktiv in der deutschen und russischen Emigration, hielt sich darauf zwei Jahre in Palästina auf (wo er zum Antizionisten wurde), schloss sich – wieder in Paris – den Emigranten der deutschen »Sozialistischen Arbeiterpartei« (SAPD) an, überwarf sich in einem Streitgespräch mit dem leibhaftigen Leo Trotzki und freundete sich mit dem jungen Willy Brandt an.

Zu viel, zu viel … All dies, im Zeitraffer in einem Café auf der Alameda in Santiago de Chile erzählt, lange nach Mitternacht, im Kreis von Betrunkenen und Prostituierten, hörte sich allzu phantastisch an: ein drei Jahrzehnte Jüngerer hatte größte Mühe, seinen Ohren zu trauen. Wochen später, zurück in München, konnte man in der Leihbücherei misstrauisch (und natürlich auch schuldbewusst) nachblättern in den Erinnerungen des damaligen Regierenden Bürgermeisters Willy Brandt: *Mein Weg nach Berlin* (1960). Und da fand sich Bestätigung genug, schwarz auf weiß: »Im Herbst 1938 nahm ich – gemeinsam mit meinem Freund Boris Goldenberg – im Pariser ›Hotel Lutetia‹ noch einmal an einem Volksfront-Gespräch teil. Heinrich Mann war als Aushängeschild dieses Unternehmens gewonnen worden.« Worauf Willy Brandt erläuterte, wie die Kommunisten sich damals in Paris des »naiven Dichters« und Autors des *Untertanen* bemächtigt hätten, um die deutsche Emigration für die Ziele Moskaus einspannen zu können.

Wie Boris Wladimirowitsch Goldenberg im wehrmachtsbesetzten Frankreich untertauchte, wie er von Paris nach Marseilles und 1941 nach Havanna entkam, hat er uns leider nicht erzählt. Ein Kommunist jedenfalls war er da schon nicht mehr. Den scharfen Blick des politischen Aktivisten aus Berlin und Paris aber hatte er sich bewahrt – das Sensorium des »Einflussagenten« für Entwicklungen, Personen und Konstellationen, die dem Kommunismus nutzbar gemacht, von ihm gebraucht oder usurpiert werden könnten. Sein politischer Lebensweg und seine Karriere als Parteisoldat hatten den Flüchtling dazu prädestiniert, die kubanische Revolution ganz am Anfang in ihrer Tendenz zu erkennen: mit dem analytischen Besteck des gelernten Marxisten, aber auch mit dem bitteren Erfahrungsschatz eines Menschen, der die Folter des europäischen Totalitarismus am eigenen Leib erlitten hatte.

Als viele Intellektuelle in Europa, in Nord- und Südamerika gerade ihre Liebe zu dem romantischen Freiheitskämpfer Fidel Castro entdeckten, war Boris Goldenberg in Havanna schon beim Kofferpacken. Vorher schickte er noch schnell einen Bericht über Kuba nach Westdeutschland – an die »Gewerkschaftlichen Monatshefte« des Deutschen Gewerkschaftsbundes (Augustheft 1960):

»Kuba ist dabei, mit vollem Einverständnis Fidel Castros ein Satellitenstaat Moskaus zu werden, in welchem die Kommunistische Partei zur herrschenden Staatspartei wird. Seine Bewegung war von Anfang an von Kommunisten infiltriert, und viele ihrer Führer wurden immer mehr von diesen beeinflusst, sofern sie nicht schon seit langem Mitglieder eines weltkommunistischen Apparats waren. Hinzu kommt: In der gegenwärtigen Weltlage kann der Wunsch eines nahe an den USA gelegenen Landes, sich politisch und ökonomisch von dem großen Nachbarn zu lösen, nicht zum Neutralismus führen, sondern nur zu einem Bündnis mit dem kommunistischen Ostblock.«

Dies schrieb Boris Goldenberg im Juni 1960 – elf Monate bevor Fidel Castro am 1. Mai 1961 für seine Revolution überhaupt den Begriff »sozialistisch« benutzt hatte und achtzehn Monate bevor er sich im Dezember 1961 als *Marxista-Leninista* bekannte, der auf Kuba das »kommunistische Wirtschaftsmodell« einführen wolle. Auf der großen Maifeier von 1961 hatte Fidel von seinen Einpeitschern die rhythmisierte Parole ausgeben lassen: *Elecciones – para qué?* »Wahlen – wozu?« Sie wurde von dem Menschenmeer auf dem Revolutionsplatz gehorsam aufgegriffen und zu zündender Bongotrommel-Begleitung wiederholt. Aber da hatte sich der vielsprachige Boris bereits nach London abgesetzt und berichtete für die BBC.

Max Lesnick ist 82 Jahre alt, er lebt seit 51 Jahren in Miami, und das letzte Bombenattentat gegen ihn liegt 22 Jahre zurück. Manche der Exilkubaner, die ihm nach dem Leben trachteten, sind inzwischen selbst in die Luft gesprengt worden, oder sie sind anderweitig verstorben oder mittlerweile dement. Von ihnen hat er nicht mehr viel zu fürchten. Wann das letzte *drive-by shooting* auf sein Haus in der Sardinia Street stattgefunden hat, weiß er selbst nicht mehr so genau. »Da musst du meine Tochter fragen.« Die heißt Vivian Lesnick Weisman und hat einen Dokumentarfilm über ihren Vater gedreht: *The Man of Two Havanas*. Denn Max lebt tatsächlich in zwei Welten: hier, in Miamis *Little Havana,* Hauptstadt der 1,4 Millionen »Cuban-Americans« von Südflorida; und »drüben« *(over there),* im Havanna seiner Jugend und seines Jugendfreundes Fidel Castro.

Vom Datum des letzten Mordversuchs gegen ihn einmal abgesehen, ist Max Lesnicks Gedächtnis ebenso frisch geblieben wie sein Temperament. »*Chico,* früher musste ich einen Riesenumweg über Mexiko machen, um die 90 Meilen von hier bis Kuba zu überwinden. Dafür gibt es heute zwischen Miami und Havanna zehn Flüge pro Tag! Zehn Flüge, und alle rappelvoll! Und jeder Passagier kann so viele Dollars und Jeans und Nikes und Kondensmilch – oder auch Aspirin und Viagra – auf die Insel mitnehmen, wie er nur schleppen kann!« Seitdem Barack Obama die Reisebeschränkungen gegenüber Kuba in aller Stille gelockert hat, sorgt der wachsende Besucherstrom aus den USA dafür, dass die Ungleichheit auf der Insel zunimmt. Oder, anders ausgedrückt: Ein paar Millionen Kubaner müssen heute weniger darben und entbehren als die Mehrheit. Max Lesnick hat für jede Lebenslage ein Zitat zur Hand: »Das neueste Wortspiel der Habaneros lautet – *Para sobrevivir, hay que tener* FE.« Zum Überleben braucht man den Glauben. Aber FE in Großbuchstaben steht auf Kuba auch für *Familia Extranjera* – Familie im Ausland.

Sein jüngstes Gespräch mit Fidel Castro – und sein letzter Besuch in Havanna – lag im April 2012 gerade einmal sechs oder sieben Wochen zurück. »Diesmal bin ich nicht in Siboney gewesen«, erzählt Max – nicht im schwer bewachten Villengehege der kubanischen Nomenklatura –, »da Fidel für seine Verhältnisse einen vollen Terminkalender hatte. Aber er hat mich in Havanna im »Hotel Florida« angerufen, wo ich immer absteige. Diesmal haben wir natürlich über nichts als den Papst-Besuch geredet. Fidel war brennend daran interessiert, mit Benedikt XVI. zusammenzukommen. Immerhin ist das sein zweiter Papst: mit Johannes Paul II. traf er sowohl im Vatikan wie in Havanna zusammen, und an der Planung des Ratzinger-Besuchs war der alte Comandante die ganze Zeit aktiv beteiligt. Die jesuitische Erziehung macht sich bei ihm seit 15 Jahren immer stärker bemerkbar. Ich sage nicht, dass er gläubig geworden ist – aber für die Kirche hat er nun einmal eine Schwäche.« Diese drückte Fidel Castro viele Jahrzehnte lang lieber durch Verfolgung aus: Kubas Kardinal Jaime Ortega kam als junger Mann in eines der vielen Arbeitslager für Schwule oder Fromme, und das Weihnachtsfest darf auf der Insel erst wieder gefeiert werden, seitdem Papst Johannes Paul II. dies 1998 zur Bedingung für seinen Besuch machte.

Ob Max Lesnick vor 63 Jahren seinem Freund Fidel Castro das Leben gerettet hat, ist unter greisen Exilkubanern in *Little Havana* bis heute umstritten; die meisten haben es ihm trotzdem – sozusagen für alle Fälle – nicht verziehen. Fidel und Max lernten einander 1947 in der Jugendorganisation der »Orthodoxen« kennen – der Partei des verehrten Rundfunktribunen und spektakulären Selbstmörders Eddy Chibás. Doch Fidel, vier Jahre älter als Max, war damals noch tief in den blutigen Bandenkrieg verstrickt, der an der Universität Havanna den Lehrbetrieb belebte. Zwei rivalisierende Lager mit hochpolitisch klingenden, doch völlig bedeutungsleeren Namen standen einander gegenüber: die »Sozialrevolutionäre Bewegung« (MSR) des früheren Spanienkämpfers Rolando Masferrer, und die »Aufständische Revolutionäre Union« (UIR), in der Fidel Castro sich mit Wort- und anderer Gewalt zu profilieren suchte. Sein Ruf als *pistolero* war es, der ihm in der Partei von Eddy Chibás zunächst den Aufstieg verwehrt hat.

Im Juni 1948 erhob Rolando Masferrer gegen Fidel die Beschuldigung, ein Mitglied der Masferrer-Bande – den Polizei-Sergeanten Oscar Fernández Carral – erschossen zu haben. Max Lesnick nahm seinen Freund als Entlastungszeuge in Schutz, und er stand Castro auch zur Seite, als dieser sich ein Jahr später durch einen rhetorischen Befreiungsschlag vom *gangsterismo* an der Universität zu lösen versuchte. Auf einer Versammlung sämtlicher Fakultäten im November 1949 hielt der 23-jährige Fidel eine sensationelle Anklagerede, in der er die Namen all der Bandenführer beider Seiten sowie deren Verbindungen zu Regierungsmitgliedern, zur Polizei und zur Unterwelt Havannas enthüllte. Es war einer der ersten Versuche Castros, mit einem lebensgefährlichen Coup nationale Berühmtheit zu erlangen. Dem 19-jährigen Max Lesnick gelang es damals, den nun allseits als Denunziant verschrienen Fidel in seinem nagelneuen Pontiac unversehrt aus dem Universitätsgelände herauszufahren. Danach versteckte er ihn zwei Wochen lang in der eigenen Wohnung.

Es dürfte um diese Zeit gewesen sein, dass der Emigrant und Universitätsdozent Boris Goldenberg auf Fidel Castro aufmerksam wurde. Max Lesnick erinnerte sich über ein halbes Jahrhundert später lebhaft an den marxistischen Professor aus Deutschland, der ihn für die Idee der Sozialdemokratie gewonnen hat. Er betrachtet »Borís Goldembérg« –

so wird der Name auf Kuba ausgesprochen – immer noch als seinen Lehrer. Mit kleinen Einschränkungen allerdings: »Boris redete zwar wie ein Akademiker, aber er war innerlich ein *animal político* geblieben. Auch auf Kuba konnte er es nicht lassen, sich einzumischen: er musste politisch aktiv sein, musste sich einer Partei anschließen. Leider suchte er sich die falsche aus, ha ha ha!«

Kaum hatte der Flüchtling aus Deutschland die kubanische Staatsangehörigkeit erworben, war er 1947 ausgerechnet in Rolando Masferrers »Sozialrevolutionärer Bewegung« (MSR) gelandet. Vermutlich war Boris davon beeindruckt gewesen, dass Masferrer als kubanischer Freiwilliger am spanischen Bürgerkrieg teilgenommen hatte. »Spanienkämpfer« war in der europäischen Linken fast so etwas wie ein Adelsprädikat. Die MSR betrieb obendrein eine eigene Zeitschrift, *Tiempo en Cuba,* in der Boris Goldenberg als Autor tiefschürfender marxistischer Essays willkommen war. Masferrer selbst hatte seine »Bewegung« mit einigen Dissidenten der Kommunistischen Partei Kubas gegründet, die zusammen mit ihm aus der KP ausgeschlossen worden waren. (Bei den Kommunisten konnte man nicht einfach aus der Partei austreten; man wurde, wenn man einen solchen Wunsch äußerte, in aller Form hinausgeworfen.) Es dauerte offenbar eine Weile, bis der gelehrte Emigrant entdeckte, dass er mit seinen Artikeln nur zur intellektuellen Fassade einer zweifelhaften Organisation beitrug: die MSR war in Anpassung an das politische Milieu Havannas ziemlich bald zu einer rundum korrupten und machtgierigen Schläger- und Killerbande verkommen.

Masferrer war ein brillanter Kopf, aber ein finsterer Charakter. Von den Kommunisten hatte er sich getrennt, weil sie seit dem Beginn des Kalten Krieges im Westen nicht mehr salonfähig waren. Außerdem brauchte Fulgencio Batista – der Revolutionär der dreißiger Jahre, antifaschistische Kriegsalliierte Franklin D. Roosevelts und alter Spezi der kommunistischen Gewerkschaftsbosse – in der Nachkriegszeit einen nicht-kommunistischen Verbündeten auf der Linken, sofern er eines Tages wieder Präsident werden wollte. *El Cojo* (»der Lahme«) Rolando Masferrer bot sich als solcher an. Der Spitzname stammte – nach einer Verwundung in der Schlacht am Ebro – noch aus seiner Zeit bei den Internationalen Brigaden in Spanien. Dass Masferrer sich dort – in den tödlichen internen Machtkämpfen der Volksfront – als williger Vollstrecker der Emissäre Stalins betätigt habe, war anscheinend mehr als nur ein übles Gerücht.

Aus Masferrers »Sozialrevolutionärer Bewegung« war Boris Goldenberg bald reumütig ausgestiegen, als ihm deren Rolle im Bandenkrieg an der Universität dämmerte. Aber alte Bekannte kann man in Havanna nicht ohne weiteres abschütteln, wenn man ihnen auf der Straße begegnet, und als Masferrer und dessen Leibwache ihren geschätzten Autor eines Tages zu einer Spazierfahrt in ihren Cadillac einluden, konnte Boris schwerlich nein sagen. Während sie an der Uferpromenade Havannas entlangfuhren, erklärte Rolando Masferrer dem einstigen Parteifreund seine Pläne für die 1952 fälligen Präsidentenwahlen. Er wolle dafür sorgen, so Masferrer, dass der Verteidigungsminister Rubén de León zum Präsidentschaftskandidaten der damaligen Regierungspartei *Auténticos* gekürt werde. »Aber, Rolando, de León hat doch einen Ruf als Gangster!«, wandte Goldenberg arglos ein. Masferrer entgegnete ihm lachend: »*Chico*, wenn es um Macht und Geld geht, sind wir hier doch alle Banditen … Was erwartest du? Hast du immer noch nicht gemerkt, dass du nicht mehr in Europa bist?«

Fidel Castro hat für seine Kampfzeit in den Jahren des *gangsterismo* vage poetische Formulierungen gefunden, die in ihrer Schönfärberei erheiternd wirken. »Ich war der Don Quijote der Universität, immer Pistolen und Kugeln um mich herum. Was ich da aushalten musste, wiegt schwerer als die Zeit in der Sierra Maestra.« Ganz gegen seinen Willen, so stellt er es dar, wurde er in Kämpfe hineingezogen, in denen er um ein Haar zum Märtyrer geworden wäre: »Der Augenblick einer großen Entscheidung war gekommen. Der Konflikt traf mich mit der Wucht eines Orkans. Allein am Strand, vor mir das Meer, dachte ich über meine Lage nach. Es war Tollkühnheit, angesichts der Gefahr in der Universität zu erscheinen. Doch wenn ich nicht ginge, so bedeutete das, mich vor der Herausforderung zu drücken und vor den Schlägern zu kapitulieren. Ich beschloss, zurückzukehren. Und ich kehrte zurück – mit der Waffe in der Hand.« In Wahrheit hatte er schon 1945, als Erstsemester, unter dem eleganten Zweireiher stets seine schwere Colt-Pistole auf dem Leib getragen; diese war, wie sein rotes Ford Cabrio, ein Geschenk des rauhbeinigen, doch großzügigen Vaters. Ein halbes Jahrhundert später sinnierte der Comandante vieldeutig: »So mancher, der damals als Gangster starb, würde heute als Held gelten.«

Es konnte nicht ausbleiben, dass Boris Goldenberg von dem hünenhaften Rädelsführer der »Aufständischen Revolutionären Union« (UIR) an der Universität Havanna Kenntnis nahm. Schließlich waren jene »Aufständischen« ja die Todfeinde der »Sozialrevolutionäre« – der Schlägerbanden seines (Goldenbergs) vormaligen Parteifreundes Rolando Masferrer. Entsprechend gering war Fidel Castros Interesse am akademischen Wissensangebot: Der nominelle Jurastudent versuchte zunächst nur, sich politischen Einfluss in der Studentenföderation zu erkämpfen und in der Rechtsfakultät zum Studentensprecher gewählt zu werden, was ihm aber nicht gelang. Goldenbergs auffällig kleinwüchsiger Schüler

Max Lesnick war damals oft an der Seite des hochgewachsenen Fidel Castro zu sehen; der begleitete ihn zu Vorlesungen, nahm aber selber nur selten im Hörsaal Platz. Die körperliche Disparität zwischen den beiden Studenten war so ausgeprägt, dass Boris Goldenberg sich an ein Komiker-Duo der Stummfilmzeit erinnert fühlte: Fidel Castro und Max Lesnick seien ihm vorgekommen »wie Pat und Patachon«.

Als Fulgencio Batista, Präsident im Ruhestand, sich 1952 mit Hilfe der Armee zurück an die Macht putschte, hatte der Rechtsanwalt Fidel Castro mit den rebellischen Studenten schon nichts mehr zu schaffen; er rekrutierte seine Anhänger inzwischen lieber unter Außenseitern – unter Bekannten aus der Oberschicht und dem Kleinbürgertum, unter Einzelgängern, Deklassierten und Arbeitslosen, die – wie er selbst – für den Radio-Rhetoriker Eddy Chibás geschwärmt hatten. Seine neue Gefolgschaft war ihm ohne Widerspruch und Diskussion ergeben, seine Führerpersönlichkeit fast das einzige verbindende Element. Max Lesnick hatte seinem Freund damals eine gewisse Treue aus sicherer Entfernung gehalten: Er war in der Führung der studentischen »Orthodoxen«-Jugend geblieben, als Fidel mit 100 Anhängern im Juli 1953 die Moncada-Kaserne in Santiago de Cuba zu stürmen versuchte. Die meisten Fidelistas haben das spektakuläre, doch militärisch aussichtslose Abenteuer nicht überlebt, der Rest aber wurde von Fidel im Gefängnis zur »Bewegung des 26. Juli« geformt und eingeschworen – der Kerntruppe der späteren Rebellenarmee.

Zum Kampfgefährten Fidels ist Max Lesnick erst sechs Jahre später wieder geworden – als der Comandante, in der Jacht *Granma* aus Mexiko kommend, mit seinen Getreuen auf Kuba gelandet war. (Noch ein Desaster, bei dem vier Fünftel der Teilnehmer ums Leben kamen.) Dass Fidel dann mit 18 Guerilleros über ein Jahr lang in der Sierra Maestra überleben konnte, war Erfolg genug, denn es offenbarte die Schwäche des Batista-Regimes: Die Militärs blieben zwar loyal, zeigten aber wenig Bereitschaft, für den Diktator das Leben zu riskieren. Es war ein propagandistischer Trumpf; bald bildeten sich neue Oppositionsgruppen, die gleichfalls in die Berge zogen und sich Bärte wachsen ließen. Max Lesnick schloss sich im Sommer 1958 der »zweiten Front« im Escambray-Gebirge an und marschierte noch in der Neujahrsnacht 1959 mit den Truppen des Comandante Eloy Gutiérrez Menoyo in Havanna ein. Nach dem Sieg der Revolutionäre unterstützte Max seinen Jugendfreund Fidel als Rundfunkjournalist, doch sein Enthusiasmus ließ bald nach: Nicht-kommunistische Guerilleros wie Gutiérrez Menoyo wurden von Castro ausgegrenzt, dann als Verräter bekämpft, und für kritische Stimmen war im kubanischen Rundfunk und Fernsehen schon im zweiten Revolutionsjahr kein Spielraum mehr. Zum Bruch kam es zwei Jahre nach Fidels Machtübernahme, als Max den prosowjetischen Kurs des Regimes nicht mehr mittragen wollte. Da er fürchten musste, bei der Ausreise am Flughafen verhaftet zu werden, flüchtete er im Januar 1961 mit seinem früheren Kommandanten aus dem Escambray im Motorboot nach Florida.

»Jetzt war ich also ein *gusano* – ein Wurm oder eine Made!« Die prägnante Injurie, die Fidel den abtrünnigen Kubanern nach Miami nachwarf, wurde auf Kuba selbst zu einem populären Symbol: Mit einem Lächeln und einer wurmartigen Fingerbewegung gaben die Unzufriedenen oder Verzweifelten einander als Fluchtwillige zu erkennen. Und da die Würmer-Kolonie in Südflorida in wenigen Jahren die halbe Million überschritten hatte, gelang es dem Journalisten Max Lesnick, sich mit seiner spanischsprachigen Zeitschrift *Réplica* und einer Radiosendung eine neue Existenz aufzubauen. 22 Jahre lang gab der Goldenberg-Schüler seine »Replik« auf die Hassparolen beider Seiten: auf die Propaganda des kubanischen Regimes, das die Exil-Würmer als Landesverräter und Söldner des Imperialismus brandmarkte – aber auch auf die Demagogie der Exilpolitiker, die jahrzehntelang die Illusion einer gewaltsamen Rückeroberung Kubas genährt haben.

Die Redaktionsräume von *Réplica* wurden von rabiaten Castro-Gegnern elf Mal durch Brandbomben schwer beschädigt, Max Lesnicks Haus und sein Auto sind mehrmals beschossen worden, und er selbst kam wegen illegalen Waffenbesitzes hinter Gitter. Aber er hat sich nicht einschüchtern lassen, wurde zum Kritiker der amerikanischen Embargo- und Isolierungspolitik – und vor allem zum Enthüllungsjournalisten und Polemiker, der die terroristischen Machenschaften exilkubanischer Fanatiker attackierte. Auch der Umstand, dass diese immer wieder Unterstützung von der CIA erhielten, hat ihm keine Ruhe gelassen. Freilich gingen manche der vielen Morde auf den Straßen von Dade County auch auf uralte Blutfehden zurück, die ihren Ursprung noch in den Bandenkriegen an der Universität Havanna der vierziger Jahre hatten. Boris Goldenbergs einstiger Parteifreund, der »Sozialrevolutionär« Rolando Masferrer, ist 1975 in Miami in seinem Straßenkreuzer von einer Dynamitladung in die Luft gesprengt worden. Ob hinter der Tat ein Exilrivale stand oder ein Agent Fidel Castros, wird wohl niemals zu klären sein.

Wie Pat und Patachon wirkten Fidel und Max auch nach einem Vierteljahrhundert wieder, als der »Wurm« aus Miami erstmals nach Havanna zurückkehrte. Der schwarzbärtige Comandante im grünen Kampfanzug blickte etwas gönnerhaft auf den kahlköpfig gewordenen Jugendfreund hinunter: Der 52-jährige Castro schickte sich damals an, die Regierungschefs der Dritten Welt nach Havanna einzuladen und –

als neuer Generalsekretär der Blockfreien – die Rolle eines Weltenlenkers zu spielen. Was die einstigen Kommilitonen erneut zusammengeführt hatte, war ein heimtückisches Verbrechen exilkubanischer Terroristen gewesen: der Bombenanschlag auf Flug 355 von *Cubana de Aviación* vom Oktober 1976; über der Karibischen See starben damals 78 Menschen bei der Explosion und dem Absturz einer DC-8, in der sich das junge kubanische Sportfechter-Team – mit Goldmedaillen behängt – auf dem Heimflug von einem panamerikanischen Turnier befand. Max Lesnick, der es einst als Florettfechter bis zum Jugendmeister Kubas gebracht hatte, hat nicht nur das Verbrechen selbst, sondern auch die Zusammenarbeit zwischen exilkubanischen Fanatikern und der CIA angeprangert. »Fidel hat meinen Artikel gelesen, er hat ihn geschätzt, und zwei Jahre später bin ich auf seine Einladung hin zum ersten Mal seit meiner Flucht wieder in Havanna gelandet«, erzählt er.

Seither – und das sind nun auch schon wieder 34 Jahre – war Max Lesnick jedes Jahr mehrmals in Havanna, was ihm in Südflorida den Spitznamen *dialoguero* eingebracht hat: Das klingt zwar so verächtlich wie »Dialogfritze«, bezeichnet aber inzwischen eine ganze Spezies. Für eine wachsende Minderheit unter den Exilkubanern ist der blinde Hass auf das Regime nicht mehr nachvollziehbar, und sie empfindet für Fidel Castro fast so etwas wie zähneknirschende Bewunderung. Auch unter *Cuban-Americans* wird José Martí gelesen, der Nationalheld aus dem 19. Jahrhundert: »Es ist meine Pflicht, die Unabhängigkeit Kubas zu erlangen und dadurch die Vereinigten Staaten daran zu hindern, sich die Karibik und andere Länder unseres Amerika einzuverleiben. Meine Waffe ist die Schleuder Davids.« Seit dem Untergang des Sowjetreiches wusste zwar jeder in Miami, dass nun auch der kubanische Kommunismus todgeweiht war; aber die nationalistische Komponente der Revolution Fidel Castros hat ihre Wirkungskraft noch nicht erschöpft. »Vaterland oder Tod, wir werden siegen!« war von Anbeginn die zündendste Parole des Regimes. Fidel hat dem Volk unentwegt ein mythisches Ringen um die stets bedrohte Ehre und Unabhängigkeit Kubas vorgespielt. Vielen Exilkubanern in Miami geht da etwas ab; sie haben das Gefühl: Castros Kommunismus war zwar eine vollkommene Pleite, die das Land ruiniert hat, und Kuba ist immer noch eine stumpfsinnige Diktatur – aber die große Geschichte spielte sich während des vergangenen Halbjahrhunderts doch auf Kuba ab und nicht in Florida.

Der Bombenanschlag auf das Passagierflugzeug der *Cubana de Aviación* war eine Ausnahme gewesen: Gewaltakte hasserfüllter Exilkubaner hat Washington über Jahrzehnte hin eher gebremst als gefördert. Die USA verließen sich mehr auf eine ziemlich stumpfe Waffe: Ihr Handelsembargo lieferte Fidel Castro die ideale Rechtfertigung für Entbehrungen, die vor allem seinem gescheiterten Wirtschaftsmodell zu danken waren. Nichts würde das Regime heute in größere Verlegenheit bringen als eine plötzliche Aufhebung der »Blockade« (wie Castros Propagandisten das Embargo nennen) durch Barack Obama. Mit den kargen Erträgen von Zigarren, Zucker und Rum könnten die Castro Brothers derzeit auch in den USA nicht mehr einkaufen als anderswo. Doch Obama würde sich einen solchen Schritt – der die Politik von zehn seiner Vorgänger desavouieren würde – wohl allenfalls in einer zweiten Amtszeit leisten können.

Dabei stellt die dominierende ethnische Minderheit von Miami und Umgebung durchaus keinen monolithischen Wählerblock mehr dar: »Rechtsgerichtete Exilkubaner« ist ein Klischee, auf das sich die Republikanische Partei keineswegs verlassen kann. Nur die *Históricos*, die greisen Flüchtlinge der ersten Revolutionsjahre (und manchmal auch deren Kinder) bilden das fanatische Urgestein der Castro-Hasser. Nach jener ersten Welle kamen aus Kuba vor allem unpolitische Wirtschaftsflüchtlinge, die die Armut schlimmer fanden als die Diktatur. Für sie, die ihren Verwandten auf der Insel etwas von ihrem Wohlstand abgeben wollen, waren die von George W. Bush gegen Kuba verhängten Schikanen unerträglich geworden. Nicht mehr jährlich, nur noch alle drei Jahre konnte ein Großvater aus Hialeah oder Coral Gables seinen Enkel in Havanna umarmen, nicht einmal Todesfälle und Geburten rechtfertigten eine Ausnahmereise. Dadurch hoffte das Weiße Haus, den Gebrüdern Castro Subventionen von (damals) jährlich einer halben Milliarde Dollar zu entziehen. Ein Versuch der Bush/Cheney-Mannschaft, auch den Versand von Hygiene-Artikeln an kubanische Verwandte zu stoppen, die in der Mangelwirtschaft ohne Zahnpasta oder Monatsbinden auskommen müssen, wurde sogar vom konservativen US-Kongress vereitelt.

Die Aufhebung all der Bush-Restriktionen durch Barack Obama ging in den USA ohne Empörungsschreie der Republikaner über die Bühne, und im Wahljahr 2012 hat die flexible Haltung des Präsidenten *(soft on Cuba!,* nannte man das früher*)* kaum eine Rolle gespielt. Die Zahl der US-Flughäfen, die für den Verkehr mit Havanna, Varadero und Santiago de Cuba freigegeben sind, ist von drei – Miami, New York, Los Angeles – auf *elf* erhöht worden. Eine halbe Million Exilkubaner flog 2012 direkt nach Kuba, und die Zahl der US-Bürger, die heimlich via Mexiko, Europa oder Kanada als Touristen die Insel besuchten, entzieht sich der Kenntnis der amerikanischen Behörden. Die Geldüberweisungen aus den USA an Verwandte auf Kuba werden im Jahr 2012 auf 1,4 Milliarden Dollar geschätzt – das wären über ein Drittel der gesamten Deviseneinnahmen des Landes. Gemessen an europäischen Dimensionen, etwa an den Schulden Griechenlands, sind das natürlich nicht einmal *peanuts* – aber die Wirkung auf der wirtschaftlich gelähmten Insel ist trotzdem revolutionierend. Es weht ein Lüftchen: Eine Minderheit auf Kuba hat begonnen, private Initiative zu entwickeln, selbständig zu denken und (soweit möglich) auch zu handeln.

Cuentapropistas ist im Spanischen ein hässliches Wort. Es wurde vom Regime für diejenigen geprägt, die neuerdings »auf eigene Rechnung« arbeiten wollen. Der Vorwurf kleinlichen, unsolidarischen Verhaltens, der da mitschwingt, mag unbeabsichtigt sein. Aber er entspricht noch vollkommen dem Geist, der auf Kuba im Jahr 1968 wehte. Bis dahin hatte die Revolution – mit anderen Worten: der *Comandante en Jefe* – eine »gemischte Wirtschaft« zugelassen, die es etwa 60 000 kleinen Geschäftsleuten und Handwerkern noch ermöglichte, Uhren und Schuhe zu reparieren oder auf der Straße einen Imbiss anzubieten. Das hat dem Ministerpräsidenten Kubas – der acht Jahre früher noch vor dem Ausdruck »Sozialismus« zurückgeschreckt war – anscheinend schlaflose Nächte bereitet. Es musste aufgeräumt werden. Also sprach der »Achtundsechziger« Fidel Castro:

»*Es gibt im Lande immer noch eine Crème von Privilegierten, die von der Beschäftigung Dritter profitiert und erheblich besser lebt als alle anderen, während sie diesen bei der Arbeit zuschaut. Körperlich völlig gesunde Nichtstuer sind das, die irgendeine Klitsche eröffnen und fünfzig Pesos am Tag einnehmen – dem Gesetz, den Geboten der Hygiene, einfach allem zuwider. Viele unserer Freunde mögen sich wundern, was wir hier wohl für eine Revolution betreiben, die auch nach neun Jahren einer solchen Parasitenklasse die Existenz ermöglicht. Und diese Freunde haben tatsächlich allen Grund, sich zu wundern! Kurz-*

um: Wollen wir Sozialismus haben oder Imbissbuden? Meine Herren, wir haben auf Kuba doch keine Revolution gemacht, um dem Kommerz zu seinem Recht zu verhelfen!«

Worin mag der eifrige Leser Fidel wohl geblättert haben, als er sich diese Rede zurechtlegte? In den Schriften des bereits gefallenen Che Guevara, der Kubas Werktätigen allein den »moralischen Anreiz« gönnen wollte, weil er den materiellen für verwerflich hielt? Oder bei Robespierre, Saint-Just, dem frühen Stalin, dem mittleren Mao? Der Radikalismus, der Fidel damals beseelte, wurde im Lauf der Jahre immer wieder durch Alltagskatastrophen gebremst, musste durch freie Bauernmärkte oder unreglementierten Bierverkauf gelockert werden – doch immer wieder folgte der kühnen »Öffnung« die Reue auf dem Fuß, und schon wurde die Liberalisierung wieder abgeblasen. Der verfemte Dichter Heberto Padilla hat das Widerspiel dieser Entwicklung in der Geisteshaltung gesehen, die den kubanischen Intellektuellen abverlangt wurde. »Anweisungen, um in eine neue Gesellschaft einzutreten«, hieß das Gedicht, für das Padilla 1971 prompt im Gefängnis landete:

Einen Schritt vorwärts, und
zwei oder drei zurück,
aber immer applaudierend.

»*Chico*, das ist doch alles Vergangenheit!«, rief Max Lesnick in Miami aus. »Jetzt gibt es keine Schritte zurück mehr. Der Geist ist aus der Flasche heraus, er kann nicht wieder eingefangen werden. Sogar Fidel hat das zugegeben!« Daran ist wahr, dass dem greisen Comandante im September 2010 gegenüber dem US-Journalisten Jeffrey Goldberg eine spontan klingende Äußerung unterlaufen ist. Auf die Frage, ob er noch immer versuche, das »kubanische Modell« nach Lateinamerika und in die Dritte Welt zu exportieren, erwiderte Fidel lachend: »Das kubanische Modell funktioniert doch nicht einmal mehr auf Kuba!« Als das von der Zeitschrift *The Atlantic* verbreitet wurde, hat der Kubaner zwar nicht die Äußerung selbst dementiert, aber dem Reporter den Sinn für Humor abgesprochen: Jeffrey Goldberg habe nicht begriffen, dass es sich um eine »ironische« Bemerkung gehandelt habe. Nur klang die Bemerkung ungefähr so ironisch, wie wenn jemand über eine kaputte Uhr sagte, dass sie kaputt sei.

Wenn Max am Telefon eine kleine Atempause machte, waren im Hintergrund mehrere Stimmen der Familie Lesnick zu vernehmen – aber auch die spanischsprachigen Ansager des US-Fernsehkanals *Univisión*, den alle Latinos der USA einschalten, wenn südlich des Rio Grande etwas los ist. »Heute sind wir kaum aus dem Wohnzimmer herausgekommen«, entschuldigte sich Max: »So viel Bildmaterial aus Kuba wie in den letzten drei Tagen haben wir in Miami in einem ganzen Jahr nicht gesehen! Und Fidel hat heute den Papst aufgesucht – in der Nuntiatur, wie von mir präzise vorausgesagt!« Von den beiden Gleichaltrigen wirkte Fidel allerdings als der Ältere und Gebrechlichere – und er näherte sich Benedikt so tief gekrümmt, dass bei manchen der falsche Eindruck entstand, er wolle den Ring des Bischofs von Rom küssen.

Dies wollte der alte Revolutionär keineswegs – dafür tat es seine Gattin: Dalia Soto del Valle, eine Dunkelblonde aus aus dem historischen Städtchen Trinidad, Mitte der 60, mit der Fidel Castro seit über 30 Jahren verheiratet ist und die ihm fünf Söhne geschenkt hat – beinahe die Hälfte seiner namentlich bekannten Nachkommenschaft. Zwei dieser Söhne – in ihren weißen Hemden zunächst wie athletische Krankenwärter wirkend – fassten den Vater energisch rechts und links unter; er wird ja fast nur noch getragen, wiegt auch nicht mehr viel. Anzug und Krawatte hat der Comandante für sich genauso abgeschafft wie den grünen Kampfanzug – er bevorzugt, wie die amerikanischen Rentner in Miami Beach oder Pensacola, bequeme weiche Sportklamotten von L. L. Bean – aus gegebenem Anlass diesmal ganz in Schwarz. Welch seltsames Bild: der greise Diktator, gebeugt dasitzend, beide Hände vorgestreckt – und ihm gegenüber, diese Hände ergreifend wie um Trost zu spenden, die Papstgestalt in märchenhaftem Weiß, mit mildem zitterndem Blick im bayerischen Bubengesicht.

Viel wurde über den Gedankenaustausch zwischen *Máximo Líder* und *Pontifex Maximus* nicht übermittelt – außer der Frage Fidel Castros an Josef Ratzinger: »Was macht man denn so, den ganzen Tag, als Papst?« Das hätte Heinrich Lübke nicht besser formulieren können.

DIE PARTEI

»Ich habe immerhin noch Fabio Grobart persönlich die Hand geschüttelt«, hat Max Lesnick eines Abends in Havanna erzählt. »*And so what?*«, hätte man darauf antworten können. Es war im Herbst 1998, und Grobart war erst vier Jahre vorher gestorben – mit 89. »Nein, nein, du verstehst nichts, *Chico*. Ich habe Fabio Grobart nur einmal in meinem Leben die Hand geschüttelt – als ich selbst zehn Jahre alt war. Das war 1940. Mein Vater, der mich auf einem Spaziergang durch den Paseo del Prado mitgenommen hatte, hat Grobart auf der Straße angetroffen und mich ihm vorgestellt. Das ist Fabio Grobart, hat er gesagt, und das ist mein Sohn Max. Und ich habe ihm die Hand geschüttelt.« Da hätte man immer noch sagen können: »Na und?« Aber das wäre keine gute Idee gewesen.

»*Es ist nämlich so. Grobart und mein Vater stammten aus derselben Gegend – irgendwo zwischen Bialystok, das im Nordosten Polens liegt, und Grodno, das heute zur Weißrussischen Republik gehört. Die Dörfer oder Städtchen, in denen die beiden auf die Welt kamen, gehörten am Anfang des 20. Jahrhunderts zum Zarenreich. In Kuba aber wurden sämtliche Einwanderer aus Osteuropa der Einfachheit halber* Polacos *genannt. Frag mich nicht, warum. Syrer und Libanesen, ja Araber überhaupt – einst Untertanen des Osmanischen Reiches – heißen in Lateinamerika nur* Turcos, *obwohl sie keine Türken sind. Dafür werden in Ar-*

gentinien die chassidischen Juden Rusos *genannt. Jedenfalls hieß der Schneidergeselle Fabio Grobart, Gründer der Kommunistischen Partei Kubas, in Havanna* El Polaquito – *der kleine Pole.*«

Fidel Castros Sinn für Humor ist umstritten, aber er hat ein ausgeprägtes Gefühl für die Symmetrien und den Sarkasmus der Geschichte. Für die meisten Kubaner wurde Kubas Kommunistische Partei am 17. August 1925 in Havanna gegründet von dem äußerst fotogenen und sportlichen Studentenführer Julio Antonio Mella – dies zumindest ist aus der offiziellen Ikonographie zu schließen. In Wahrheit spielte Mella im kubanischen Kommunismus nur eine flüchtige Rolle: Nach einem halben Jahr wurde er wegen Disziplinlosigkeit aus der Partei ausgeschlossen und lebte bis zu seiner mysteriösen Ermordung (1929) in der Künstlerschickeria von Mexico City. Treibende Kraft und graue Eminenz der KP Kubas war der »kleine Pole« Fabius Graubart oder Fabio Grobart, geboren 1905 bei Bialystok als Abraham Simchowitsch, der sich später auch Junger Semjovich und Antonio Blanco nannte. Ein lungenkranker Jüngling von fast zwergenhaftem Wuchs, der anfangs kaum ein Wort Spanisch sprach und selber nie ein herausragendes Parteiamt übernehmen wollte – er war der wahre Boss und wurde Moskaus Mann in Havanna. Fabio Grobart bestimmte jahrzehntelang, welcher seiner Zöglinge zum Parteisekretär ernannt wurde und mit welchem Diktator eine Zusammenarbeit erlaubt war. Grobart gilt auch – aber das ist umstritten – als der Entdecker Fidel Castros. 1965, 40 Jahre nach dem KP-Gründungskongress von 1925, hat Fidel die von ihm gesäuberte Partei neu gegründet – demonstrativ als sein eigenes Unternehmen, unter seiner Regie. Bis dahin hatte die kubanische Sektion der kommunistischen Internationale verschiedene

Namen benutzt, aber der Comandante bestand nun auf *Partido Comunista de Cuba*. Einen ordentlichen Parteitag hat er erst 1975 – genau ein halbes Jahrhundert nach dem mythischen Gründungskongress – zugelassen. Ein kleinwüchsiger Genosse mit osteuropäischem Akzent erfüllte den Auftrag, Fidel Castro in einer blumigen Laudatio zum Ersten Sekretär vorzuschlagen. Viele erkannten ihn gar nicht: Es war der alte Parteigründer, es war Fabio Grobart.

Raúl Castro, seit 2011 der Nachfolger seines Bruders in diesem Amt, hat den Einwanderer aus Bialystok postum zum »Maestro« ernannt. Den Titel »Held der kubanischen Revolution« hatte ihm Fidel Castro noch zu Lebzeiten verliehen. Dieses Fabelwesen entstammte einer versunkenen Welt. Der ostpolnische Teenager Abraham Simchowitsch war belesen genug, sich nach Fabius Maximus Cunctator zu nennen – dem römischen Feldherrn und Konsul der 270er Jahre vor Christus. Jener *Cunctator* (Zauderer) hatte das alte Rom mit seiner vorsichtigen Guerillataktik vor den Horden Hannibals bewahrt. Das bürgerliche und marxistische Bildungsgut des Minderjährigen Abraham Simchowitsch stammte, wie er seinen Freunden gestand, von einem langen Aufenthalt in polnischen Gefängnissen, wo er – praktisch noch ein Kind – wegen seiner Betätigung für die Liga der Jungkommunisten gelandet war. Die Hasspropaganda der Exilkubaner hat in Grobart einen Meisteragenten der kommunistischen Internationale ausgemacht, den Moskau zur Gründung der kubanischen KP nach Havanna entsandt habe. Das hieß nun doch, die Weitsicht und Lenkungsmacht der Komintern zu überschätzen: Fabio Grobart war gerade einmal 17 Jahre alt, als er 1922 in Havanna eintraf. Für eine Auswanderung in das ferne Kuba gab es damals triftigere Gründe als die Machenschaften der Komintern: Im Osten Polens, und ganz besonders in der Umgebung von Białystok, war es nach dem Ersten Weltkrieg zu einer Reihe blutiger Pogrome gekommen. Auswandern nach Amerika, egal welches Amerika, war dort eine begehrte Option.

Was sich 1925 auf dem Gründungskongress der kubanischen KP in Havanna tatsächlich abgespielt hat, mutet eher wie eine multikulturelle Veranstaltung mit langfristigen politischen Folgen an. Nur 13 Delegierte und fünf Beobachter nahmen an jenem legendären Kongress teil. Die meisten kubanischen Vertreter waren mit den Worten von Boris Goldenberg »Kommunisten des Herzens« oder Anarchisten, ohne irgendwelche ideologische Schulung. Ein Spanier war zwar gelernter Kommunist, aber der wurde bald in seine Heimat deportiert und später im Bürgerkrieg erschossen. Zum ersten Generalsekretär wurde ein unpolitischer Anstreicher schwarzer Hautfarbe gewählt. Die Gewerkschafter der Zuckerindustrie erschienen nicht, weil die Reisekosten nicht vorgeschossen wurden. Und dann war da noch die *Sección hebrea*: vier Vertreter der osteuropäischen Einwanderer, die in ihrer Heimat der kommunistischen Jugend angehört hatten. Unter diesen vier kam der Genosse Vasserman als Dolmetscher zum Einsatz; die Konferenzsprache der Osteuropäer war nämlich Jiddisch.

Fabio Grobart war am Gründungstag der kubanischen KP noch keine 20 Jahre alt. Verfolgung und Gefängnis in Polen steckten ihm noch in den Knochen: Er zog es vor, ein Pseudonym zu benutzen und verzichtete darauf, im Politbüro vertreten zu sein. Für die *Sección hebrea* nahm dort Joschka Grinberg Platz. Aber es war nahezu unvermeidlich, dass dem autodidaktisch gebildeten und politisch geschulten jungen Mann aus Bialystok die Parteiführung zufiel, nachdem er den eigenwilligen Studentenführer Mella hinausgeworfen hatte. Fabio Grobart konnte russische und deutsche Texte lesen, und sein Spanisch wurde immer besser. Die Verbindung zu Moskau und zur Komintern wurde aber nicht durch ihn, sondern durch die Anwesenheit des mexikanischen Kommunistenführers Enrique Flores Magón garantiert, der eine real existierende und von der Sowjetunion anerkannte Partei vertrat. Florez Magón berichtete dem Hauptquartier in Moskau, dass auf Kuba eine neue, hoffnungsvolle Filiale des Weltkommunismus entstanden sei.

So hoffnungsvoll nun auch wieder nicht. Im Herbst 1961, nachdem Fidel Castro sich als Marxist-Leninist geoutet und die volle Macht ergriffen hatte, hat Kubas kommunistischer Parteichef Blas Roca die bemerkenswerte Aussage gemacht: *»Als Anhänger des dialektischen Materialismus kann ich natürlich nicht an Wunder glauben – bis auf die Ausnahme, dass Kuba kommunistisch wurde, obgleich alle Voraussetzungen dafür fehlten.«* Francisco Calderio – der sich nach dem Vorbild von Lenin und Stalin einen Kampfnamen (»Roca« = der Felsen) zugelegt hatte – war schon seit 1936 Parteichef. Fabio Grobart hatte den jungen Mulatten entdeckt – einen Schuhmacher aus der Provinz – und dazu ausersehen, die Partei nach seinen Anweisungen und im Sinne Josef Stalins zu führen. Zum Vertrauens- und Verbindungsmann Moskaus war Grobart selbst geworden, nachdem er 1930 vom Diktator Gerardo Machado nach einer Reihe terroristischer Anschläge deportiert wurde: Mit gefälschten Papieren reiste er nach Europa, tauchte nach der Machtübernahme der Nazis kurz in Berlin auf, fuhr mit der Bahn nach Moskau weiter, durfte wegen seines Lungenleidens auf Parteikosten in die Schweiz – ein klassischer Komintern-Agent, unscheinbar, unauffällig, glaubensfest. Den kubanischen Kommunisten erteilte er die Weisung, mit den Diktatoren Machado und Batista so weit wie möglich zu kooperieren, das Überleben der Partei zu sichern und die Gewerkschaften zu unterwandern.

Als Fidel Castro am 26. Juli 1953 die Moncada-Kaserne zu stürmen versuchte, hielt Fabio Grobart sich schon seit Monaten in Moskau auf, wo im März Josef Stalin verstorben war und der Kampf um die Nachfolge begonnen hatte. Es dürfte somit der Parteichef Blas Roca gewesen sein, der die Stellungnahme der Kommunisten zu Fidel Castros »kleinbürgerlichem Putsch« verfasste und das »angestrebte Heldentum« als »falsch und steril« verurteilte: »Das ganze Land weiß, dass die Kommunisten damit nichts zu tun haben.« Auch knapp vier Jahre später, als Fidel mit den Überlebenden seiner Landung auf Kuba Zuflucht in den Bergen gefunden hatte, hat die KP ausgesprochen negativ reagiert. Erst im Juli 1958, als Fidel und seine Nachahmer immer mehr Zulauf aus den Städten bekamen und die Truppen des Diktators immer weniger Kampfeslust zeigten, ist das Politbüro-Mitglied Carlos Rafael Rodríguez in die Sierra Maestra gepilgert. Ihn meinte Fidel Castro also kaum, als er zwei Jahre nach dem Sieg der Revolution über den Machtanspruch »jener verdienten Klassenkämpfer« höhnte, »die sich damals unter ihren Betten verkrochen haben«. Aber es ist bis heute nicht erwiesen, dass Castro und Rodríguez in den Bergen der Provinz Oriente wirklich einen Pakt geschlossen haben, der das Wunder bewirkt hätte, um das 74 kommunistische Parteien im Westen und der Dritten Welt die kubanischen Genossen bald beneiden würden: dass Kuba, als politischer und wirtschaftlicher Satellit der USA verschrien, kommunistisch wurde. Den Preis, den Kubas KP dafür bezahlen musste, würde so leicht keine Parteiführung der Welt entrichten wollen. Castro hatte, so wollte es scheinen, einen hundertprozentig sozialistischen Staat errichtet – und gleichzeitig Kubas alte Kommunisten völlig entmachtet.

Im achtköpfigen Politbüro saß nach 1968 kein einziger Altkommunist mehr, im 100 Mann starken Zentralkomitee gelang es nur einem Dutzend Genossen von früher, ihre Plätze zu behaupten. Und im ZK-Sekretariat aus sieben Mitgliedern konnte sich nur eines rühmen (was es wohlweislich nie tat), schon immer Kommunist gewesen zu sein: Dr. Carlos Rafael Rodríguez. Aber er war nicht Moskaus Mann in Havanna: Er verdankte seine Machtstellung der Treue zu Fidel Castro – unwandelbar seit der Zeit, da er im Gesträuch der Sierra Maestra antichambierte, um die Gunst des Mannes zu gewinnen, dessen reale Machtchancen er spät, aber noch rechtzeitig erkannt hatte.

Bestimmt nicht weniger scharfsichtig war damals Fidel, als es galt, den Nutzwert der KP abzuschätzen. Er kannte sie nicht allzu gut: mit ihrer Hilfe war er 1946 nur zum stellvertretenden Sprecher des Studentenrates der juristischen Fakultät gewählt worden – *nothing to write home about*. Es heißt, Fabio Grobart habe den Exbandenführer 1948 zu einem Gespräch eingeladen; dafür gibt es keine Zeugen oder Beweise. Bei aller Sympathie für den Marxismus hatte Fidel gute Gründe, sich auf intimeren Umgang mit der Partei nicht einzulassen. Wie bei den anderen KP Lateinamerikas überwogen in ihr die Schattenseiten: servile Befolgung der vom Kreml diktierten Befehle, Missachtung nationaler Interessen und Gefühle, Opportunismus, Stalinismus – und manche finstere Affäre, deren Geheimnis die älteren Genossen wohl mit ins Grab nehmen würden. Hinzu kam die Rolle der KP unter Batista: Blas Roca war nie müde geworden, die »enge Ideengemeinschaft« mit Kubas starkem Mann zu preisen. Nach dem Eintritt der USA und Kubas in den Zweiten Weltkrieg hatte Batista die KP sogar in seine Regierung aufgenommen. Zwei prominente Genossen wurden damals – als erste Kommunisten Lateinamerikas – mit Ministerposten bedacht. (Mit seinem besonderen Sinn für Humor verlieh Castro später einem von ihnen genau den gleichen Posten, den er einst unter Batista bekleidet hatte: Minister ohne Portefeuille. Es war Dr. Carlos Rafael Rodríguez.)

Der wichtigste Grund für Fidels Zurückhaltung gegenüber der KP vor dem Sieg der Revolution aber war: In Zeiten des Kalten Krieges konnte Freundschaft mit Kommunisten wie ein Todeskuss wirken. Für die meisten seiner Mitkämpfer und Verbündeten war die Wiederherstellung der Demokratie der Hauptgrund gewesen, eine Waffe in die Hand zu nehmen. Kaum in Havanna einmarschiert, war Fidel mit Gefolge und Reportern zum Kolumbus-Friedhof geeilt, um das Grab seines vorgeblichen politischen Mentors aufzusuchen: des Rundfunkrhetorikers Eddy Chibás, der als scharfer Antikommunist bekannt war. Vor dessen Grabstein und noch einmal vor den Kameras des amerikanischen Showmasters Ed Sullivan versicherte Fidel, dass er mit dem Kommunismus partout nichts im Sinn habe.

Eine Partei von müden Helden und alten Sündern, kompromittiert mit üblen Diktatoren, der bewaffneten Revolution abhold, bis zum Schluss um Rückversicherung bei Fulgencio Batista bemüht – das konnte Fidel nach dem Sieg gut brauchen. Da sie nicht an der Revolution teilgenommen hatte, konnte die KP von ihr auch nichts verlangen. Ihre Geschichte war wie ein peinliches Dossier, das man jederzeit gegen sie verwenden konnte. Die Schuldkomplexe ihrer Führer müssen Fidel wie Hebel erschienen sein, die er nur anzutippen brauchte, um die Partei wunschgemäß zu lenken. Wichtigster Vorzug freilich: Unter allen politischen Organisationen Kubas war die Kommunistische Partei die einzige, die einige Gewähr dafür zu bieten schien, dass sie sich der Errichtung einer sozialistischen Diktatur nicht widersetzen würde.

»Wenn das Spiel, das Fidel mit uns getrieben hat, von ihm vorausgeplant war, dann ist er die Reinkarnation Machiavellis!«, beklagte sich 1969 ein abservierter Altkommunist bei einem jungen deutschen Reporter an der Bar des »Hotel Nacional«. Im Rückblick freilich nimmt sich leicht als Machenschaft eines berechnenden Strategen aus, was in Wirklichkeit wohl eher das Ergebnis intuitiver Entscheidungen und der Kenntnis menschlicher Schwächen war: ein Schachspiel zwischen *guerrilleros* und Genossen, in welchem Fidel auf beiden Seiten des Bretts stand und keine der Figuren wissen ließ, welches Schicksal ihr zugedacht war. Der KP verschaffte Castro schon 1959 die Kontrolle über die Gewerkschaften und die ideologische Schulung der Streitkräfte. In der Wirtschaft trieb er die Sozialisierung viel weiter, als die Kommunisten für vernünftig hielten. Dafür machte er die Zusammenarbeit mit der KP zum Prüfstein, an dem er die Treue seiner bärtigen Mitkämpfer maß: Wer die Zusammenarbeit ablehnte, sich gar als überzeugter Antikommunist entpuppte, wurde beiseitegeschoben oder, wie der Revolutionsheld und Comandante Huber Matos, auf 20 Jahre ins Gefängnis gesteckt. Noch 1968 veranstalteten Raúl und Fidel Castro gemeinsam eine Parteisäuberung mit Schauprozess in stalinistischem Stil, bei dem eine »Mikrofraktion« unter dem Altkommunisten Aníbal Escalante aller möglichen, zum Teil absurden Verschwörungen angeklagt wurde. An die 30 hochrangige Kommunisten kamen auf zehn bis 15 Jahre ins Gefängnis. Wie voraussehbar, wurden aber gleich darauf jene gezüchtigt, die über diese Säuberung verdächtig laut gejubelt hatten. So erreichte Fidel Castro, dass nach und nach so gut wie alle politisch aktiven Kubaner, die nicht vorbehaltlos für einen kommunistisch organisierten und auf seine Person zugeschnittenen Führerstaat waren, auf der Strecke blieben.

Der Geist Stalins wehte in Havanna freilich schon 1960, als in der Nachbarschaft ein Held der Sowjetunion auf freien Fuß gesetzt wurde. Es handelte sich um Ramón Mercader, einen aus Barcelona stammenden Agenten der Komintern, der 1940 im Auftrag Stalins nach Mexiko gereist war. Mercader hat sich dort mit Hilfe seiner Geliebten und eines befreundeten Ehepaars in den Kreis um Leo Trotzki eingeschlichen – des russischen Revolutionsführers und Gründers der Roten Armee, den Stalin 1929 ins Exil getrieben hatte. Als es Mercader unter einem Vorwand gelang, für einige Minuten mit Trotzki allein zu sein, zog er einen versteckten Eispickel hervor und schlug ihm damit den Schädel ein. Trotzki starb am Tag darauf im Krankenhaus. Mercader wurde in Mexiko zu 20 Jahren Gefängnis verurteilt. Seinen wohlverdienten Orden »Held der Sowjetunion« konnte im Kreml nur seine Schwester in Empfang nehmen. Als Ramón Mercader jedoch 1960 nach Verbüßung seiner Strafe in Ciudad de México freigelassen wurde, hat er sich sofort nach Kuba bringen lassen, wo er freundlich aufgenommen wurde. Es hat ihm dort so gut gefallen, dass er nach einem obligaten Aufenthalt in der Sowjetunion bald wieder auf die Insel zurückkehrte, wo er 1978 an Krebs gestorben ist. Ob Fidel Castro ihn empfangen oder besucht hat, ist bisher nicht bekannt. Aber es sollte zumindest als wahrscheinlich gelten. Der Comandante hatte seit jeher größtes Interesse an der Weltgeschichte. Und wenn er auch persönlich in Typus und Temperament mehr mit Leo Trotzki gemein hatte, so blieb er doch lebenslang ein Bewunderer der Siegernatur Josef Stalins.

ZUCKERDÄMMERUNG

Wild flatterte ihm das hellblonde Haar um den Vogelkopf, und seine dunkelblaue Leinenjacke blähte sich zum Segel, wenn der Wind ihn am Abend von der Uferpromenade zum »Hotel Nacional« heraufwehte: ein langer und zerbrechlich wirkender Europäer, der im Straßenbild Havannas als Exote auffiel. Eigentlich war er nach Kuba gekommen, um an der Universität Poetik-Vorlesungen zu halten. Als dieses Vorhaben an bürokratischen Hemmnissen scheiterte, griff er zur Machete. Was einst afrikanische Sklaven, chinesische Kulis, haitianische Taglöhner und die ärmsten Kubaner unter Zwang oder aus Not verrichteten, wurde ihm zum Hobby. Acht Wochen stand er auf den Feldern, unter sengender Sonne, umschwirrt von Moskitos, und schlug Zuckerrohr. Dann sah man ihn noch eine Weile in Havanna, und bald kehrte er in seine Heimat zurück: Dr. phil. Hans Magnus Enzensberger, damals 39, Lyriker und Essayist – ein Gastarbeiter aus Westdeutschland.

Im revolutionären Kuba bekommt jedes Jahr vom *Comandante en Jefe* einen Namen zugesprochen, als wäre es ein Kind oder ein Hund. Fidel Castro hatte 1969 zum »Jahr der entscheidenden Anstrengung« ausgerufen – als Vorstufe einer für 1970 geplanten Apotheose der Revolution: dem »Jahr der Zehn-Millionen-Tonnen-Ernte«. Dass in den beiden Jahren die erzielten Zuckermengen weit hinter dem vorgeschriebenen Soll zurückgeblieben sind, war am wenigsten Dr. Enzensberger anzulasten. Der Schriftsteller hatte im

Tagesdurchschnitt 110 *arrobas* (1,24 Tonnen) Zuckerrohr geschlagen. Gemessen am kubanischen »Helden der Arbeit«, der einmal 14 Tonnen schaffte, oder am Erntehelfer Fidel Castro, der sich herkulische neun Tonnen attestieren ließ, mochte dieses Pensum bescheiden wirken. Aber Rekorde waren in Wahrheit nur möglich auf »leichten« Feldern, wo das Rohr senkrecht stand und das Einsammeln maschinell besorgt wurde. Selbst ein berufsmäßiger Machetero brachte es sonst nur auf 2,5 bis 3 Tonnen. In Enzensbergers Kohorte, den Freiwilligen-Brigaden aus Europa, wurden nicht mehr als 0,7 bis 0,9 Tonnen pro Mann und Tag erwartet. »Man muss eben einen überzeugenden Schlagrhythmus entwickeln«, erklärte uns der Dichter mit halbernster Miene seine Leistung.

Gelblich-grün und fast drei Meter hoch stand das Rohr über der roten Erde von Oriente: eine Wand, gegen die man mit der kurzen Mocha oder der längeren Machete ankämpfte. Jeder Hieb jagte einen Mückenschwarm aus dem Blättergeflecht. Ein feiner, süßlicher Staub rieselte durch den Hemdkragen und vermischte sich mit dem Körperschweiß zu einer klebrig-juckenden Schicht. Nach einer halben Stunde hatte sich jeder seine Schneise in das Dickicht geschlagen, und das Geräusch der eigenen Arbeit ließ vergessen, dass in der Nähe noch viele Unsichtbare die Machete schwangen. Nur die Rauchsäule vom Schornstein der Zuckermühle »Urbano Noris« zeigte dem Fremden an, dass er kein Einzelkämpfer war. Gegen Abend kamen die mageren, braungebrannten Macheteros und schüttelten lachend die Köpfe mit den ausgefransten Strohhüten: Jener produktive Rhythmus, von dem der Fachmann Enzensberger zu berichten wusste, hatte sich während meiner kurzen Mitwirkung am Aufbau des kubanischen Sozialismus nicht einstellen wollen.

Die Freiwilligen aus München oder Montpellier oder Mailand fühlten sich auf Kuba damals – im Jahre zehn der Revolution – beinahe wie die Spanienkämpfer der Vorkriegszeit: Mitglieder jener Internationalen Brigaden, die die Volksfrontregierung in Madrid während der dreißiger Jahre gegen den Vormarsch der Faschisten zu verteidigen suchten. Fast so heroisch, wenn auch weniger lebensgefährlich war es, den Kubanern gegen den Würgegriff des US-Imperialismus beizustehen. Unter revolutionär gesinnten Idealisten aus Westeuropa – erst Jahre später »Achtundsechziger« genannt – galt der Kampfeinsatz im kubanischen Zuckerrohr als die fortschrittlichste Tätigkeit, die damals zu haben war. Sich von den Palästinensern im Waffengebrauch ausbilden zu lassen war erheblich umständlicher – von einer Teilnahme am Vietnamkrieg auf Seiten des Vietcong nicht zu reden.

In der größten Zuckermühle der Ostprovinz Oriente wurde vor den stolz dreinblickenden *Voluntarios Internacionales* das Rohr durch den Wolf gedreht. Sowjetische Lastwagen kippten es aufs Fließband, die Messer und Hämmer eines uralten amerikanischen Ungetüms zerhackten und zerpressten es, französische Filteranlagen spülten die Unreinheiten weg, ostdeutsche Zentrifugen sonderten die Kristalle heraus, tschechische Riesenschaufeln hoben den Braunzucker auf rumänische Waggons, die ihn zu einem neu erbauten kubanischen Hafen brachten, wo japanische Spezialkräne ihn in die Bäuche sowjetischer Frachtschiffe pumpten. Die frühen Propagandafilmer der UdSSR – oder ihr kubanischer Nachahmer Alfredo Guevara – hätten daraus eine mitreißend dynamische, zukunftsfrohe Bilderfolge machen können.

Mit Strohhut und Machete wirkte Fidel Castro in Oriente recht authentisch. Immerhin war er 43 Jahre vorher inmitten dieser Zuckerrohrfelder auf die Welt gekommen. Sein Vater Ángel Castro y Argiz, ein Bauernsohn aus dem nordwestspanischen Galicien, wurde bereits 1895, als 20-jähriger Unteroffizier, in die ferne Kolonie Kuba entsandt, um die spanische Herrschaft gegen die dortigen Aufständischen zu verteidigen. Es war der letzte der blutigen Befreiungskriege, die die Insel im 19. Jahrhundert mehrmals verwüsteten. Die Rebellen waren auf Kuba geborene Nachkommen der Spanier, der Indios und der einstigen schwarzen Sklaven, und ihre Hauptwaffe war 90 Jahre vorher in Spanien selbst entwickelt worden – während des Widerstands gegen Napoleons Grande Armée. *Guerrilla* nannte sich das: Kleinkrieg. Der Kavallerist Ángel Castro hat in Oriente noch das Flammenmeer der in Brand gesteckten Zuckerrohrfelder gesehen, die mit Stacheldraht erwürgten Besitzer der Zuckermühlen, die Erntearbeiter mit durchgeschnittenen Kehlen. Militärisch konnten Kubas Aufständische die spanischen Truppen nicht besiegen, also führten sie Krieg gegen die Lebensgrundlagen des Kolonialregimes und der insgesamt gefügigen Bevölkerung.

Ángel Castros oberster Vorgesetzter war der Generalkapitän Valeriano Weyler y Nicolau, Marquis von Teneriffa – Spaniens Statthalter und Militärgouverneur auf Kuba, in den USA auch als »butcher Weyler« bekannt. Das Etikett des Schlächters, das ihm die amerikanische Sensationspresse anhängte, hatte sich der ausgefuchste Taktiker redlich verdient: Die Guerilleros konnten nur mit Methoden besiegt werden, die grausamer waren als ihre eigenen. Weyler hat zwar auf Kuba nicht das Konzentrationslager erfunden (*campos de re-concentración* hatte es schon in einem vorherigen, zehn Jahre dauernden Bürgerkrieg gegeben), aber er hat es erstmals konsequent angewandt. Hunderttausende von Zivilisten wurden durch Zwangsumsiedlungen dem Zugriff der Aufständischen entzogen. In den Lagern fehlte es an Nahrungsmitteln und Medizin, überall wütete die Ruhr und – schlimmer noch – das Gelbfieber. Letzteres suchte auch die Kämpfer auf beiden Seiten heim: Es kamen mehr

Loyalisten und Aufständische durch Malaria ums Leben als durch Kampfhandlungen. Aber Weylers Taktik funktionierte: er riss die Initiative an sich, bekam den Krieg in den Griff, verdrängte die Aufständischen aus der ganzen Insel in die Ostprovinz Oriente und jagte den gefürchteten schwarzen Rebellengeneral Antonio Maceo in den Tod. (Weltbekannt wurde das Wort *concentration camp* erst vier Jahre später, um 1900: Die Briten wandten Weylers Methode im südafrikanischen Burenkrieg an – nicht ganz so grausam, aber ebenfalls mit Erfolg.)

Fidels Vater war ein überzeugter Spanier. Sein Leben lang hat Ángel Castro es den Amerikanern verübelt, dass sie in diesen Konflikt eingegriffen und Weylers Kriegsziel vereitelt haben. Nur, daran war der Statthalter Madrids zum Teil selber schuld: Er hatte die gewaltige Wirkungsmacht der amerikanischen Zeitungskönige Hearst und Pulitzer unterschätzt, die einander in sensationalistischer Kuba-Berichterstattung zu übertreffen suchten und offen auf eine Einverleibung der Insel durch die USA hinarbeiteten. Die hohen Investitionen, mit denen Kubas nahezu einzige Reichtumsquelle – die Zuckerindustrie – zur Blüte zu bringen war, konnte allein das US-Kapital bieten, und das wartete ungeduldig auf Frieden und etwas *law and order* auf der Insel.

Die Horrorberichte in der Hearst-Presse jedoch verhalfen den kubanischen Aufständischen zu hohen Geldspenden von Sympathisanten in den USA, während sie in Madrid den Rückhalt für den »Bluthund« Weyler untergruben. Der weitere Verlauf der Geschichte wurde durch zwei Imponderabilien bestimmt. Im August 1897 ermordete ein italienischer Anarchist den spanischen Ministerpräsidenten Antonio Cánovas, der Weylers zuverlässigste Stütze gewesen war. Und am 15. Februar 1898 flog im Hafen von Havanna das amerikanische Schlachtschiff *Maine* in die Luft; von den

355 Besatzungsmitgliedern wurden 260 durch die Explosion getötet.

Nach diesem Knall waren die Kriegstreiber in den USA durch nichts mehr zu stoppen: weder durch die begründeten Zweifel daran, dass eine »spanische Höllenmaschine« (Schlagzeile der Hearst-Presse) das Desaster verursacht hatte noch auch durch die eiligen Autonomie-Versprechungen und Friedensangebote Madrids an die kubanischen Aufständischen. Der neue Rebellenführer Máximo Gómez verweigerte sich brüsk jeder Verhandlung mit den Spaniern – offenbar ohne zu begreifen, dass er damit allen Einfluss auf das Geschehen verlor und den Amerikanern das Feld überließ. Die überlegenen Kriegsschiffe der US-Flotte und die »rauhen Reiter« des späteren Präsidenten Theodore Roosevelt wurden im Handumdrehen mit den spanischen Streitkräften fertig, deren Reste 1899 den Rückzug auf die Iberische Halbinsel antreten mussten. Hierauf folgten genau 60 Jahre amerikanischer Dominanz auf Kuba – bis hin zur Revolution des Comandante Fidel Castro.

Der ausgemusterte Unteroffizier Ángel Castro y Argiz hatte in seiner rückständigen galicischen Heimatprovinz Lugo keine lohnende Arbeit und keinen Grund zur Hoffnung gefunden. Also kehrte er 1906, mit 31 Jahren, in Zivilkleidung nach Kuba zurück – diesmal als Auswanderer. Das mutet zwar paradox an, war aber alles andere als ungewöhnlich: *Nach* dem Ende der spanischen Kolonialherrschaft ist die Insel für auswanderungswillige Spanier erst richtig attraktiv geworden. Unter der ersten US-Militärregierung auf Kuba (1899–1902) wurde die schlimmste Plage – das seit 250 Jahren grassierende Gelbfieber – endgültig unter Kontrolle gebracht.

Die Amerikaner schafften es auch, innerhalb von acht Monaten sechseinhalb Millionen Essensrationen an Hungrige zu verteilen. Sie veranstalteten die ersten freien Wahlen, die Kuba je gekannt hatte: Gemeinden und Provinzen bekamen eine wirkliche Volksvertretung, und die ersten Präsidentenwahlen wurden vorbereitet. Kubas Richter erhielten fortan ein Monatsgehalt und waren für ihren Lebensunterhalt nicht mehr auf Bestechung angewiesen. Die meisten Verwaltungsposten wurden an geborene Kubaner übertragen. Obwohl die Leiden und Verwüstungen der Bürgerkriegsjahre längst nicht überwunden waren, scheint die Stimmung unter der neuen Fremdherrschaft recht gut gewesen zu sein. Der ehemalige Sklave Esteban Montejo schwärmte noch als 100-Jähriger in seinen Erinnerungen: »In jenen Tagen des Triumphes glich Havanna einem riesigen Jahrmarkt. Alt und Jung tanzten bis zum Umfallen. Die Klubs der (schwarzen) Geheimgesellschaften waren hell erleuchtet, und die Menschen ersannen ständig neue Rumba-Texte. Ich dürfte es in einer Woche mit mehr als fünfzig Negerinnen getrieben haben.«

Und doch erwies sich die Patenschaft der USA für die Republik Kuba (besonders in den Augen der *weißen* Kubaner) als psychischer Geburtsfehler, von dem sie bis heute nicht kuriert ist. Dass amerikanische Schiffe die spanische Flotte versenkten, dass ein US-General die Demokratie einführte, dass Kuba 1902 seine Unabhängigkeit unter Aufsicht der USA erlangte, dass es Washington ein begrenztes Interventionsrecht gewähren sowie den Stützpunkt Guantánamo überlassen musste – es war für beide Seiten auf längere Sicht schädlich, meint Sir Hugh Thomas. Ohne die Hetzkampagne in der Hearst-Presse wäre der Generalkapitän Weyler nicht von Madrid abberufen worden, und die Aufständischen hätten sich zunächst einmal mit einer Autonomie-Regelung zufriedengegeben. Schon vor der Unabhängigkeit war Kubas Wirtschaft wegen der Zuckerexporte und der rapiden technischen Modernisierung stärker mit dem Nachbarn USA als mit Spanien verknüpft. »Dennoch hätte solch ein autonomes Gebilde seinen spanischen Charakter behalten können«, schreibt Hugh Thomas. »Es hätte dem Inselvolk die verwirrenden und zweideutigen Erfahrungen der US-Intervention und der Fremdbestimmung erspart.«

Die Lateinamerikaner hegten während des 19. Jahrhunderts für die USA vor allem Bewunderung. Den meisten Republiken südlich des Rio Grande diente die amerikanische Verfassung sogar als Vorbild. Der Spanisch-Amerikanische Krieg und die US-Intervention auf Kuba sorgten jedoch dafür, dass das Verhältnis des Südens zum Norden im 20. Jahrhundert mehr von Misstrauen, Abneigung und Angst bestimmt wurde. Theodore Roosevelts Politik des »großen Knüppels« in Mittelamerika und dem karibischen Raum erschien als geopolitische Fortsetzung des Eingreifens auf Kuba, und es entstand eine solidarische Antipathie der Latinos gegen die »angelsächsische« Arroganz und Überlegenheit. Kubas größter Dichter und Unabhängigkeits-Vorkämpfer José Martí – dessen Rhetorik später von Fidel Castro öfter noch plagiiert als zitiert wurde – eignete sich zum Kronzeugen gegen die *yanquis*. Er hatte viele Jahre in New York gelebt und einmal geschrieben: »Ich kenne das Monster, ich habe in seinen Eingeweiden gelebt.« Dieser eine Satz prägte sich stärker ein als die vielen lobpreisenden Artikel, die Martí – ein Mensch in seinem Widerspruch – über die USA und die Amerikaner in allen großen Zeitungen zwischen Ciudad de México und Buenos Aires veröffentlicht hatte.

Das Schlimmste an dem Eingriff der US-Regierung auf Kuba aber war in der Sicht von Hugh Thomas, dass sie die Amerikaner »langfristig zu internationalem Aktionismus – ob verantwortlich oder unverantwortlich – verführte, bis in die zweite Hälfte des 20. Jahrhunderts hinein«. Und auch das war keine Zeitgrenze: die heutige Nato-Doktrin, wonach das Bündnis eine »Schutzverantwortung« gegenüber allen Völkern habe, die von Tyranneien bedroht sind, wirkt wie die ideologische Verlängerung des »großen Knüppels« von Theodore Roosevelt. Afghanistan, Pakistan, Irak, Libyen – demnächst Iran? – sind nur die jüngsten Sorgenkinder eines missionarischen Paternalismus, der auf den Glauben an die »offenkundige Bestimmung« *(manifest destiny)* der USA im 19. Jahrhundert zurückgeht. Wenn die Vorsehung wollte, dass die Nachkommen der puritanischen Siedler Neuenglands sich westwärts bis zum Pazifik ausbreiteten, so berechtigte ihr moralischer Sonderstatus sie auch dazu, die Werte der Freiheit und Demokratie nach Süden hin und später auf der ganzen Welt mit der Waffe in der Hand zu verteidigen. Das ist als Ideologie fast so vermessen wie das weltumspannende Erlösungsrezept des Che Guevara, der *den* Imperialismus (gab es denn nur einen?) durch die Schaffung von »zwei, drei, vielen Vietnam« in die Knie zwingen wollte. Guevaras ansteckende Obsession ist mit den Zehntausenden von Guerilleros und städtischen Terroristen untergegangen, die in so vielen Ländern Lateinamerikas und manchen Metropolen Europas begraben liegen. *Manifest destiny* hingegen ist keineswegs tot, sondern scheint in Washington alle paar Jahre in alter Frische wiederaufzuerstehen – egal, ob Demokraten oder Republikaner regieren.

Wie sein Sohn Fidel war Ángel Castro von hünenhafter Gestalt und außergewöhnlich willensstark. Zäh, rauhbeinig und voller Ehrgeiz, ist er keinem Streit und keinem Kampf aus dem Weg gegangen. Nicht einmal eine Grundschule hatte er in Spanien besuchen können, und doch gelang es ihm als Erwachsener, sich mit seinem verblüffenden Gedächtnis das Lesen und Schreiben selber beizubringen. Im wilden Osten Kubas, in der Provinz Oriente, konnte Castro der Ältere eine bemerkenswerte Karriere hinlegen: Er war zuerst Taglöhner und Feldarbeiter, scheiterte mit einem Billigrestaurant namens »El Progreso«, betrieb danach eine kleine Nickelmine und fand Arbeit bei der mächtigen *United Fruit Company* – zunächst bei deren privater Eisenbahn, dann als Kontrolleur in der Zuckerproduktion und schließlich, in einer Art Partnerschaft mit den ungeliebten *yanquis*, als Aufseher ihrer brachliegenden Ländereien.

Der amerikanische Bananengigant – heute noch unter dem Namen *Chiquita* in aller Welt auf dem Markt – hat Ángel Castro damals »systematischen Landraub« vorgeworfen, aber niemals einen Prozess gegen ihn angestrengt. Offenbar hat der beinharte *gallego* seine eigene Hacienda von über 6500 Hektar nach und nach in aller Stille aus dem Unterholz hacken lassen und dabei auch allerhand Eigentum der *United Fruit* für sich abgezweigt – vor allem Wälder und Wasserquellen. Sein Sohn Fidel gestand dem US-Reporter Lee Lockwood nicht ohne Stolz, dass der Alte »niemals Steuern für seinen Besitz oder sein Einkommen« bezahlt habe. Hugh Thomas schrieb 1971, Ángel Castros »Abneigung gegen jede legale Verpflichtung in Familien- oder Eigentumsfragen« sei in der Geringschätzung seines Sohnes, des Doktors der Rechte Fidel Castro, für alles Paragraphenwerk wiedergekehrt – einschließlich einer verfassungsmäßigen Ordnung für Kuba. Beim älteren Castro hat diese Abneigung sich immerhin bezahlt gemacht: nach dem Zweiten Weltkrieg wurde sein Vermögen auf eine halbe Million Dollar geschätzt – damals eine enorme Summe. Als der 18-jährige Fidel 1945 das Abitur machte, schenkte ihm der inzwischen 70 Jahre alte Großgrundbesitzer Ángel Castro ein rotes, fabrikneues Ford Cabrio.

An die 18 000 Tonnen Zuckerrohr wurden jährlich auf den Feldern der Familie Castro produziert und an die benachbarten Zuckermühlen verkauft, von denen die zwei größten der *United Fruit* gehörten. Bis zu 500 Angestellte standen bei den Castros in Lohn und Brot, und sie brachten eine unübersichtliche Zahl von Angehörigen, Kindern und Haustieren auf das Gut. Schwarze Bohnen und Reis, die Yuccawurzel und Tamarindenbäume wurden angepflanzt, und ein weitläufiger Palmenhain umgab die etwa 45 Häuser des Gutes, die auf Holz- oder Betonstelzen errichtet wurden – das war billiger, als Fundamente zu legen, und darunter war Platz für Rinder und Schweine, Hühner, Schafe, Gänse, Enten, Truthähne. Die Finca Ángel Castros hat sich allmählich das nahe Dorf Birán einverleibt, verfügte dadurch über ein Post- und Telegraphenamt, über eine Zwergschule, auf der die vielen Castro-Kinder zunächst gemeinsam mit denen der Landarbeiter das Lesen und Zählen lernten, sowie über eine kleine Arena für die blutigen und beliebten, immer mal wieder verbotenen Hahnenkämpfe.

Im Schlafzimmer und Bad des Herrengebäudes wurden noch Gegenstände entdeckt, die von einem fremden, städtischen Geschmack zeugten: Sie stammten aller Wahrscheinlichkeit nach von Ángel Castros erster Frau, Maria Luisa Argote, einer Lehrerin aus dem nahe gelegenen Banes. Das Städtchen war eine Enklave der *United Fruit Company*, und Maria Luisa hatte dort an der von den Amerikanern betriebenen Schule unterrichtet. Sie hat Ángel Castro fünf Kinder geboren, von denen nur zwei überlebten. Allerdings soll Maria Luisa Argote depressiv geworden sein und den Haushalt Richtung Banes verlassen haben, als ihr Mann – inzwischen Mitte 40 – die minderjährige Küchenhilfe Lina Ruz auf Dauer zu sich nahm. Mit der hat Ángel Castro sieben uneheliche Kinder gezeugt. Fidel Hipólito Alejandro – Linas drittes Kind – musste sich im katholischen Internat noch bis zum 15. Lebensjahr gedulden, ehe er dank der nachgeholten Trauung der Eltern 1941 getauft und »legalisiert« werden konnte. Vorher hatten ihn die Mitschüler des *Colegio Dolores* in ihrer Ignoranz immer als »Juden« gehänselt.

In einigen Castro-Biographien heißt es, der rebellische Fidel habe als 13-Jähriger auf der Familienfinca Las Mañacas einen Proteststreik der Feldarbeiter gegen seinen autoritären Vater organisiert. Das passt zwar hervorragend in die Lebensgeschichte des *Comandante en Jefe* – so, wie sie von ihm selbst erzählt wird –, klingt aber eher nach Legendenstoff. Fidels sieben Jahre jüngere Schwester Juana de la Caridad (»Juanita«) Castro, die schon 1964 aus Kuba geflohen ist und in Miamis *Little Havana* eine Apotheke eröffnete, hat im US-Exil vehement das Gegenteil behauptet: Ihrem Bruder Fidel sei das Schicksal der Zuckerarbeiter schnurz und piepe gewesen, ja er habe den Vater sogar zu einer härteren Gangart gegenüber den Macheteros angespornt. Dabei muss berücksichtigt werden, dass weder Fidel noch Juanita Castro für ihre fanatische Wahrheitsliebe bekannt sind; den Lehrern und Mitschülern des *Colegio Dolores* ist der 13-jährige Castro zwar als groß und stark, aber auch als eher schüchtern in Erinnerung. Zum Draufgänger und Anführer entwickelte er sich etwas später.

Dass Fidel auch mit 14 noch ein Kind war und zum Streikführer kaum geeignet, bezeugt eine Episode, die in US-Archiven dokumentiert ist – obendrein in seiner eigenen Handschrift. Am 6. November 1940 richtete der Schüler Fidel Castro aus Santiago de Cuba in fehlerhaftem Englisch einen Gratulationsbrief an den US-Präsidenten Franklin D. Roosevelt, der soeben zum dritten Mal ins Weiße Haus gewählt worden war. Listig und wohl auf Rührung spekulierend, gab Fidel sich als Zwölfjähriger aus – und machte Roosevelt ein Angebot: Er könne ihm die größte Eisenerzmine der Insel zeigen, die tatsächlich nicht weit von der väterlichen Hacienda entfernt lag. Als ahnte er den Kriegseintritt der USA im nächsten Jahr schon voraus, versuchte er Roosevelt zu ködern: »*If you want iron to make your ships ...*« Mit einer gewissen Dreistigkeit, die auch seine spätere Diplomatie auszeichnen sollte, fügte Fidel in dem Handschreiben an den Präsidenten hinzu: »*If you like, give me a ten dollars bill green american in the letter, because never have I not seen a ten dollars bill and I would like to have one of them.*« Das State Department hatte Sinn für Humor und schickte dem Buben ein Dankschreiben ins Internat – allerdings ohne den gewünschten »Zehn-Dollar-Schein, grün, amerikanisch« beizufügen.

Dass das Lebenselixier im Saft des Zuckerrohrs zu finden sei, war auf der Finca Las Mañacas die herrschende Weltanschauung. Der einstige Kavallerist Ángel Castro hatte noch den Gluthauch und die schwarze Wüste der kriegsvernichteten Felder im Gedächtnis, als er aus dem heimatlichen Galicien nach sieben Jahren wieder nach Oriente zurückkehrte, nun für immer. Neuland zu erschließen, in Besitz zu nehmen und massiv mit Zuckerrohr zu bepflanzen war für ihn Traumerfüllung und Daseinsziel. Erst Ende des 18. Jahrhunderts, als Franzosen und Briten ihre westindischen Kolonien zu vernachlässigen begannen, war Kuba von den Spaniern dazu ausersehen worden, den Nachtisch Europas zu beliefern – mit Kaffee und Zucker, Zigarren und Rum. Fernando Ortíz, Kubas renommiertester Sozialhistoriker und Ethnologe, verfasste 1940 eine idealisierende Gegenüberstellung von Tabak und Zucker als »Kontrapunkt« der kubanischen Geschichte. Für ihn war der Tabak das Gute schlechthin: Er bedarf ständiger Pflege, gibt qualifizierten Arbeitern eine Dauerstellung, fördert die Entstehung kleiner Industriebetriebe und die Bildung kubanischen Kapitals.

Eine der bekanntesten Marken der von Fidel Castro verstaatlichten Zigarrenindustrie trägt immer noch das Emblem

»H. Upmann«: es geht auf die Brüder Hermann und August Upmann zurück, die als unternehmungslustige Bankiers 1844 in Havanna auch eine eigene Zigarrenfabrik eröffneten. Die *Petit Coronas* aus dem Hause Upmann waren die Lieblingsmarke des US-Präsidenten John F. Kennedy. Als dieser das Castro-Regime im Februar 1962 für die entschädigungslose Enteignung amerikanischer Firmen mit einem Handelsembargo bestrafte, ließ er von seinem Pressesprecher Pierre Salinger noch schnell alle guten Tabakläden von Washington und Umgebung aufsuchen und ihren Bestand an *Petit Coronas* aufkaufen. Wie Salinger – Jahrzehnte später – als Pensionär in Paris gerne erzählte, hat er seinem Präsidenten an jenem Tag rund 1200 der begehrten Zigarrillos beschaffen können. Nur war es John F. Kennedy dann nicht mehr vergönnt, sie alle zu rauchen.

Im Gegensatz zum Tabak stellte der Zucker in den Augen des Sozialhistorikers Ortíz eine Landplage dar: Er wächst ohne besonderes Dazutun des Menschen, beschäftigt eine Masse ungelernter Saisonarbeiter, fördert Sklaverei und Sklavenhandel, gedeiht durch Investitionen vornehmlich ausländischen Großkapitals. Das kleinbürgerlich-solide Tabakhandwerk war obendrein bildungsfördernd; in den Werkstätten gab (und gibt) es einen Vorleser, der die Zigarrendreher und -dreherinnen bei der Arbeit mit Literatur unterhält. Um 1880, als auf den Zuckerplantagen noch Sklavenarbeit herrschte, wirkten in der kubanischen Tabakindustrie schon die ersten Anarchisten und Sozialdemokraten. Nach Castros Revolution hat einmal der französische Philosoph und Revolutionsliebhaber Jean-Paul Sartre den kubanischen Zigarrenarbeitern in ihren Werkstätten vorgelesen – nicht unbedingt zu deren Vergnügen. Das Buch, das schon lange – und immer noch – die Frauen und Männer von Havanna beim Rollen und Befeuchten der Tabakblätter inspiriert, ist Alexandre Dumas' Abenteuerroman *Der Graf von Montecristo* – die Geschichte eines Mannes, der mit Mut, Geschick und Glück einer Gefangeneninsel zu entkommen vermag.

Aber welchen Sinn hatte es, die politischen und sozialen Vorzüge der Tabakindustrie gegen den Zucker auszuspielen? Bis zu Fidel Castros Revolution rauchten die Kubaner ihre Zigarren überwiegend selber – sie waren darin Weltmeister –, und allenfalls ein Siebtel ihrer Produktion war für den Export bestimmt. Obwohl die Zigarre neben dem Vollbart von der Jugend der Welt als kubanisches Revolutionssymbol verstanden wurde, hat Castro seinem Volk alsbald die Rationierung des Tabakkonsums aufgezwungen – von der er sich allerdings selber ausnahm: Die überlangen *Cohíbas* gab er erst 30 Jahre später auf, der dringenden Empfehlung seiner Leibärzte folgend. Aber auch die Tabakrationierung konnte nichts daran ändern, dass der Zuckerexport für Kuba 20 Mal so viel einbrachte wie die Zigarren.

Die von Ochsen angetriebenen Mahlsteine der *Centrales* waren im 19. Jahrhundert abgelöst worden von Dampfmaschinen und gusseisernen Mühlen: Um sie zu speisen, musste nicht nur die Plantagenfläche, sondern auch die Zahl der Machete-Männer verzehnfacht werden. In einem Land, das um 1810 nur eine Million Einwohner hatte, wirkte die Masseneinfuhr afrikanischer Sklaven (zwischen 1820 und 1840 über 200 000) wie eine Invasion. Schon zwei Jahre nach der Eröffnung der ersten deutschen Eisenbahn zwischen Nürnberg und Fürth bekam Kuba 1837 dank dem Zuckerrohr seine erste Eisenbahnlinie.

Um 1850 gab es auf der Insel an die 2000 kleine Zuckermühlen. Daraus wurden im 20. Jahrhundert 169 große *Centrales.* Die ihnen angeschlossenen Plantagen vertrieben oder proletarisierten die *guajiros,* die selbständigen Kleinbauern, und die *United Fruit Company* erwarb 1901 ihre ersten

90 000 Hektar. Bis 1926 hatten sich amerikanische Firmen und ihre kubanischen Partner zwei Drittel der Zuckerindustrie einverleibt. Das war eine nahezu zwangsläufige Entwicklung: Im neuen Jahrhundert wurden die USA zum größten Zuckerverbraucher der Welt, seit den zwanziger Jahren konsumierte der durchschnittliche Amerikaner über einen Zentner Zucker im Jahr – und Kuba avancierte folgerichtig zum größten Zuckerexporteur. Schließlich lagen die beiden Länder nur 90 Meilen voneinander entfernt. Unter der zweiten Präsidentschaft Fulgencio Batistas – und praktisch bis zu Fidel Castros Revolution – bestanden 82 Prozent der kubanischen Exporte aus Zucker, und 90 Prozent der kubanischen Zuckerproduktion wurden an das Nachbarland USA verkauft. Das Riesengeschäft, das sich unter solchen Umständen machen ließ, steigerte sich bisweilen ins Astronomische. Während des Ersten Weltkriegs war ein Pfund Zucker auf dem Weltmarkt noch für 5 Cents zu haben, aber mit dem Nachkriegsbedarf stieg der Preis auf 13, dann 22 Cents. Das brachte den Erzeugern Gewinnspannen von über 400 Prozent. In die kubanischen Geschichtsbücher gingen diese Jahre als der »Tanz der Millionen« ein.

Noch im Ruinenmeer des heutigen Havanna ist an der reichhaltigen und opulenten Architektur zu erkennen, dass dieser Geldsegen keineswegs nur in die Tresore der US-Konzerne geflossen ist. Eine breite wohlhabende Mittelschicht sorgte zumindest in der Hauptstadt dafür, dass zu den historischen Bauten der Kolonialzeit im 20. Jahrhundert noch sehr viel Beaux-Arts, Jugendstil, Bauhaus und Art-Déco kam und dass neben den Firmentempeln und Handelskontoren auch Opernhäuser, Museen, Theater und Konzertsäle, Einkaufsarkaden und elegante Wohnviertel entstanden sind – Zeugnisse einer längst verflossenen Lebensqualität, die in der Zwei-Millionen-Metropole auch nach 50 Jahren des revolutionären Verfalls immer noch zu ahnen ist. Erst der Tourismus-Boom, der nach dem Untergang der Sowjetunion – und zunächst gegen den mürrischen Widerstand Fidel Castros – angekurbelt werden musste, sorgte seither für die Errichtung steriler Hoteltürme und Apartmentblocks im Stil von Marbella oder Mallorca.

»Ein Land, das seine Wirtschaft auf den Ertrag eines einzigen Produkts gründet, begeht Selbstmord«, dozierte Kubas Nationalheld – und Fidel Castros ständig beschworenes Vorbild – José Martí bereits vor 120 Jahren. Von »Fluch und Segen des Zuckers« ist in jedem Kuba-Buch die Rede. Schon Kolumbus hatte das Zuckerrohr *(Saccharum robustum)* vor 530 Jahren eingeführt, und spätestens von einer sozialistischen Revolution wäre zu erwarten gewesen, dass sie die Insel von ihrer angestammten Monokultur erlösen würde. Das ist während der ersten Revolutionsjahre auch sicher Fidels Absicht gewesen – und der große Ehrgeiz seines Industrieministers Che Guevara, der am liebsten gleich Stahlwerke und eine Autofabrik errichtet hätte. Kein Wunder, dass er sein Ministerium bald stehen ließ und sich lieber auf den Traumpfad der Weltrevolution begab. Der alte Sog des Zuckerrohrs, das von alleine wächst und raschen Profit verheißt, war mächtiger als das Zukunftsgebot der Diversifizierung – und das Gedränge der internationalen Konkurrenz verstärkte ihn auch noch.

»Kuba genießt ein Einkommensniveau und einen Lebensstandard, die höher liegen dürften als in irgendeinem anderen Tropenland der Welt«, hieß es im Weltbank-Bericht von 1950. Damals konnten nur fünf Länder auf dem Planeten – darunter natürlich Kuba – über eine Million Tonnen Zucker im Jahr liefern. Kurz vor Castros Machtübernahme ein knappes Jahrzehnt später aber gab es bereits zwölf solcher Länder, und alle bewarben sich mit ihren Millionen Tonnen

Zucker auf dem Weltmarkt. Da lag Kuba immer noch halbwegs an der Spitze, obwohl es für den kapitalistischen Wettbewerb erstaunlich schlecht gerüstet war. Nach der »Revolution der Sergeanten« von 1933 und dem Bündnis zwischen dem Armeechef Batista und den Kommunisten war Kuba arbeits- und sozialrechtlich bald weiter fortgeschritten als die USA – was seine Wettbewerbsfähigkeit gegenüber anderen Entwicklungsländern nicht gerade erhöhte. Die Hafenarbeiter von Havanna – überwiegend Schwarze und Mulatten – bekamen die höchsten Löhne auf der Insel und trieben die Abfertigungskosten in den Docks auf ein Niveau, das den Handel mit Kuba zeitweise unrentabel machte. Wie in der Studentenschaft der Universität gab es auch in den Gewerkschaften das Problem des *gangsterismo.* Trotz kommunistischer Führung waren die Hafenarbeiter laut Hugh Thomas »rückständig, reaktionär und gesetzlos. Viele betrieben einen Nebenjob als Schmuggler, Zuhälter oder Strichjunge«. Der prominenteste Hafenarbeiterführer Aracelio Iglesias, der 1948 in einer Rauferei ermordet wurde, war zwar KP-Mitglied, aber gleichzeitig ein führender *Santero* des afrokubanischen Yoruba-Kultes.

Die Macht der Gewerkschaften hatte in den Jahren vor Fidel Castros Revolution die kubanische Konkurrenzfähigkeit auf dem Zucker-Weltmarkt beeinträchtigt, und Bestimmungen zum Vorteil der Arbeiter erwiesen sich als Nachteil für die Exportwirtschaft. Es waren vor allem die Kommunisten, die sich jahrzehntelang gegen die Mechanisierung und Rationalisierung der Zuckerproduktion gewehrt und die Erhaltung der Arbeitsplätze per Gesetz zum obersten Wirtschaftsprinzip erhoben hatten. Düngemittel und Insektenvertilger aus Flugzeugen auf die Felder zu streuen – wie in den USA üblich – war im vorrevolutionären Kuba verboten. (Erst in den sechziger Jahren tauchten die riesigen gelben

Antonow-Doppeldecker aus der Sowjetunion auf, die diese Arbeit übernahmen – nun von keiner Gewerkschaftsmacht mehr behindert.) Eine aus Louisiana stammende Erntemaschine, die in Camagüey und Oriente ausprobiert werden sollte, wurde in Batistas zweiter Präsidentschaft fünf Jahre lang im Hafen von Havanna festgehalten und schließlich unbenutzt nach New Orleans zurückexpediert. Die restriktiven Arbeitsgesetze führten dazu, dass schon Ende der vierziger Jahre ein großer Teil der amerikanischen Zuckermühlen in kubanischen Besitz übergegangen war. Nur die *United Fruit Company* hielt in Oriente, wo Fidel Castro aufgewachsen ist und von wo seine erste Braut stammte, an ihren sorgfältig gepflegten, den Neid der Nachbarschaft weckenden Enklaven fest.

Aber Ángel Castros Sohn Fidel, der potentielle Erbe der Hacienda Las Mañacas mit ihren Tausenden Hektar Plantagenland, hatte nach dem Sieg seiner Revolution kein Konzept für die Rolle des Zuckers in der kubanischen Wirtschaft entwickelt. Es genügt ja nicht, Zucker zu produzieren, er muss auch verkauft werden. Würde die Enteignung der neun größten Zuckermühlen im Lande, die noch der *United Fruit* und anderen US-Aktiengesellschaften gehörten, nicht eine negative Reaktion in Washington hervorrufen? 70 Prozent der Plantagenfläche und über 60 Prozent der Zuckerproduktion waren ja längst in kubanischen Händen – welchen Sinn machte es da, zu »nationalisieren«? Es war zudem voraussehbar, dass die Amerikaner ihren Zuckerbedarf nicht mehr aus einem Land decken würden, das im Handstreich US-Firmen ohne Entschädigung verstaatlichte. Präsident Kennedys Handelsembargo erfolgte nahezu automatisch, und die Russen hatten es wohl kommen sehen. Der Reiz, Kuba in einen strategischen Vorposten der Sowjetunion zu verwandeln, muss für den Kremlherrn Nikita Chruschtschow und seine

Nachfolger unwiderstehlich gewesen sein. Moskau erklärte sich bereit, jedes Jahr vier Fünftel der kubanischen Zuckerernte zu kaufen und mit Erdöllieferungen und anderen Gütern zu bezahlen. Mehr noch: Die Sowjetunion – der größte Rübenzucker-Produzent der Welt – forderte die Kubaner auf, ihre Produktion noch zu erhöhen, um sich sowjetische Importe leisten zu können. Selten dürfte eine Großmacht wegen strategischer und außenpolitischer Interessen so eklatant gegen die wirtschaftliche Vernunft verstoßen haben. Aber dem politischen Sugardaddy Sowjetunion, der seine karibische Geliebte bei Laune halten musste, war damals kein Preis zu hoch.

Also wurden die Zuckerrohrfelder von Fidel Castro zum Schlachtfeld erklärt. Hier »kämpften« nun »Brigaden« und »Bataillone« und »Freiwillige« für den Sieg des Sozialismus, der sich bis 1970 – dem »Jahr der Zehn-Millionen-Tonnen-Ernte« – zu einem noch nie da gewesenen Triumph, einer nationalen Apotheose hochschwingen sollte. »Ehrensache: Zehn Millionen Tonnen!«, verkündeten die Riesenbuchstaben an den langen Mauern. »Keinen Schritt zurück!«, tönte es aus dem Radio und den Straßenlautsprechern. »Die Ehre eines Revolutionärs ist nicht verhandelbar«, hieß es etwas kryptisch im gleichen Zusammenhang. Und, selbstverständlich: »Vaterland oder Tod, wir werden siegen!«

War diese ganze Anstrengung nicht absurd, nutzlos, unsinnig?, musste sich so mancher »internationale« – und tatsächlich freiwillige – Erntehelfer fragen, der sich der eigenen dürftigen Produktivität bewusst war. Und dabei waren zwei Drittel aller Erntehelfer kubanische Arbeitskräfte, deren Verwendung auf den Feldern zu Lasten anderer Wirtschaftszweige ging. Allein der Industrie in Havanna entstanden durch den Arbeitsausfall Verluste, die nach vorsichtiger Schätzung mindestens ein Viertel ihrer Jahresproduktivität ausmachte. Viele dieser (mehr oder weniger) Freiwilligen bezogen während des Ernteeinsatzes ihr normales Gehalt weiter, das den volkswirtschaftlichen Wert ihrer Feldarbeit oft um ein Mehrfaches übertraf. Die Elitebrigaden der Revolutionären Streitkräfte und der Kommunistischen Jugend konnten die dürftige Produktivität der Amateurschnitter nicht wettmachen.

All dies schien Fidel Castro mit verbissener Arbeitswut zu erfüllen – zumindest nach den filmisch meisterhaften Schwarz-Weiß-Bildern aus den Rohrfeldern in Oriente zu urteilen, die auf der Riesenleinwand der schönen alten Kinos von Havanna als Wochenschau gezeigt wurden. Das magere Ergebnis von 1969, dem »Jahr der entscheidenden Anstrengung«, hatte Castro zwar verbittert, aber er hatte wie immer eine Reihe plausibler Rechtfertigungen zur Hand. Wieder einmal hatte es an allen Ecken und Enden Kubas zur Unzeit geregnet beziehungsweise nicht geregnet, und der Wind war ungünstig gewesen, und die Sonne zu heiß. Die Zehn-Millionen-Tonnen-Ernte aber würde aller Welt beweisen, so Fidel, dass Kubas Produktivität im Sozialismus schneller anwuchs als zu der Zeit, da die Insel ein wirtschaftlicher Wurmfortsatz der Vereinigten Staaten gewesen sei. Diese hatten gerade von Kap Kennedy aus, kaum 400 Kilometer von Havanna entfernt, zwei Männer auf den Mond befördert, während der Staatschef Kubas sich mit der Machete durchs Zuckerrohr schlug.

Und der Triumph, die Apotheose? Die Maracas und die Bongotrommeln kündigten ihn schon rasselnd und dröhnend an, während die Menschenmassen auf der Plaza de la Revolución unübersehbar wurden – am Nationalfeiertag, am 26. Juli 1970, dem 17. Jahrestag des heroischen Überfalls auf die Moncada-Kaserne. Endlich erklang sie, die Stimme des Comandante, diese seltsam hohe und etwas brüchige Stimme des Riesen im Kampfanzug, die von den Lautsprecher-Batterien, von Rundfunk und Fernsehen bis in den letzten Winkel Kubas getragen wurde. *Compañeros …* Es wurde still auf dem gigantischen Revolutionsplatz und auf der ganzen Insel, und viele Kubaner schauten einander mit überraschten und besorgten Blicken an, als die langsam und präzise artikulierten Sätze in sie eindrangen. »Genossen, heute werden wir« – immer dieses »wir«! – »heute werden wir nicht auf die Erfolge und Errungenschaften der Revolution zurückblicken. Nein, heute werden wir über unsere Probleme und Schwierigkeiten sprechen; über unsere Rückschläge statt über unsere Siege …«

Sagte er nicht immer die Wahrheit? Ja, auch jetzt hatte er *los pantalones bien puestos*, hatte die Hosen stramm an und zeigte die mannhafte Courage, das Volk mit einer Niederlage zu konfrontieren. »Natürlich hat der Feind viel hergemacht aus dem Umstand, dass die Ernte der Zehn Millionen größere Probleme aufwerfen würde. Und es war unsere Pflicht, unser Land vor diesen Problemen zu bewahren.« Nun war es klar, dass Fidel etwas Bitteres verkünden würde, und er tat es, mannhaft, wie man es von ihm erwarten durfte: »Am Ende waren wir nicht in der Lage, das Land vor diesen Problemen zu bewahren …« Dann legte er los, dann schwang er den erhobenen Arm und den ausgestreckten Zeigefinger wie ein Lasso über seiner grünen Kämpfermütze. »Unsere Feinde sagen, wir steckten in Schwierigkeiten. Und unsere Feinde haben diesmal recht! Sie sagen, es herrsche Unzufriedenheit im Volk, und unsere Feinde haben recht! Wie ihr sehen könnt, haben wir keine Angst davor, es zuzugeben, wenn unsere Feinde einmal recht haben!«

Und langsam, nach und nach, hat Fidel den Spieß dann umgedreht. »Um es ganz klar zu machen, ist die Meinung unserer Feinde uns völlig schnurz!« – worauf der Enthusiasmus auf dem Revolutionsplatz, der röhrende Beifall der Massen hochbrandete wie nach einer Siegesmeldung. Und aus dem Eingeständnis der Niederlage erwuchs in allen nun ein trotziger Stolz, der – so wollte es scheinen – es dem Redner ermöglichen würde, noch etwas weiterzugehen, bis hin zur Selbstkritik. »In diesem Ringen kommt dem Einzelnen eine fundamentale Verantwortung zu – jenen Männern, die in der Revolution Führungsrollen übernommen haben.« Noch eine Pause, noch etwas mehr Spannung in der schweigenden Masse – bis der Comandante seine Rhetorik auf den Punkt bringt: »Wir wollen hinweisen auf unser aller Verantwortung für diese Probleme. Und auf meine eigene Verantwortung ganz besonders. Leider kann diese Selbstkritik nicht gleich von Lösungsvorschlägen begleitet werden. Es wäre wohl besser, der Nation zu sagen: Findet einen anderen! Oder besser noch: Findet mehrere andere!« In die tödliche Stille hinein riefen dann vereinzelte Stimmen beinahe verzweifelt ihr schrilles: »Nein! Nein!« Und sogleich wuchs der Chor der Nein-Stimmen übermächtig an, um schließlich in ein rhythmisches »Fi-del! Fi-del!« zu münden, das kein Ende nahm. Nun blieb wohl kein Zweifel mehr an jener plebiszitären Zustimmung des Volkes, die Wahlen und sonstige demokratische Prozeduren auf Kuba überflüssig machte.

Ach, es waren also doch keine zehn Millionen Tonnen geworden. Es waren auch keine neun Millionen und keine acht Millionen geworden, und ob es tatsächlich sieben wurden, wie es später hieß, war nun ohne Bedeutung. Jorge Edwards, ein junger Diplomat und Schriftsteller aus Chile, hat kurz darauf – und weit nach Mitternacht – auf der breiten Landstraße eine aus Havanna kommende, gespenstische Prozession beobachtet. Um wie viele Tausende von Menschen es sich handelte, konnte er kaum abschätzen, aber die nächtliche Prozession wollte kein Ende nehmen, sie war – ohne eine

Unterbrechung – viele Kilometer lang, und viele Teilnehmer humpelten nur noch, während andere ihre Kinder auf den Schultern trugen. Es handelte sich, wie Edwards bald darauf von kubanischen Informanten erfuhr, um ein religiöses Phänomen: die Wiederauferstehung eines schon tot geglaubten afro-kubanischen Kults um den heiligen Lazarus – einen Kult, der spätestens seit 1962 aus dem Alltag des Landes verschwunden war.

Warum Lazarus, und warum dieses neue Aufflammen des Animismus der einstigen schwarzen Sklaven – eines Geisterglaubens, der fast ein Jahrzehnt lang von der Begeisterung für die Revolution verdrängt worden war? In seinen kubanischen Erinnerungen – *Persona non grata* (London, 1973) – zitiert Jorge Edwards einen seiner Freunde: »Du kannst dir das nicht vorstellen! Niemand hat auch nur davon geträumt, die Regierung für das Scheitern der Zehn-Millionen-Tonnen-Ernte verantwortlich zu machen. Im Gegenteil, es gab an dem Tag eine gewaltige Identifikation zwischen dem Volk und Fidel. Jeder Kubaner empfand das Scheitern der Ernte ganz persönlich. Du konntest das auf der Straße erkennen, die Leute weinten.« Eine zwei Jahre anhaltende, ohne Unterlass trommelnde Kampagne, die Fidel der Ernte vorangehen ließ, hatte ihr eine mythische Dimension verliehen, hatte traumhafte Erwartungen geweckt: Die Menschen meinten, dank der zehn Millionen Tonnen Zucker würde die Rationierung der Lebensmittel eingestellt und würden auch viele andere im Alltag von ihnen erforderten Opfer aufhören.

Nach Fidels »selbstkritischer« Rede aber war diese Fata Morgana verdunstet, und die wirtschaftliche Ratio zwang das Regime, von jedem einzelnen Kubaner jetzt noch größere revolutionäre Opfer zu verlangen: Den Gürtel enger schnallen mit Che. In die Leere, die durch diese Enttäuschung entstanden war, sprangen die Babalaos mit ihrem Lazarus-Kult, der auf ganz Kuba eine Renaissance des Geisterglaubens einleitete. Die alten Götter mussten beschworen werden, nachdem der neue sich nicht als Glücksbringer erwiesen hatte.

Fortan herrschte Zuckerdämmerung. Die Blase war geplatzt, und während der nächsten 40 Jahre spielten die Zuckerernten auf Kuba keine Hauptrolle mehr, weder wirtschaftlich noch psychologisch. Zu Batistas Zeiten war die Insel noch der stolze Weltmeister gewesen, die Nummer eins auf dem Weltzuckermarkt. Nach 1970 aber ging die Produktion ständig zurück, und mittlerweile gehört das Land nicht einmal mehr zu den ersten zehn auf der Welt. Was insofern auch nicht mehr nötig ist, als es die Sowjetunion, Kubas treuen Abnehmer und Weihnachtsmann, schon seit geraumer Zeit auch nicht mehr gibt.

CHE UND ÜBER-CHE

Damals ging ein Bild um die Welt, das junge Menschen auf rätselhafte Weise zu befeuern schien, ihren Protest auf die Straße zu tragen. Es wurde zur Ikone, die über den Köpfen von Hunderttausenden schwebte. Über 40 Jahre ist das her, einer Generation mittlerweile betagter Europäer aber unvergesslich. Der Schriftsteller Carl Amery, ein linker Katholik, erblickte auf dem Bild »unter dem schwarzen Barett das bleiche Haupt des Nazareners«.

Über 30 Jahre später ging ein Hemd um die Welt – vorwiegend die islamische Welt –, und der Aufdruck des T-Shirts zeigte abermals einen Bärtigen, der seine Anhänger zu religiös anmutendem Personenkult, wildem Straßenaktivismus und grenzüberschreitendem Befreiungskampf inspirierte. Damals drängte sich die Frage auf: Könnte aus Osama bin Laden eine internationale Kultfigur werden, ein Che Guevara des 21. Jahrhunderts? Kein kleiner Guerillero mehr, sondern ein diabolischer Über-Che, der mit den gekidnappten Errungenschaften der westlichen Hochtechnologie auf das Abendland einschlägt? Würden die »Speerspitzen des Islam« (eine Metapher bin Ladens), die sich in die Türme des World Trade Center bohrten, neue Vergeltungs- und Vernichtungsphantasien unter den »Verdammten dieser Erde« entfachen?

Blütenweiß waren die Gewänder des hochgewachsenen, selbstverliebten Heilands der Berghöhlen, weich und fließend die Gebärden seiner schlanken Hände, sinnlich die Lippen, die den Hass verströmten. Prophetenhaft wirkte sein wallender Bart, sanft und melodisch klang seine Stimme, und die Gebrechlichkeit seines Körpers gab ihm eine eigentümliche Würde. Mit Che Guevara hatte Osama bin Laden kaum Ähnlichkeit. Veteranen der Weisheitssuche erinnerten die Videoauftritte des Dschihad-Apostels eher an Bhagwan Shree Rajshneesh, später Osho genannt – den hedonistischen Sexguru von Poona, der Tausende westlicher Jünger, darunter auffallend viele Deutsche, geistig zu unterwerfen und finanziell zu rupfen verstand.

Konnte aus diesem Arabisch und etwas Paschtu sprechenden Gewalt-Charismatiker tatsächlich die neue Leitgestalt des Anti-Imperialismus werden? Einer, der nicht nur die fäusteschüttelnden Radikal-Islamisten auf den Straßen von Quetta und Peschawar mobilisierte, nicht nur die »lebenden Bomben« im Irak und in Afghanistan spirituell zu ihrem letzten Gang geleitete? Als die Zwillingstürme von Manhattan einstürzten, wurden Freudentänze nicht nur in Palästina aufgeführt. Auch unter Linksnationalisten in Buenos Aires oder Caracas blieb die Befriedigung nicht klammheimlich. Die ganze islamische Welt zwischen Tanger und den Philippinen, so wurde schon befürchtet, mochte vom Zerstörungsfieber dieser messianischen Gestalt angesteckt werden – und nicht-muslimische Globalisierungsfeinde und Amerika-Hasser in der weiten Dritten Welt dazu.

Ein Jahrzehnt später sieht es überhaupt nicht mehr danach aus. Die Tötung Osama bin Ladens in seinem banalen dreistöckigen Hauptquartier in Abbottabad, wo er unter der Protektion des pakistanischen Geheimdienstes mit seinem Harem hauste, hat aus ihm keinen Märtyrer wie Che Guevara werden lassen. *Trigger-happy* hat eine Elite-Einheit der US-Streitkräfte ihn niedergestreckt – im oder wie im Kampf –, ohne den ausdrücklichen Vorgang einer Hinrichtung. Er wurde auch nicht entblößt und gereinigt und frisiert für zahllose Fototermine wie 1967 der präparierte Che im Waschhaus von Vallegrande. Osama bin Ladens Leichnam ist umgehend ausgeflogen, auf ein Schiff der US-Kriegsmarine geladen, in einen metallbeschwerten Sack gesteckt und unter Verlesung muslimischer Gebete tief im Indischen Ozean versenkt worden.

Neptune's Spear war die Operation von ihren Urhebern getauft worden – mit Pentagon-Humor und vielleicht in Anlehnung an bin Ladens »Speerspitzen des Islam«. Keine Spuren blieben übrig, keine Devotionalien; es stehen auch keine abgeschnittenen Hände, echte oder falsche Gebeine für Mausoleen oder Gedenkstätten zur Verfügung. Nahezu alle Regierungen der Welt und die meisten islamischen Organisationen begrüßten die kursorische Erschießung des Terroristen. Nur das entlarvte Pakistan, die palästinensische Hamas und der Sudan verurteilten die Aktion – wie auch, fast schon eine Kuriosität, drei lateinamerikanische Republiken: Chávez' Venezuela, dessen Trabant Ecuador und Castros Kuba. Der greise Fidel ließ es sich nicht nehmen, Barack Obama für die »abscheuliche Tat« persönlich zu geißeln.

Neben der Barttracht gab es noch eine Äußerlichkeit, einen Fetisch, den der geborene Saudi-Araber Osama bin Laden mit dem geborenen Argentinier Ernesto Guevara gemein hatte: die schicke, weithin sichtbare Armbanduhr. Ein halbes Jahrhundert zuvor war es Fidel Castro gewesen, der das Modell seiner Sporttaucher-Uhr als Erkennungsmarke und Faustpfand unter den Treuesten der Getreuen verteilt hatte – einen revolutionären Männerorden der Rolex-Träger schaffend, der heute noch in Kubas Offizierskorps weiterlebt. Auf Pünktlichkeit kam es in der Karibik weniger an.

Der Katholik Carl Amery war nicht der Einzige, der sich durch das Bildnis des *Heroischen Guerillero* – heute Che

Guevaras offizieller Titel auf Kuba – an Jesus von Nazareth erinnert fühlte. Gewalttäter mit idealistisch anmutender Motivation sind nicht einfach nur Helden; sie nehmen in der Vorstellungswelt ihrer Bewunderer auch die Züge des Heiligen oder Erlösers, im Todesfall des Märtyrers an. Pose und Habitus gehören zu ihren wirksamsten Waffen; damit weben sie an der eigenen Legende, die alle Glaubensbereiten oder Glaubenssüchtigen in ihren Bann zieht – auch und besonders über den Tod hinaus. Wie Fidel Castro hatten Che Guevara und bin Laden gerne Fotografen in ihrer Nähe: Bildregie führten sie selbst – und wurden so Gestalter ihrer eigenen Ikonographie.

»Ein Held, und besonders ein Märtyrer, muss vor allem fotogen sein«, dekretierte im Londoner Exil der Schriftsteller Guillermo Cabrera Infante, der als junger Journalist noch mit Fidel und Che zusammengearbeitet hatte. Was aber, wenn die Helden nicht heldenhaft aussehen? Wenn sie ein Durchschnittsgesicht haben, das man gleich wieder vergisst? Der »Subcomandante Marcos«, vor einem Jahrzehnt noch weltbekannter Guerillero und medienwirksamer Globalisierungsfeind im südmexikanischen Chiapas, hat sein Problem genial gelöst: mit einer schwarzen Wollmaske, die er auch seinen indianischen Mitkämpfern aufzwang.

Marcos hat dieses Requisit – wie seinen klangvollen *nom de guerre* – ohne Unterlass getragen, obwohl der Regierung und den Medien sein wirklicher Name und sein wahres Gesicht durchaus geläufig waren. Aber als Rafael Guillén, Sohn eines Möbelfabrikanten in der Provinz und ganz ohne nazarenische Gesichtszüge, wäre der Subcomandante ein Niemand geblieben. Die Medien spielten sein Spiel mit, sie nannten ihn – und bildeten ihn ab –, wie es ihm gefiel. Auf die Fotos vor allem kam es ihm an: mit schwarzer Maske und qualmender Pfeife, hoch zu Esel oder mit einem Papagei auf der Schulter. Als Mittfünfziger ist Rafael Guillén in Mexiko bedeutungslos geworden, als Subcomandante Marcos aber blieb er wenigstens unvergessen.

Einen ähnlichen Drang zum Bild hatte Ernesto Guevara de la Serna schon in Argentinien entwickelt, lange bevor er der Che wurde. Der grimmig nachdenkende Student, auf einem Balkon ausgestreckt, die Hände unterm Nacken. Der tollkühne Gymnasiast, auf einer Rohrleitung über einer Schlucht balancierend. Der Mediziner auf dem Gruppenbild in der Anatomie, vor einem nackten Leichnam unverschämt grinsend. Che beim Rugby-Spiel, Bergsteigen, Motorradfahren, Segelfliegen: die *personality show* eines geborenen Poseurs, der in der Not auch einmal die Seiten wechselte und sich in Ciudad de México als Straßenfotograf durchschlug. Bald darauf durfte der Arzt und Guerillero in Kubas Sierra Maestra seine bildwirksame Nonchalance als Pfeifen- und Zigarrenraucher und Mate-Schlürfer vorführen, die Waffe dekorativ in Griffnähe. Und nach dem Sieg der Revolution stand er, fast gleichauf mit Fidel, sowieso immer im Visier der feinsten Leicas und Hasselblads.

Selbst auf seiner geheimen Mission im Kongo, die schiefgegangen ist, musste Che einen Fotografen dabeihaben. Und wo das partout nicht mehr möglich war – im Hotel in Bolivien, wo er sich 1966 als uruguayischer Soziologe »Adolfo Mena González« mit Halbglatze, grauem Haar, dicker Brille und Zahnprothese registrieren ließ –, knipste er sich selber noch einmal vor dem Spiegel. Keine Episode seiner Epopöe – oder seines Opferganges – durfte unbebildert bleiben. Am liebsten ließ er sich mit entblößtem Oberkörper abbilden, sogar für den *Playboy*. Unbewusst taten Boliviens Militärs noch dem Ermordeten einen Gefallen, als sie ihm vor der Aufbahrung das Hemd abnahmen. Anders als bei Fidel, waren seine Hüften nie durch Fettwülste entstellt. Und im Tod hat Che noch an Ausstrahlung gewonnen: Seine Augen waren geöffnet, blickten in weite Ferne; ein mattes, nachsichtiges Lächeln umspielte die Lippen des Leichnams.

Haben ihn also die Amerikaner – *The Empire Strikes Back* – zur Strecke gebracht? Wie aus Ches Tagebuch hervorgeht, hatte er im April 1967 damit gerechnet, dass »die Nordamerikaner hier stark eingreifen werden und bereits Hubschrauber und Green Berets entsenden«. Er hatte es wohl sogar gehofft, denn in seiner Logik würde das Eingreifen des Imperiums jenen Hass und Widerstandsgeist unter den bolivianischen Bauern erzeugen, die er bis dahin so schmerzlich vermisste. Aber das Pentagon hat dem Regime des Generals René Barrientos die Anwesenheit einer Che-Armee nicht richtig glauben wollen, es hat ihm weder Bombenflugzeuge noch Schützenpanzer zur Verfügung gestellt. Nur ein paar Ausbilder und exilkubanische CIA-Agenten wurden nach Bolivien entsandt; Letztere haben denn auch bald die Anwesenheit Guevaras bestätigt, schließlich mit dem Gefangenen gesprochen. Der Beschluss zur Erschießung wurde von Präsident Barrientos und einem Kollektiv bolivianischer Generäle getroffen; die Regierung Präsident Lyndon B. Johnsons hätte ihn lieber in die US-Kanalzone in Panama ausgeflogen und ihm dort einen Schauprozess bereitet. Mit der apokalyptischen Rhetorik seiner letzten Botschaften hätte Che dort vermutlich keine so gute Figur gemacht. Das Charisma wäre abgeblättert.

Unendlich stärker und gefährlicher als der Guerillatrupp des Che Guevara wurde – an die 20 Jahre später – eine andere Gewaltsekte mit kommunistischem Programm: der *Leuchtende Pfad* in Boliviens Nachbarland Peru. Bis zu 25 000 Krieger rekrutierte die Terror-Organisation des durchgeknallten Philosophie-Professors Abimael Guzmán, der sich in schönem Größenwahn das »vierte Schwert des Marxismus« nannte (nach Lenin, Stalin und Mao). Der »Leuchtende Pfad« unterwarf sich ganze Massen Quechua sprechender Indios auf der peruanischen Hochebene und in den Slums der Großstädte – mit einem mörderischen Fanatismus, der an die Methoden der kambodschanischen Khmer Rouge erinnerte. Mehrmals sah es so aus, als könnten die bombenden Berserker dieses Über-Che den Staat und seine Streitkräfte lahmlegen. Doch unter dem Regime des gewählten Diktators Alberto Fujimori wurde Abimael Guzmán schließlich im feinsten Villenviertel von Lima aufgespürt und verhaftet. Vor allem: er wurde in eine klassische Sträflingskluft mit breiten schwarzen und weißen Streifen gesteckt und den Medien in einem Gitterkäfig vorgeführt. Dort machte der korpulente Revolutionär zeternd und fäusteschüttelnd eine komische Figur. Abimael Guzmán lebt zwar noch, hat im Gefängnis sogar geheiratet, ist aber viel toter als Che Guevara.

Es war Giangiàcomo Feltrinelli, Europas erfolgreichster Verleger, der das Ikonenbild des Che geschaffen hat – Amerys »Nazarener«. Zu Besuch in Havanna und nach einem ausgiebigen Interview mit Fidel Castro fischte Feltrinelli aus einem Bilderstapel des Modefotografen Korda einen trotzig schönen Che heraus. Mit ihrem Gespür für Design veredelten (oder verkitschten) die Italiener das Antlitz zu einer revolutionären Devotionalie. Die ging 1968 im Triumph um die Welt und ziert heute noch die T-Shirts von Millionen, universal verbreitet wie sonst wohl nur Walt Disneys Mickimaus. Offenkundig aber verliebte Feltrinelli sich in seine eigene Kreation. Und wollte wohl immer noch Abbitte leisten für die Verehrung, die er als junger Mensch für Benito Mussolini empfunden hatte – den Duce, der zuletzt am Gardasee in der Villa seiner Eltern residierte. Wie anders wäre zu begreifen, dass dieser Multimillionär, Erbe riesiger Wälder in Kärnten und unendlicher Rinderherden in Brasilien, sich mitten im Wohlleben Italiens aktiv der Weltrevolution verschrieb, sich den terroristischen Roten Brigaden mit seinen eigenen »Gruppen für Partisanen-Aktion« (GAP) zugesellte? »He's lost«, notierte seine deutsche Frau Inge damals resigniert in ihrem Tagebuch.

Man könnte behaupten, Feltrinelli sei an einer Überdosis Che Guevara gestorben. »In jedem Winkel Italiens schlummert ein kleines Vietnam«, phantasierte er, inspiriert von der Kampfparole des Che, »zwei, drei, viele Vietnam« zu schaffen, »mit ihrem Sog von Blut und von Tod«, um das US-Imperium in die Knie zu zwingen. Ein kleiner Hund entdeckte den zerfetzten Leichnam Giangiàcomo Feltrinellis am 14. März 1972 in der Umgebung von Mailand unter einem Hochspannungsmasten. Den hatte der große Verleger und paranoid gewordene Terroristen-Sponsor eigenhändig in die Luft sprengen wollen.

Die Anfälligkeit vieler Intellektueller für gewalttätige Übermenschen und Führergestalten – eher befremdlich nur ein Jahrzehnt nach Hitlers Untergang und so kurz nach Stalins Tod – wird am Beispiel Jean-Paul Sartres und Simone de Beauvoirs evident. Letztere hatte mit ihrer China-Reise 1955 und dem Essay »Der lange Marsch« schon den späteren Mao-Kult von Teilen der europäischen Linken vorweggenommen, und als das Paar 1960 nach Kuba reiste und von Fidel Castro ausgiebig umworben wurde, ernannte der Philosoph den lebenden Che Guevara zum »vollkommensten Menschen der Epoche«. Nach dem damaligen Stand der Dinge zu urteilen, wäre das also einer, der mit dem Sturmgewehr aus dem Gebirge kommt und Präsident der Zentralbank wird.

Als der Che 17 Jahre später in Bolivien gefangen genommen und ohne Prozess erschossen wurde, waren westliche

Intellektuelle erschüttert: »Ich sitze in meinem Büro, umringt von Büchern, im falschen Frieden und falschen Wohlstand Europas; ich nehme mir einige Minuten Zeit, um ohne Risiko über den Mann zu schreiben, der alles riskierte.« So melancholisch wie Italo Calvino ging auch der Uruguayer Mario Benedetti mit sich ins Gericht: »Es ist schändlich, auf Bilder, Sessel, Teppiche zu blicken …« Der Dramatiker Peter Weiss hingegen schlug sich mit der Flagellantenpeitsche auf den nackten Rücken: »Sind wir mitschuldig an diesem Tod? Sind wir die Verräter?« Und er fragte, ein deutscher Schriftsteller: »Haben wir es vermieden, Stellung zu nehmen?«

Nur, der irritierende Fakt jener Zeit war doch eher: Statt geknechteter bolivianischer Bauern hinter Maschinengewehren gingen freie europäische Schriftsteller hinter ihren Schreibmaschinen in Stellung. Die Guerillarevolution, die als Flächenbrand die Dritte Welt erfassen sollte, erwies sich als Rohrkrepierer. Die Indios, die Che durch sein Beispiel und seinen Opfergang aufrütteln und revolutionieren wollte, blieben in seinen Worten »stumpf wie Steine«.

Das konnte von den Adressaten, an die Osama bin Laden sich 35 Jahre später wandte, nicht gesagt werden. Sein Aufruf war dem des Che durchaus verwandt. »Es ist die Pflicht jeden Revolutionärs, die Revolution zu machen«, lautete die tautologische Parole Guevaras. Nicht weniger kategorisch, doch wesentlich erfolgreicher verkündeten die muslimischen Fundamentalisten, die für bin Ladens Al Qaida Rekrutierungsarbeit leisteten: »Der Heilige Krieg ist für jeden Muslim Pflicht, und für jeden muslimischen Mann ab dem 15. Lebensjahr ist der Dienst an der Waffe Gebot.« Wie der einstige iranische Volksmudschahedin Masoud Banisadr heute an westlichen Universitäten lehrt, sind Terror-Organisationen wie Al Qaida, gewaltbereite Extremisten in Europa und Lateinamerika oder Guerillaverbände nach dem Handbuch des Che Guevara am ehesten mit kultischen Sekten zu vergleichen: Ihre Mitglieder werden indoktriniert, sie bilden abgekapselte Gemeinschaften, huldigen ihren Märtyrern und gehorchen einer charismatischen Führerfigur. Schon die »Bewegung des 26. Juli«, die 1953 unter der Leitung Fidel Castros aus dem Überfall auf die Moncada-Kaserne hervorging, hatte diesen Sektencharakter.

Osama und Che huldigten nicht dem gleichen Gott, doch sie bekämpften denselben Satan. Gegen den Imperialismus, verkörpert von den Amerikanern und ihren Lakaien, war alles erlaubt – und die Selbstaufopferung, die vom Einzelnen erwartet wurde, konnte auch von einer ganzen Nation verlangt werden. Ob im Namen aller unterdrückten Völker oder in einem der 99 Namen Allahs – apokalyptische Lösungen waren beiden Visionären sympathisch. Wenngleich Che als Praktikant des Guerillakriegs eigentlich in kleinem Maßstab denken musste, hoffte er doch, aus seinem winzigen »Focus« in Bolivien ein weltweites Feuer zu entfachen, das die Machtverhältnisse auf dem Globus umwälzen würde.

Schon in den Briefen, die der trampende Ernesto in den fünfziger Jahren an seine Mutter schrieb, spielte der Gedanke an die Möglichkeit eines Atomkriegs eine Rolle. Das war für einen Argentinier, der geographisch »weit vom Schuss« aufgewachsen war, eher ungewöhnlich. Doch Guevara hatte in Guatemala 1954 den Eingriff der CIA gegen eine linksgerichtete Regierung miterlebt und meinte, Washington könnte in Mittelamerika bald »neue Koreas« vorbereiten. Da er die amerikanische Arbeiterklasse als korrumpierten Komplizen des Imperialismus ansah, müsse ein Befreiungskrieg »gegen das gesamte Volk der USA« geführt werden. Das mochten Phantasien eines »kleinen umherziehenden Propheten des Jüngsten Gerichts« gewesen sein, als den sich der mittellose Tramp Guevara gegenüber der Mutter selbstironisch bezeichnete. Aber, wie sein Biograph Gerd Koenen ausführt: Nur sechs Jahre später war es derselbe Guevara, der während seines ersten Moskau-Besuchs im Oktober 1960 gegenüber Nikita Chruschtschow die Idee einer Atomraketenstationierung auf Kuba aufs Tapet gebracht hat.

Dass der Kremlherr von genau dieser strategischen Versuchung besessen war, als er in plötzlicher Spendierlaune den Kauf großer Mengen kubanischen Zuckers genehmigte, müsste dem Che eigentlich in den Sinn gekommen sein. Und auch Fidel hätte sich das Eigeninteresse der Sowjetführung ausmalen können, bevor er sich selber für die Raketen-Idee begeisterte. Oder meinte der junge Comandante allen Ernstes, dass die Stationierung von weitreichenden Raketen mit Atomsprengköpfen 60 Meilen vor der Küste Floridas keinem höheren Zweck dienen sollte, als »die kubanische Revolution zu verteidigen« – also die Amerikaner von einer Invasion der Insel abzuschrecken?

Wie Fjodor Burlatsky, ein ehemaliger Berater und Redenschreiber verschiedener Kremlherren, 1992 in der *New York Times* berichtete, ist er im Büro des KGB-Chefs Juri Andropow auf ein alarmierendes Telegramm Fidel Castros an Chruschtschow gestoßen. Das war, nachdem die Raketen von den Amerikanern entdeckt und fotografiert worden waren und der Sicherheitsrat der Vereinten Nationen von ihrer Stationierung Kenntnis bekommen hatte. Für den Fall, dass die US-Truppen nun versuchen sollten, in kubanisches Hoheitsgebiet einzudringen – so kabelte Castro –, »schlage ich einen sofortigen nuklearen Angriff auf die Vereinigten Staaten vor«. Wohl um die Ernsthaftigkeit seines Anliegens zu bekräftigen, fügte er hinzu: »Das kubanische Volk ist bereit, sich für die Sache der Zerstörung des Imperialismus und den Sieg der Weltrevolution zu opfern.« Vermutlich schon beim Empfang dieser frohen Botschaft dürfte Nikita Sergejewitsch Chruschtschow begriffen haben, dass er zu weit gegangen war und dass seine Raketen und Atomsprengköpfe unmöglich auf Kuba bleiben konnten.

Eine Elitetruppe von 42 000 Mann hatte er auf die Insel entsandt, um den Bau von 24 Rampen für Mittelstrecken- und 16 für Interkontinentalraketen abzusichern, 42 MiG-Abfangjäger und 42 Iljuschin-28-Bomber hätten diesen gewaltigen Stützpunkt verteidigen sollen – aber als Präsident John F. Kennedy eine Seeblockade verhängte und keine Raketen mehr durchließ, war Chruschtschow im Grunde schon zum Rückzug bereit. Sein Versuch, der Sowjetunion eine Erpressungsposition im Raketenschach zu verschaffen, war danebengegangen. Einige Wochen nach der Oktoberkrise dürfte der Kremlherr sich in seinem Rückzugsbeschluss bestätigt gefühlt haben – als die BBC den Ausspruch Che Guevaras kolportierte: »Wären die Raketen hiergeblieben, hätten wir sie zu unserer Verteidigung alle eingesetzt und sie direkt auf das Herz der USA gerichtet, sogar auf New York.«

In den frühen Jahren der kubanischen Revolution gab es europäische und lateinamerikanische Intellektuelle, die eines an Fidel Castro bedauerlich fanden: dass ihm für seine Revolution kein größeres und bedeutenderes Land als ausgerechnet Kuba zur Verfügung stand. Für einen Staatsmann solchen Kalibers, so ihr Gedankengang, sei diese liederliche Karibik-Insel doch eine dürftige Basis … Sie hätten in Havanna sein sollen, als dem Staatsmann Fidel Castro die Einigung zwischen Kennedy und Chruschtschow – über seinen Kopf hinweg – klar geworden war und als die Schiffe mit den Raketen wieder Kurs aufs Schwarze Meer nehmen mussten. Da ließ der wutschnaubende Macho-Comandante eine Massenversammlung vor der Universität zusammentrommeln, auf der er der Kremlführung vorwarf, keine *cojones* zu haben – keine Männlichkeit zwischen den Beinen. Dem

Niveau dieses Vorwurfs entsprach die von den Claqueuren des Regimes ausgegebene Parole: »*Nikita, mariquita! Lo que se da no se quita!*« (»Nikita, du Schwuchtel! Was man hergibt, nimmt man nicht zurück!«)

Che Guevara schrieb in den Tagen der Raketenkrise einen Aufsatz für die Armeezeitschrift *Verde Olivo* (*Olivgrün*), in welchem er die Gefahr eines Atomkriegs mit der Nonchalance des Berufsrevolutionärs in Kauf nahm: »Wir müssen auf dem Pfad der Befreiung voranschreiten, auch wenn das Millionen atomarer Opfer kosten sollte. Ohne Furcht sieht das kubanische Volk einer Hekatombe entgegen, die endgültige Erlösung bedeutet.« In Wahrheit hatten die Kubaner – von einigen Militäreinheiten womöglich abgesehen – keine Ahnung von jener Todesbereitschaft, die Che ihnen so großzügig attestierte. Bald darauf, in einem Aufsatz über »Taktik und Strategie der lateinamerikanischen Revolution«, rühmte er an seinem Gastland »das erregende Beispiel eines Volkes, das bereit war, sich im nuklearen Krieg aufzuopfern, damit seine Asche als Fundament für eine neue Gesellschaft dienen könne«.

Fidel Castro ist ein zu vielschichtiger, ambivalenter, auch im positiven Sinne »zwielichtiger« Charakter, als dass ihm eine solch irrwitzige Dauerüberzeugung unterstellt werden sollte. Aber eine Zeitlang muss auch er – oder ein Stück von ihm – von der messianisch-apokalyptischen Variante des Heldentums à la Guevara durchdrungen gewesen sein. Noch drei Jahre später – am 3. Oktober 1965 – hat Fidel auf dem »Gründungskongress der Kommunistischen Partei Kubas« (nur ein neuer Name – vorher hieß sie anders) den Abschiedsbrief Che Guevaras vorgelesen, in welchem dieser schwärmerisch auf die Zeit der höchsten Gefahr zurückkam: »Seite an Seite mit Dir habe ich während der leuchtenden und doch traurigen Tage der karibischen Krise den Stolz empfunden, diesem Volk anzugehören. Nicht oft hat ein Staatsmann so glanzvoll gehandelt wie Du in jenen Tagen, und ich bin stolz darauf, Dir ohne Zögern gefolgt zu sein …«

Das dürfte auf dem Parteikongress, immerhin drei Jahre nach der Oktoberkrise, schon etwas kryptisch geklungen haben. Hugh Thomas nimmt an, Che habe damit noch einmal auf die damalige Bereitschaft Fidel Castros hinweisen wollen, bis zum Äußersten zu gehen und im Dienst der Weltrevolution die »Hekatombe«, die Auslöschung des eigenen Volkes zu riskieren. Wenn man jene Sprüche von Fidel und Che beim Wort nimmt, war selbst Mao Zedong seinem Volk gegenüber etwas rücksichtsvoller als die Revolutionäre von Havanna: der Große Steuermann prahlte damit, dass Chinas Führung einen weltweiten Atomkrieg weniger zu fürchten brauche als irgendeine andere Regierung auf dem Planeten – weil nach dem großen Knall immer noch genug Chinesen übrig bleiben würden, um ihren Fortbestand als Volk zu garantieren. (Und den der Menschheit gleich mit.)

Der Abschiedsbrief des Che Guevara hatte es überhaupt in sich. Er war in erster Linie eine Huldigungsadresse an Fidel, mit einem teilweise servilen, fast schon an die »Selbstkritiken« der Stalin-Ära erinnernden Tonfall:

> *»Mein einziger Fehler von einiger Schwere ist es gewesen, Dir vom Anfang in der Sierra Maestra an nicht noch mehr vertraut – und Deine Vorzüge als Führer und Revolutionär nicht schnell genug erkannt zu haben … Andere Gegenden der Welt verlangen nun die Unterstützung meiner bescheidenen Kräfte. Ich kann tun, was Dir wegen Deiner Verantwortung für Kuba versagt ist, und die Stunde unserer Trennung ist gekommen … Auf die neuen Schlachtfelder werde ich den Glauben tragen, den Du mir eingegeben hast … Wenn für mich unter einem*

anderen Himmel die letzte Stunde schlägt, wird mein letzter Gedanke diesem Volk und besonders Dir gelten. Ich danke Dir für Deine Lehre und Dein Vorbild, dem ich bis zu den letzten Konsequenzen meiner Handlungen treu zu sein versuchen werde …«

Das ist nicht die Sprache des früheren Che, in der immer eine gewisse Saloppheit, ein Rest von Distanz und Selbstironie mitschwang. Die Zugeständnisse an den kubanischen Personenkult – an den bereits ganz auf Fidel Castro zugeschnittenen Führerstaat – sind allzu offenkundig. Der damals 39-jährige Fidel hat diesen Text auf dem Parteikongress natürlich selbst vorgetragen – mit jener hochdramatischen Emphase, die er zum Auslösen von Beifallsorkanen einzusetzen wusste. Es war ihm offenbar gar nicht peinlich, vor großem Publikum die Lobeshymne des Freundes auf seine eigene Person zu rezitieren.

Guevara hielt sich zu diesem Zeitpunkt – Oktober 1965 – noch im Kongo auf, wo schon abzusehen war, dass es im dortigen Bürgerkrieg, an der Seite des späteren Präsidenten Laurent Kabila, für ihn und seinen kubanischen Trupp keine Zukunft gab. Kabila sei »kein seriöser Revolutionär«, befand Guevara damals – in diesem Punkt klarsichtig genug. Mit eiserner Disziplin hatte er eine »Kubanisierung des kongolesischen Krieges« erzielen wollen; stattdessen drohte nun – wie er in seinem Rechenschaftsbericht schrieb – die »Kongolisierung« seiner aus Kuba angereisten und wegen ihrer schwarzen Hautfarbe ausgewählten Mitkämpfer.

Aber dass Fidel zu diesem Zeitpunkt seinen Abschiedsbrief publik gemacht, ihn öffentlich vorgetragen hatte, ohne ihn benachrichtigt, ohne sein Einverständnis eingeholt zu haben – das war für Che, wie aus seinen Aufzeichnungen hervorgeht, seelisch niederschmetternd. Es bedeutete, dass sein

Abschied von Kuba jetzt offiziell und damit endgültig geworden war und dass ihm eine Rückkehr in die Revolutionsführung verwehrt bleiben musste. Nur noch heimlich würde er in seine Wahlheimat und zu seiner Familie zurückkehren können – und nur, um bald wieder anderswo ein neues Guerilla-Unternehmen zu beginnen. Der unmusikalische Che hatte von Oper keine Ahnung und noch weniger von Richard Wagner, sonst müsste er sich nach Fidels Enthüllung vorgekommen sein wie der Fliegende Holländer – der fluchbeladene Schiffskapitän, der auf den Weltmeeren herumirren muss und nur alle sieben Jahre an Land gehen kann.

»Hass ist ein Bestandteil unseres Kampfes – ein unerbittlicher Hass auf den Feind, ein Hass, der den Menschen über seine naturgegebenen Grenzen hinaus beflügelt und ihn in eine wirksame, gewalttätige, kalt auswählende Tötungsmaschine verwandelt ... Wir müssen den Krieg in jeden Winkel tragen, den Feind angreifen, wo immer er ist, in seinem Haus, an seinem Vergnügungsort; der Krieg muss total werden ... Er soll sich fühlen wie eine in die Enge getriebene Bestie ... Er wird dadurch nur bestialischer werden, aber wir werden dies als Symptom seines Niedergangs erkennen ...«

Eine seltsam verzweifelte, monomane Kampfprosa war es, die Che Guevara da zu Papier brachte. Aber er befand sich ja auch in einer grotesken Situation. In Havanna ging im Januar 1966 die »Erste Trikontinentale Konferenz der Völker Afrikas, Asiens und Lateinamerikas« über die Bühne, die dem Imperialismus und seinen Statthaltern überall in der Dritten Welt den Krieg erklären wollte – aber der Chefideologe dieses Krieges konnte dort nicht auftreten, keine Rede halten, durfte sich nicht einmal blicken lassen. Allzu leicht wäre den über 500 Delegierten – Vertreter von 83 Regierungen oder Befreiungsorganisationen aus drei Kontinenten – der Umstand bewusst geworden: Che Guevara, Lehrmeister und Prophet der Guerilla, kann hier nur deshalb auftreten, weil er soeben mit seinem ersten Experiment in Afrika gescheitert ist und den Rückzug antreten musste. Genug Afrikaner wussten, wo er sich aufhielt: in Tansania, in der kubanischen Botschaft in Dar-es-Salam, seine Wunden leckend. An die Organisation der Trikontinentale wandte er sich erst 15 Monate später, im April 1967, mit einer für ein breites Publikum bestimmten Botschaft: »An die Völker der Welt«.

> *Wie nahe werden wir einer leuchtenden Zukunft sein, wenn erst einmal zwei, drei oder viele Vietnam auf der Welt erblühen, mit ihrem Sog von Blut und von Tod … Wenn wir auf einem kleinen Punkt der Weltkarte unseren letzten Atem aushauchen, in einem Land, das durch unser vergossenes Blut zu unserem eigenen geworden ist, so lasst die Menschen wissen, dass wir uns selbst zwar nur als ein Teilchen der großen Armee des Weltproletariats betrachten, aber stolz darauf sind, von der kubanischen Revolution und ihrem Máximo Líder gelernt zu haben …*

Wieder konnte eine Huldigung für Fidel Castro nicht fehlen, wenn Che sich in Havanna vernehmen ließ: Seine Botschaft sollte so klingen, als käme sie schon vom neuen Schlachtfeld, von einem geheimzuhaltenden »kleinen Punkt auf der Weltkarte« – und nicht etwa aus der kubanischen Diplomatenresidenz in der Hauptstadt Tansanias, wo er nach dem Kongo-Debakel untertauchen musste, oder aus einer Wohnung des kubanischen Geheimdienstes in Prag, wo er im Frühjahr 1966 gut maskiert mehrere Monate verbringen konnte. An dem Text mochte Che hinterher in einem ihm zugewiesenen

Versteck in Havanna weitergearbeitet haben, wo er in Abstimmung mit Fidel Castro seine nächste Expedition vorbereiten durfte. Aus seiner politisch-militärischen Sackgasse am Tanganjika-See war der Che vom kubanischen Geheimdienst mit sanfter Gewalt evakuiert worden. Als seine »Botschaft« dann schließlich zur Veröffentlichung freigegeben wurde, befand er sich tatsächlich schon – wenn auch inkognito – in Bolivien.

Unsere ganze Aktion ist eine Kampfansage an den Imperialismus und eine Aufforderung zur Einheit der Völker gegenüber dem großen Feind des Menschengeschlechts: die Vereinigten Staaten von Nordamerika. An welchem Ort uns der Tod auch überraschen mag, er sei willkommen, wenn unser Kriegsruf nur aufgenommen wird und eine andere Hand nach unseren Waffen greift und andere Männer bereit sind, den Trauergesang mit dem Stakkato der Maschinengewehre und neuen Kriegs- und Siegesrufen anzustimmen.

Viele Jahre später zählte der heilige Che zu den sechs »Ikonen«, die bei der Frankfurter Buchmesse die Kultur Argentiniens repräsentieren durften. So hatte es die Präsidentin der Republik verfügt, die – zwei Jahrhunderte nach ihrer Entstehung – 2010 als Gastland geladen war. Leider handelte es sich bei nur zwei dieser argentinischen Ikonen um Schriftsteller: Jorge Luis Borges und Julio Cortázar. Und auch sie wurden erst nachträglich, auf Proteste hin, in die Frankfurter Riege aufgenommen. Ursprünglich hatte die Linksperonistin Cristina Fernández de Kirchner sich mit nur vier argentinischen Kultur-Kolossen begnügen wollen: Diego Armando Maradona, Evita Perón, Carlos Gardel und Che Guevara.

Diese Verwechslung von Kult mit Kultur hätte der Buchmesse eine exquisite Argentinien-Auslese beschert. Einen durch Doping und Kokain mental angeschlagenen Fußballer, der gerade vom Maskottchen zum Nationaltrainer befördert worden war. Eine verkrachte Filmschauspielerin, die als First Lady des Diktators Perón zum Massenidol aufsteigen konnte. Einen 1935 mit dem Flugzeug verunglückten Tango-Tenor – und die Ikone aller Ikonen: den in Argentinien geborenen, in Kuba militärisch erfolgreichen, als Weltrevolutionär aber fulminant gescheiterten Guerilla-Apostel.

Von diesen vier Nicht-Schriftstellern hatte allenfalls der Che so etwas wie Buchmesse-Statur. Gewiss nicht literarisch, auch wenn Selbstironie seine frühen Schriften streckenweise lesbar macht. Doch Ernesto Guevara de la Serna war in der zweiten Hälfte des vergangenen Jahrhunderts unter allen politischen Akteuren auf der Weltbühne derjenige gewesen, der unter den Dichtern und Intellektuellen des Westens die höchste Aufmerksamkeit erregt und die meisten schwärmerischen Anhänger gefunden hatte. Als eine »Dostojewski-Figur« wurde er schon zu Lebzeiten empfunden. Und als aus Bolivien die Erschießung gemeldet wurde, schrieb der Uruguayer Eduardo Galeano, damals Mitte 20: »Tränen sind fehl am Platz; diesen Tod müssen wir erst noch verdienen.« Gemeint war: durch klare Gesinnung, heroisches Handeln, revolutionären Aktionismus, Propaganda der Tat. Wer damals ähnlich empfunden hat, muss sich heute fragen: War ich nicht zur Schule gegangen, konnte ich Geschriebenes nicht lesen? Der blutrünstige Schwulst der Botschaft an die Völker der Welt – war er vor einem halben Jahrhundert nicht genauso ungenießbar wie heute? Und waren die grausamen und totalitären Aspekte der kubanischen Revolution seinerzeit – meinerzeit – nicht ebenso erfahrbar und evident wie im Rückblick?

Ziemlich genau ein Jahrzehnt bevor er selbst in die Gewehrmündung seines angetrunkenen Vollstreckers blickte, hatte Che in der kubanischen Sierra Maestra als Scharfrichter debütiert, einen wehrlosen Menschen eigenhändig getötet. Eutimio Guerra hieß der – ein bäuerlicher Mitkämpfer, der zum Verräter geworden war. »Ich schoss ihm mit einer 32er Pistole in die rechte Gehirnhälfte, mit Austrittsloch am rechten Schläfenbein.« Die klinische Sachlichkeit der Tagebuchnotiz nahm die Gefühlskälte vorweg, mit der Che bald Hunderte von Todesurteilen bestätigen und deren Vollzug überwachen würde. Die angemaßte Autorität des bewaffneten Kämpfers, der aus seiner Bereitschaft zu sterben das Recht zu töten ableitet, hatte sich in den Guerillagebieten gegen renitente Bauern oder gegen Militärspitzel bewährt; nach dem Einmarsch in Havanna legitimierte sie auch die revolutionäre Blutjustiz.

Guevaras Biograph Gerd Koenen vermutet, dass Fidel Castro das Kommando der Festung La Cabaña – und die Rolle des Sonderkommissars für politische Säuberungen – nicht zufällig einem Ausländer zugewiesen hat, der zum ersten Mal in seinem Leben in Havanna war: dem gestrengen Che. Aber die Übertragung der Dreckarbeit an den Argentinier erwies sich als unnötige Vorsicht: Unabhängige, doch willige Medien machten die Hinrichtungspraxis und die Schauprozesse populär. Der Diktator Batista hatte auf seiner überstürzten Flucht während der Neujahrsnacht 1959 zwei Flugzeugladungen mit Freunden, Schergen und Komplizen mitgenommen – nicht nach Miami (die Amerikaner verweigerten ihm das Visum), sondern zum Nachbar-Diktator Rafael Trujillo, Dominikanische Republik. Trotzdem wurden in der uralten Festung über der Bucht von Havanna alsbald ganz offiziell 550 Todesurteile gefällt und vollstreckt. Von ein paar notorischen Schlächtern des gestürzten Regimes abgesehen, denen die Flucht nicht mehr gelungen war, handelte es sich dabei oft um schlichte Parteigänger Batistas oder um Polizeispitzel und Denunzianten. Alte Rechnungen wurden beglichen – viele Hingerichtete waren selber Opfer von Denunziationen oder galten als potentielle Konterrevolutionäre. Zum Anwalt einer Gefangenen sagte Che unverblümt: »Wenn jemand ein gutes Wort für das frühere Regime einlegt, genügt mir das als Erschießungsgrund.«

Sechs Jahre später, vor seiner Abreise in den Kongo, hatte Che Guevara sich von Fidel in einem zurückgelassenen Schreiben verabschiedet. Dieser bereits erwähnte Brief, den der Comandante am 3. Oktober 1965 in Havanna öffentlich vortrug, endete mit der Formel: »Es umarmt Dich mit ganzer revolutionärer Hingabe, Che.« Aber erst ein Jahr später, nach seiner Evakuierung aus dem Kongo und geheimen Aufenthalten in Dar-es-Salam und Prag, musste der inkognito nach Kuba zurückgekehrte Che sich wirklich von Castro verabschieden. Zu einer Umarmung – mit oder ohne Hingabe – kam es dabei nicht.

Die letzte Begegnung spielte sich im Freien ab, anscheinend auf einem der Übungsgelände für Guerilla-Anwärter aus aller Welt. Sie wurde aus einiger Entfernung von den 18 kubanischen Veteranen beobachtet, die Che als »harten Kern« mit nach Bolivien nehmen wollte. Die beiden Revolutionäre saßen auf einem Baumstamm, und Fidel redete erregt und gestikulierend auf den Freund ein; Che aber – so wurde es übermittelt – habe nur »düster und verstockt« auf den Wortschwall reagiert. Nach einer langen Schweigepause standen die beiden schließlich auf, klopften einander kurz auf die Schulter und gingen ihrer Wege.

Wenn das so ablief, war es die filmreife Illustration des Verhältnisses zwischen Kubas *Máximo Líder* und dem baldigen Märtyrer oder *Heroico Guerrillero.* Fidel hatte den Abschiedsbrief des Che – und dessen Guerilladoktrin – einfach beim Wort genommen. Und Che hatte den Völkern der Welt angekündigt, an »irgendeinem Punkt auf der Weltkarte« die Rolle zu übernehmen, die Fidel »wegen seiner Verantwortung für Kuba« verwehrt bleiben musste. Der geborene Caudillo hat ihn ziehen lassen: mit nur einer Handvoll Getreuer, die – nach der Theorie des Che – ausreichen musste, um einen Guerillakrieg zu entzünden. Fidel hat ihn ziehen lassen, obwohl er es besser wusste. Als Politiker war ihm klar, dass die kubanische Revolution nicht durch die Waffen der Guerilleros gesiegt hatte, sondern dank seiner Propagandakunst, seines Allianzenspiels, seiner Täuschungsmanöver. Jahre vor dem letzten Abschied hatte Che vor Besuchern aus Argentinien einmal etwas angedeutet über die Schattenseite der Caudillo-Natur Fidels: »Auf dieser Insel ist nur Platz für einen Individualisten. Ich bin der andere.«

FIDEL IN NEW YORK

Wie schon der Name suggerierte, lag »Jimmy's Bronx Café« in der Bronx. Tief in der Bronx: ein gutes Stück hinterm Yankee Stadium und nahe am dröhnenden Expressway – in einem Revier, in welchem die Gebrauchtwagenhändler bei Anbruch der Dämmerung ihre Kasse packen und nach Hause fahren und wo die Polizisten von schwarzen Transvestiten mit blonden Perücken angemacht werden. Eine ungewöhnliche Umgebung für den Auftritt des kubanischen Präsidenten: nach 16-jähriger Abwesenheit war Fidel Castro im Oktober 1995 erstmals wieder in New York – offiziell, um den 50. Geburtstag der Vereinten Nationen mitzufeiern – und versuchte, sich ein Vergnügen daraus zu machen.

»Jimmy's Bronx Café« hat nur ein Jahrzehnt lang überlebt. Es lief auch nie Gefahr, unter Denkmalschutz gestellt zu werden. Gleichwohl war es für die Latinos und andere Baseball-Freunde jenseits des Harlem River eine Institution: ein von innen geduckt wirkendes, überaus geräumiges Restaurant, eingerichtet im plüschig-mafiösen Dekor einer Spielhölle und geschmückt mit historischen Denkwürdigkeiten, die der Gastronom Jimmy Rodríguez auf Auktionen günstig ersteigert hatte. In einer Vitrine war zum Beispiel die Lederhose zu besichtigen, die der Herzog von Windsor 1937 während eines Österreich-Besuches getragen hat. Eine weitere Besonderheit: Das Lokal verfügte über keine Fenster. Es hatte somit den Vorzug, dass niemand hineinschießen konnte. Dies sei jedoch keineswegs der Grund dafür, den »doctor Fidel Castro« hierhergeladen zu haben, beteuerten seine Gastgeber.

»Nein, wir sind stolz auf ›Jimmy's Bronx Café!‹«, rief José Serrano, Abgeordneter der Demokraten im US-Repräsentantenhaus; er war gerade aus Washington in seinen New Yorker Wahlkreis zurückgeflogen, um dem Präsidenten und Baseball-Fan Fidel Castro als Vorredner dienen zu können. »Wir wissen, dass unser Lieblingslokal bei manchen Leuten in Manhattan als anrüchig gilt«, fügte Serrano unter lauter werdendem Beifall hinzu. »Aber das stört uns überhaupt nicht. Wir sind nämlich Draufgänger – wir lassen uns von niemandem einschüchtern!« Zunächst fast unbemerkt, saß Fidel Castro da schon im dunkelgrauen Zweireiher hinter ihm, mit rötlich schimmerndem, ungewöhnlich gepflegt und geföhnt wirkendem Bart. Der damals 69 Jahre alte Revolutionsführer nickte nur bedächtig und grinste den 300 Gästen verschwörerisch zu.

Mit »anrüchig« hatte *Congressman* Serrano nicht übertrieben. Den Baseball-Spielern der New York Yankees war es von ihren Trainern verboten worden, »Jimmy's Bronx Café« aufzusuchen; es war nicht nur eine Hochburg hispanischer Identität, sondern stand auch im Ruch, schwungvollen Drogengeschäften als Fassade zu dienen. José Serrano wurde 1943 in Mayagüez auf Puerto Rico geboren; und die Zuhörer im Saal – nahezu ausschließlich Männer – waren mehrheitlich Geschäftsleute puertoricanischer Herkunft. Alle waren daran interessiert, dass Präsident Bill Clinton das Handelsembargo gegen Kuba lockern werde. *El Bronx* – so wurde Fidel versichert – sei nicht nur die Welthauptstadt der Puertoricaner, sondern auch *el condado de los atrevidos*: der Bezirk der Draufgänger. »Nur Draufgänger haben in den USA die Courage, einen Fidel Castro einzuladen!«, rief der Abgeordnete Serrano unter krähender Zustimmung.

35 Jahre früher hätte seine Behauptung sogar gestimmt. Im September 1960, als sich im Glaspalast am East River die Potentaten aller Länder zur UN-Vollversammlung einfanden, war New York, war vielleicht sogar die öffentliche Meinung der ganzen USA auf zwei Hassfiguren fixiert: den Kremlherrn Nikita Chruschtschow und den kubanischen Revolutionär Fidel Castro. Als die blendendweiße *Baltika* aus Leningrad nach zehntägiger Überfahrt im New Yorker Hafen am Pier 73 festmachte – einem ausgesucht heruntergekommenen, schäbigen Anlegeplatz –, bereitete die Gewerkschaft der Hafenarbeiter dem Nachfolger des Parteisekretärs Josef Stalin eine Huldigung, die in der örtlichen Folklore als *The Bronx Cheer* bekannt ist: heftig blasend wird mit Hilfe von Lippen und Zunge »eine Geräuschentwicklung des menschlichen Körpers« simuliert, die – in der dezenten Ausdrucksweise des Konferenzreporters Hans Ulrich Kempski *(Süddeutsche Zeitung)* – »von gesitteten Erwachsenen gemeinhin unterdrückt zu werden pflegt«. New Yorks Bürgermeister Robert Ferdinand Wagner ließ 8000 Polizisten aufmarschieren – offenbar, um Chruschtschow und seinem Gefolge den Eindruck zu vermitteln, sie müssten in den Vereinigten Staaten vor der Lynchjustiz bewahrt werden.

Tatsächlich war der rundliche und kahlköpfige Nikita Sergejewitsch mit seinen ungehobelten Manieren, seinen Drohungen gegen das »Krebsgeschwür« West-Berlin und seiner Raketenprahlerei bei den US-Bürgern äußerst unpopulär geworden. Die Weltraumerfolge der Russen – mit dem Satelliten Sputnik und der kosmonautischen Hündin Laika – hatten völlig übertriebene Vorstellungen von einer sowjetischen Überlegenheit auf dem Gebiet der Fernlenkwaffen erzeugt. Die von diesen Ängsten angefachten Hassausbrüche gegen Nikita Chruschtschow aber waren zum Teil auch schon dem neuen, unverhofften Verbündeten der Sowjetunion im Rücken (oder im Hinterhof) der USA zu danken: dem Revolutionär Fidel Castro. Mit einem solchen Kampfgefährten auf der Insel Kuba hielt die kommunistische Supermacht plötzlich einen Trumpf in der Hand, von dem die amerikanische Nation sich zutiefst verunsichert fühlte. In den vergangenen 100 Jahren der US-Geschichte gab es dafür keinen Präzedenzfall. »Es war ein Gefühl, wie wenn die Japaner im Zweiten Weltkrieg ein Stück Kalifornien eingenommen hätten«, übertrieb der Kolumnist eines Boulevardblatts.

Dabei hatte alles so harmlos begonnen.

Eigentlich wäre in dem jungen Rechtsanwalt Fidel Castro ein Bewunderer des *American way of life* zu vermuten gewesen. Seine hübsche junge Frau Mirta Díaz-Balart stammte aus Banes – dem Hauptquartier der *United Fruit Company* in Castros Heimatprovinz Oriente: einer umzäunten Enklave aus schmucken weißgestrichenen Schindelhäusern mit prächtigen Gärten, mit Golfplatz und Polofeld, guten Schulen und bester medizinischer Betreuung, wo die kubanischen Angestellten – vom Manager bis zur Putzfrau – die Sicherheit und die Annehmlichkeiten einer prosperierenden Kleinstadt der USA genossen. Für seine Hochzeitsreise – die drei Monate in Anspruch nahm – wählte Fidel wie selbstverständlich Miami und New York. In der 82. Straße auf Manhattans West Side mietete das Paar eine Wohnung, und Fidel versuchte, sein schwaches Schulenglisch aufzupolieren, um neben Mirta bestehen zu können. In einem Buchladen stellte er verwundert fest, dass man in den USA kommunistische Literatur kaufen konnte, und erwarb *Das Kapital* von Karl Marx. Stärker noch zogen ihn amerikanische Luxusautos an: Fidel kaufte sich mit dem Geld des Schwiegervaters einen weißen Lincoln Continental, mit dem das junge Paar schließlich über Atlanta, Miami und Key West nach Havanna zurückfuhr.

Zehn Jahre und drei Monate später, im April 1959, war Fidel Castro erneut in New York eingetroffen: nun 33 Jahre alt, im ungebügelten Kampfanzug, als Oberkommandierender der Revolutionären Streitkräfte und – seit acht Wochen – selbsternannter Premierminister Kubas. Auf eine Einladung der US-Regierung, die selbstverständlich erfolgt wäre, legte er keinen Wert: Es genügte ihm, vom Presseklub in Washington geladen zu sein, und er ließ seine Auftritte von einer amerikanischen PR-Agentur organisieren, die sich ganz auf seine Publikumswirkung konzentrierte. Den Zeitungsleuten wurden nützliche Stichworte zugeflüstert, wie etwa: Castro wirke mit seinem Profil »wie ein Held der römischen Antike«.

Die Delegation kubanischer Wirtschaftsführer, die er eigens im Flugzeug mitgebracht hatte, ignorierte Fidel vollkommen. Dafür besuchte er das Yankee Stadium, biss demonstrativ in Hamburger und Hot Dogs, sprang im Zoo über eine Barriere, um sich vor dem Löwenkäfig zu produzieren, und rief seiner struppigen Leibwache zu: »Immer nur lächeln und winken, verstanden?« Sein Freund Carlos Franqui versuchte ihn dazu zu bewegen, im Museum of Modern Art das *Guernica*-Gemälde Pablo Picassos zu besichtigen – eine Verbeugung vor dem weltberühmten Kunstwerk, meinte Franqui, würde die amerikanischen Intellektuellen beeindrucken. Fidel lehnte ab: Es war ihm klar, dass Picasso in jener Zeit als Sympathisant des Kommunismus galt. Selbst den Ausdruck »Sozialismus« hat der Revolutionsführer während seiner Vorstellung in Amerika sorgfältig vermieden. »Brot und Freiheit!«, rief er nur. »Brot ohne Terror!« – und er bezeichnete die von ihm angestrebte Regierungsform als »humanistische Demokratie«.

Es war ein Riesenerfolg. Columbia, Princeton und Harvard, die liberalen Hochburgen unter den Universitäten der

Ostküste, feierten Fidel Castro als einen Befreier. Durch sein Vorbild, so hieß es, werde er auch andere Völker Lateinamerikas dazu inspirieren, ihre Gewaltherrscher abzuschütteln. Für die hartnäckige Legende, dass die Regierung Präsident Dwight D. Eisenhowers und die politische Klasse der USA dem Kubaner von Anfang an feindselig begegnet seien – ja ihn geradezu in die Arme des Kommunismus getrieben hätten –, fehlt jede faktische Grundlage. US-Außenminister Christian Herter veranstaltete für den Privatbesucher Fidel Castro eiligst ein Mittagessen im New Yorker »Statler-Hilton«-Hotel, zu dem er alle mit Lateinamerika vertrauten Prominenten einlud, derer er habhaft werden konnte. Dem Besucher wurde auch ein Diplomat vorgestellt, der im State Department die Karibik-Abteilung leitete: »Dieser Kollege ist zuständig für die kubanischen Angelegenheiten«, lautete die Erklärung. Fidel erwiderte verständnislos und mit schneidendem Sarkamus: »Und ich hatte immer geglaubt, für die kubanischen Angelegenheiten selbst zuständig zu sein.« Der Comandante schockierte den gebrechlichen Gentleman Herter auch, weil er darauf bestand, dass seine uniformierten Leibwächter im Esszimmer anwesend sein müssten. Nur mit Mühe ließ er sich davon überzeugen, dass wenigstens die Maschinenpistolen in der Garderobe bleiben sollten.

Viel Abträgliches über die US-Politik ist in den Umstand hineingedeutet worden, dass Präsident Eisenhower seinen Golf-Urlaub im Südstaat Georgia nicht unterbrach, um Fidel Castro in Washington zu empfangen. Solche Vorwürfe ignorieren die Umstände und Gepflogenheiten. Castro war privat und nicht auf Staatsbesuch in den USA, eine Einladung ins Weiße Haus hätte keineswegs protokollarischen Usancen entsprochen. Auch wäre ein vorzeitiger Heimflug des erholungsbedürftigen Präsidenten als ungewöhnliche, ja beflissene Geste aufgefallen. (Castro selbst hatte den neuen

US-Botschafter in Havanna, den Spanisch sprechenden Karrierediplomaten und Kuba-Kenner Philip Bonsal, drei Wochen lang antichambrieren lassen, bevor er ihm die Hand schüttelte.) Immerhin ist der Kubaner in Washington von Vizepräsident Richard Nixon – auch kein politisches Leichtgewicht – in den US-Senat zu einem zweieinhalbstündigen Gespräch geladen worden: unter dem historischen »Jefferson-Leuchter«, was als Auszeichnung galt. Dass Fidel Castro den Vizepräsidenten als unfreundlich wahrnahm, lag wohl kaum an Nixon allein: Der hatte nicht so recht einsehen wollen, warum die Kubaner bis zu den ersten freien Wahlen noch vier Jahre warten sollten. »Ach wissen Sie, Kuba hat bisher so schlechte Erfahrungen mit seinen gewählten Regierungen gemacht«, argumentierte der Revolutionsführer – treuherzig vielleicht, auch nicht ganz falsch, aber nicht unbedingt Vertrauen erweckend.

Trotzdem war es Fidel Castro bei seinem privaten »Antrittsbesuch« in den USA 1959 weitgehend gelungen, die Amerikaner zu beruhigen, ja sogar, sie zu gewinnen. Er versprach, die Revolutionsjustiz zu mäßigen und die Erschießungswelle zu beenden. Vor den Studenten in Princeton erklärte er, die Enteignung von Großgrundbesitz diene nur dazu, einen neuen Bauernstand zu schaffen. Vor dem außenpolitischen Ausschuss des Senats versicherte er, keine Verstaatlichungen ausländischer Firmen zu erwägen. (In Wahrheit wurde längst die Kollektivierung der Landwirtschaft und die »Nationalisierung« fremder Unternehmen vorbereitet.) Selbst der scharfe Antikommunist Nixon fand, Castro sei ein »idealistischer, unerfahrener junger Mann«. Zwar besitze er jene »undefinierbaren Eigenschaften, die einen Menschenführer ausmachen«, und er werde, »was immer wir von ihm denken mögen, ein starker Faktor in der Entwicklung Kubas und höchstwahrscheinlich auch Lateinamerikas sein«.

Indessen, so Nixon weiter: »Entweder ist er unglaublich naiv im Hinblick auf den Kommunismus, oder er steht bereits unter kommunistischem Einfluss. Ich neige dazu, bei Castro das Erstere anzunehmen.« Doch Naivität – so würde der knapp 14 Jahre ältere Richard Nixon bald entdecken – war nicht unbedingt das Privileg des Jüngeren.

Die Zeit, in der diese harmlos erscheinenden Geplänkel stattfanden – die ersten zehn Monate der Herrschaft Fidel Castros –, waren indessen entscheidend für die künftige Ausrichtung Kubas, und diese wiederum sollte während der nächsten drei Jahrzehnte des Kalten Krieges eine weltpolitische Rolle spielen. Bereits im Juli 1959 hat Fidel Castro seinen Moncada-Kumpanen, den Geheimdienstchef und späteren Innenminister Ramiro Valdés, nach Mexiko entsandt – mit dem Auftrag, dort Verhandlungen mit dem Residenten des sowjetischen Geheimdienstes KGB zu führen. Daraufhin schickte Moskau eine Hundertschaft vorwiegend Spanisch sprechender Agenten nach Kuba. Eine legendäre Gestalt war darunter: der spanische Bürgerkriegsgeneral Enrique Líster, Jahrgang 1907, der schon während der dreißiger Jahre auf Kuba der Kommunistischen Partei beigetreten war und vor der Diktatur General Machados flüchten musste. In Spanien gehörte Líster zu den erfolgreichsten Generälen, die auf Seiten der Republikaner gegen die Truppen des späteren Diktators Francisco Franco kämpften, und im Zweiten Weltkrieg hat er sowohl mit der sowjetischen Roten Armee wie auch mit den Partisanen Marschall Titos in Jugoslawien zusammengearbeitet. General Líster und die anderen Abgesandten des KGB bauten für Fidel Castro auf Kuba die »Komitees zur Verteidigung der Revolution« auf – eine in alle Volksschichten eindringende Blockwart- und Denunzianten-Organisation, die bis heute die wichtigste Stütze des Regimes neben der Polizei und der Armee ist.

Von dieser Entwicklung hat das Weiße Haus unter Präsident Eisenhower eineinhalb Jahre lang kaum öffentlich Kenntnis genommen. Und Richard Nixon war wohl zu sehr damit beschäftigt, seine Kandidatur für die Präsidentenwahlen im November 1960 vorzubereiten – wo er auf einen jungen Demokraten namens John F. Kennedy treffen würde. Der erste Schock über die Erschießungspraxis des Castro-Regimes war in Washington bald überwunden. Auf die rapide wachsende Rolle der alten KP Kubas – der einzigen Überlebenden unter den Parteien – und auf die Radikalisierung der Revolution durch Castro reagierte die US-Regierung nach außen passiv. Erst nach 18 Monaten der Enteignungen und Verstaatlichungen – und der Abschaffung der Pressefreiheit – traf Eisenhower im Sommer 1960 die erste konkrete »feindselige« Maßnahme gegen das Regime. Castro hatte die Erdölraffinerien der Amerikaner ohne Entschädigung enteignet, weil sie sich geweigert hatten, die plötzlich aus der fernen Sowjetunion eintreffenden Petroleum-Lieferungen anzunehmen: Da erst kürzte »Ike« Eisenhower die Einfuhrquoten für kubanischen Zucker. Nur schickte sich da bereits Chruschtschow an, durch den Ankauf großzügiger Zuckermengen die Rolle der USA zu übernehmen und ein neues Abhängigkeitsverhältnis herzustellen.

Als die künftigen Kumpane Fidel und Nikita im September 1960 zur UN-Vollversammlung in New York eintrafen, waren praktisch alle Voraussetzungen geschaffen, um den Amerikanern im Bühnenlicht ihrer Metropole eine spektakuläre Demütigung zuzufügen.

Der Volksschauspieler Fidel Castro, der auch selbst Regie führte, konnte das viel besser als die Knallcharge Chruschtschow – aber die beiden ergänzten einander bestens. Fidel war mit 85 lautstarken Delegierten und Leibwächtern im eleganten »Shelburne Hotel« eingezogen, wo er gleich wegen der Zimmerpreise für einen Eklat sorgte. Die Manager seien »Gangster, die das Geld des kubanischen Volkes rauben wollen!«, tobte er – und zog mit Gefolge in einer hupenden Wagenkolonne vor das UN-Gebäude, um von Generalsekretär Dag Hammerskjöld ein »Notquartier« zu verlangen; andernfalls werde er mit der kubanischen Delegation im Central Park übernachten. Da er nun die ganze Aufmerksamkeit der Medien auf seine Delegation gezogen hatte, holte Castro zum nächsten Schlag aus, der natürlich längst vorbereitet war: Die Kubaner fuhren lärmend durch halb Manhattan in das damals noch völlig »schwarze« Harlem hinauf, wo im berühmten »Hotel Theresa« alles für sie vorbereitet war. Wie der Reporter Hans Ulrich Kempski damals schrieb, galt das »Theresa« als »Nervenzentrum der Negerpolitik« im amerikanischen Norden. Kein weißer Mann könne normalerweise dort Wohnung nehmen. Dass die mehrheitlich weiße Delegation Kubas nun im »Theresa« logierte, musste, so Kempski, »wie ein Signal für die schwarzen Völker wirken und als gefährlicher Affront gegen die Weißen Amerikas«. Zwar hatte Präsident Eisenhower – ein Republikaner – da schon die Rassenintegration in den Schulen der Südstaaten mit Militärgewalt durchgesetzt, aber Fidel bohrte genüsslich in der offenen Wunde. Kein Regierender, der ein passables Verhältnis zu den USA wünscht, hätte in New York ein solches Spektakel aufgeführt.

Auch der Rest war ein Alptraum. Im »Theresa« tauchte alsbald der Kremlherr Chruschtschow auf, um Fidel Castro seinen Respekt und seine Bewunderung zu bezeugen. Umarmungen und Küsse im Blitzlichtgewitter signalisierten eine politische Liebesbeziehung, die sich bald in eine Problem-Ehe, später in ein langlebiges Zweckbündnis verwandeln sollte – alles zum Nachteil der Amerikaner. Nicht einmal von einem möglichen Machtwechsel in Washington versprach sich der Kubaner einen Fortschritt: den Demokraten John F. Kennedy bezeichnete er als »ungebildeten, millionenschweren Ignoranten, der sein Wissen aus Hollywood-Filmen bezieht«.

Auf das marmorgrüne Rednerpult der Vollversammlung stellte Fidel Castro eine riesige Thermosflasche, aus der er gelegentlich einen Schluck nahm; aber er brauchte nur ein einziges Blatt mit ein paar Stichwörtern, um aus dem Stegreif die bis heute längste Ansprache zu halten, die je im Kuppelsaal der Vereinten Nationen vernommen wurde: Sie dauerte vier Stunden und 29 Minuten und diente in erster Linie dazu, die Völker der Welt gegen den US-Imperialismus aufzubringen. Nikita Chruschtschow feierte Fidels Marathonrede mit einem Freudengeheul, das eher einem Fußballstadion angemessen war. Im »Theresa« hatte Fidel Castro auch noch ein zweistündiges Gespräch mit dem schwarzen Muslimführer Malcolm X – damals ein Hassprediger, der Rassenintegration ablehnte und drei Jahre später die Ermordung Präsident Kennedys begrüßen würde.

Es war eine große Bühnenkarriere, die im September 1960 in New York ihren Anfang genommen hatte. Wenige Monate später schon, am Neujahrstag 1961, konnte Fidel Castro in Havanna die ersten Früchte seiner plötzlichen internationalen Bedeutung vorweisen: Es waren sowjetische T-34- und Stalin-Panzer, die – zwei Jahre nach dem Einmarsch der Guerilleros in Havanna – nun die Siegesparade vor dem Revolutionsplatz anführten. Bei der nächsten großen Feier – am 1. Mai 1961 – erklärte Castro die Republik Kuba zu einem sozialistischen Staat und schaffte offiziell die moribunde Parteiendemokratie ab. »Unsere Revolution hat keine Zeit für Wahlen und Wahlkämpfe!«, rief Fidel. »Es gibt in Lateinamerika keine demokratischere Regierung als eine revolutionäre Regierung. Wenn Mister Kennedy keinen Sozialismus mag, so mögen wir keinen Imperialismus und keinen Kapitalismus!« Noch im selben Jahr wurde Fidel Castro vom Obersten Sowjet der Lenin-Friedenspreis verliehen – Moskaus Antwort auf den Friedensnobelpreis. Die Verhandlungen mit Havanna über die Stationierung sowjetischer Atomraketen waren da bereits im vollen Gange. Aber alles hat seine Zeit: Anfang Dezember 1961 ließ Fidel Castro sein Volk in einer groß angekündigten Rede wissen, dass er überzeugter Marxist-Leninist sei und dass Kuba nun den Kommunismus anstrebe. In New York hatte er eine solche Gesinnung noch kategorisch abgestritten. Aber was kümmerte ihn sein Geschwätz vom vergangenen Jahr?

Begünstigt wurde diese ganze Entwicklung durch eine zunächst verborgene Parallelhandlung, die wir oben ausgeklammert haben. Präsident Eisenhower war offenbar doch nicht ganz so ahnungslos, wie seine Passivität gegenüber der Radikalisierung und der sowjetischen Einflussnahme auf Kuba glauben machte. Am 17. März 1960 bewilligte er einen Plan seines Nationalen Sicherheitsrates, Vorkehrungen für *covert action* – geheime Unternehmungen – auf Kuba zu treffen. Am 18. August 1960 hatten diese Pläne ein Stadium erreicht, das den Einsatz von Geldmitteln erfordete, und Eisenhower genehmigte bescheidene 13 Millionen Dollar. Das Ziel war der Sturz des Castro-Regimes und die »Ausschaltung« der drei führenden Köpfe: Fidel, Bruder Raúl und Che Guevara. Hunderttausende kubanischer Flüchtlinge in Südflorida machten einen kampfhungrigen Eindruck: Bis dahin hatten sie auf eigene Rechnung ihre Leute zum Guerillakrieg in das Escambray-Gebirge und zu Sabotageakten auf die Insel geschickt, mit hohen Verlusten und geringem Erfolg. Sogar ein glaubwürdiger Premierminister stand schon bereit: José Miró Cardona, der erste (machtlose) Regierungschef, den Castro nach dem Sieg der Revolution in diesem Amt walten ließ, bevor er es selbst übernahm. Professor Miró Cardona, ein führender Gegner des Diktators Batista, war Vorsitzender der kubanischen Anwaltskammer und einer der Lehrer des Studenten Fidel Castro an der juristischen Fakultät gewesen. Ein Jahr nachdem er seinen Amtssessel für seinen früheren Schüler freigemacht hatte, musste Miró in die argentinische Botschaft flüchten; danach fand er Asyl in Florida.

Der *Comandante en Jefe* und seine Geheimdienstler hätten blind und taub sein müssen, um nicht zu merken, dass die CIA in Miami und Umgebung eine Invasionstruppe rekrutierte. Dass es sich dabei um gerade einmal 1600 Mann handelte, würde Castro vermutlich als Beleidigung empfunden haben, wenn er es gewusst hätte. Die Militarisierung der kubanischen Gesellschaft war inzwischen weit fortgeschritten: Die zuerst 100 000 Mann zählenden Revolutionären Streitkräfte wurden innerhalb eines Jahres auf dreifache Stärke gebracht – vier Monate vor dem exilkubanischen Landungsversuch. Die von den KGB-Generälen aufgebauten »Komitees zur Verteidigung der Revolution« hatten 800 000 Mitglieder, die vom Geheimdienst gesteuerten Milizen konnten eine Eingreiftruppe von 100 000 Bewaffneten aufbieten. Es gehört zu den vielen Unbegreiflichkeiten amerikanischer Außenpolitik der zweiten Hälfte des 20. Jahrhunderts, dass die Regierung Eisenhower unter solchen Umständen ihren Invasionsplan weiter verfolgte. Ebenso verblüffend mutet es an, dass John F. Kennedy sich als neuer Mann im Weißen Haus das Unternehmen aufschwatzen ließ.

Die das Ganze ausgeklügelt hatten, waren freilich keine Amateure. Allen Dulles, Chef der CIA, hatte während des Zweiten Weltkriegs von Bern aus das Naziregime bekämpft, und Kennedy übernahm ihn gerne von Eisenhower. Die *Joint Chiefs of Staff*, die erfahrensten Vier-Sterne-Generäle der US-Streitkräfte, schwelgten noch in Kriegserinnerungen: Die Idee eines »Brückenkopfes« im Sumpf und Sand der menschenleeren Schweinebucht ging auf Januar 1944 zurück, als den US-Truppen im Italien-Feldzug eine Landung bei Anzio, südwestlich von Rom, gelang. (Vergessen war anscheinend, dass ihre Infanteristen dort monatelang eingekesselt blieben – durch Feldmarschall Kesselring – und wenig ausrichteten.) Die mutigen Exilkubaner waren obendrein davon überzeugt, den Flugzeugträger *Essex* und die größte Militärmacht der Erde hinter sich zu haben. Doch Kennedy hatte öffentlich klargestellt, dass auf kubanischem Boden keine Amerikaner kämpfen würden, und als die 1600 freiwilligen Exilkubaner – wie voraussehbar – von 20000 Soldaten der Streitmacht Fidel Castros umringt waren, war das Spiel zu Ende. Auf ganz Kuba werden heute noch die Riesenplakate von damals aufpoliert: »Schweinebucht, April 1961: Erste Niederlage des Imperialismus in Amerika«.

Fidel war in jenen glorreichen Tagen in Höchstform. Die kubanischen Propaganda-Brigaden haben jede Einzelheit gefilmt: die B-26-Bomber im Tiefflug über den Sümpfen, brennendes Napalm, zerstörte Hütten, die Gefangennahme der »Söldner« und, immer im Mittelpunkt: Fidel Castro. Er schien den Gegenangriff selber zu leiten, auf einem Panzer sitzend, pausenlos mit dem Funktelefon Befehle durchgebend, kraftstrotzend, hellwach, ohne eine Spur von Nervosität – der Oberkommandierende. Viele Amerikaner, die ihn für einen Hysteriker gehalten hatten, waren überrascht. In seiner Chronik der *Tausend Tage* John F. Kennedys, die dem Schweinebucht-Abenteuer zwei Kapitel widmete, schrieb der Kennedy-Berater Arthur Schlesinger jr. über Fidel: »His performance was impressive.« Es war zweifellos seine beste Rolle. Wenige Tage später, am 1. Mai 1961, haben ihm die Kubaner auch dann noch zugejubelt, als er den Kommunismus zur neuen Staatsdoktrin erklärte. *Good timing*.

In »Jimmy's Bronx Café« klang die Beschwörung von *Playa Girón* – so lautete das kubanische Kennwort für den Schweinebucht-Sieg – 34 Jahre später nach Kampfromantik und purer Nostalgie; sie erweckte so unbestimmbare, warme Gefühle wie die Musik des legendären »Buena Vista Social Club«. Die große Mehrheit der vier Millionen Puertoricaner hatte es zwar längst aufgegeben, von der Unabhängigkeit ihrer kleinen Insel zu träumen, aber der zähe Widerstand von Castros Kuba gegen die Vorherrschaft der Gringos erfüllte sie immer noch mit einer Art Ersatzbefriedigung. Wie *atrevidos*, wie tolle Draufgänger kamen sie sich hier vor, mit dem kreglen Fidel in ihrer Mitte – der für die Fotografen auch im gedeckten Zweireiher noch mit dem Baseballschläger fuchtelte.

Bill Clinton war partout kein solcher *atrevido*. Er benutzte im UN-Gebäude jede Gelegenheit und jeden Umweg, um dem Kollegen aus Kuba auszuweichen – was sich auf dem Festessen von Generalsekretär Boutros Boutros-Ghali dann doch nicht ganz vermeiden ließ. Aber es entstand wenigstens kein sensationelles Bild von einem Händeschütteln der beiden Präsidenten – so dass Clinton nicht zu befürchten brauchte, 1996 beim Kampf um seine Wiederwahl von den Republikanern als knieweich gegenüber einem Diktator beschimpft zu werden. Am selben Abend, an dem Castro sich mit den puertoricanischen Draufgängern in »Jimmy's Bronx Café« amüsierte, blieb ihm eine schwere Demütigung erspart – oder eine Gelegenheit zu einem öffentlichen Wutanfall, vergleichbar mit den ersten Auftritten des jungen Fidel im Jahr 1960. In Manhattans Lincoln Center fand das feierliche Festkonzert zum 50. Jubiläum der Vereinten Nationen statt: Kapellmeister Kurt Masur dirigierte Beethovens vielfach verwertbare Neunte Symphonie, gespielt von den New Yorker Philharmonikern.

Gastgeber der symphonischen Feierlichkeit aber war Bürgermeister Rudolph Giuliani – ein Republikaner von geradezu fanatischem Opportunismus, der sich beim rechten Flügel seiner Partei, bei der kubanischen Exilgemeinde und bei den konservativen jüdischen Wählern gleichzeitig anzubiedern suchte. Zwei UN-Gäste hätte Giulianis Bannfluch treffen sollen: Fidel Castro und Jasser Arafat. Der Kubaner und der Palästinenser hatten wie die anderen Staatschefs Einladungen zum Festkonzert erhalten – Rudy Giuliani aber erklärte die beiden in letzter Minute zu unerwünschten Personen. Arafat, der von der willkürlichen Ausladung entweder nichts gehört oder sie für eine leere Drohung gehalten hatte, wurde mitten im Konzert von Giulianis Helfern gesichtet und vor aller Welt aufgefordert, den Saal zu verlassen.

Es wurde kein wirklich geräuschvoller Skandal: Um größeres Übel zu vermeiden, wartete der Palästinenser das Ende des zweiten Satzes (*Scherzo, molto vivace*) ab, bevor er sich mit seiner Delegation aus dem Lincoln Center entfernte. Der Kapellmeister Kurt Masur schien von alldem nichts bemerkt zu haben und spielte ungerührt weiter – auch wenn Schillers vertonte Ode an die Freude (»Alle Menschen werden Brüder«) wohl selten so verhöhnt wurde wie vom Bürgermeister von New York City. Fidel Castros tiefe Abneigung gegen klassische Musik – und eigentlich gegen alle Veranstaltungen, in deren Mittelpunkt er nicht selbst steht – ersparte ihm einen peinlichen Abend. Oder hätte sein lautstarker Widerstand den Maestro Masur mitten im Konzert zum Abklopfen gezwungen?

Nichts als Harmonie herrschte dafür in »Jimmy's Bronx Café«. Der erste Vorredner des Comandante hatte noch versucht, jeden Satz auf Englisch zu wiederholen, war aber bald freundlich niedergezischt worden: Der ganze Abend spielte sich danach – zum Ärger der amerikanischen Reporter –

auf Spanisch ab. Der US-Abgeordnete José Serrano – der als Siebenjähriger aus Puerto Rico in die Bronx gezogen war – beherrschte es immer noch makellos. Vehement forderte er das Ende des US-Handelsembargos gegen Kuba, das er, ganz nach der Sprachregelung des Castro-Regimes, »Blockade« nannte. Der Gast mit dem Fünf-Tage-Visum spielte dafür vor den Hispanics mit gewohnter Meisterschaft den Märtyrer. »Immer noch, genau wie vor 35 Jahren, bin ich in New York ein Ausgestoßener, ein Aussätziger, ein Paria – nur nicht bei euch, liebe Freunde, liebe Latinos!«

Hier konnte Fidel sich tatsächlich erholen – vor allem vom Anblick seiner leiblichen Tochter Alina Fernández Revuelta, die, eine zartbittere Miene im hübschen Gesicht, jeden Abend in fast allen lokalen Fernsehkanälen New Yorks auftrat und viele kleine Demonstrationen gegen den Papa anführte. Die Tochter seiner einstigen Geliebten Naty Revuelta, die 1993 mit einem falschen Pass aus Havanna nach Madrid und Miami entkommen konnte, versicherte nun überall in New York: »Fidel Castro ist ein schlechter Vater und ein schlechter Mensch, der mich in meiner Kindheit genauso unterdrückt hat, wie er elf Millionen Kubaner noch heute unterdrückt!« In früheren Jahrzehnten war es Castros Schwester Juanita gewesen, die ihn aus dem Exil mit Beschimpfungen überzog. Jetzt forderte die außereheliche Alina eine Verschärfung des US-Handelsembargos gegen Kuba – und im Repräsentantenhaus in Washington agitierte im gleichen Sinne der republikanische Abgeordnete Lincoln Díaz-Balart aus Florida, dessen Tante Mirta in den fünfziger Jahren mit Fidel Castro verheiratet war. Der Begriff Familienbande hatte für den kubanischen Präsidenten – wie für Karl Kraus – seit jeher einen finsteren Doppelsinn.

Von rachsüchtiger Verwandtschaft unbehelligt, lief Dr. Castro in der Bronx zu alter Form auf, zeigte, dass er auch mit 69 zu den besten Alleinunterhaltern spanischer Zunge gehörte. In sozialer Herkunft und Bildungsweg glichen die Puertoricaner zwar der Mehrheit der Exilkubaner in Miami, die Castros Regime hassen, aber der Abgeordnete Serrano hatte das Terrain gut vorbereitet, hatte zündend von *la misma sangre* gesprochen – als ob das »gleiche Blut«, der ganz besondere Saft, die halbe Milliarde Latinos der Hemisphäre zu einer Rasse oder Schicksalsgemeinschaft zusammenschweißen würde. Als scharfer Kritiker jener »Angloamerikaner« im US-Kongress, die Englisch zur einzigen Amtssprache erklären und die Einwanderung aus dem Süden durch den Bau einer »Berliner Mauer« beschränken wollten, eroberte der Kubaner viele Herzen.

Dabei wurden auch seine gröbsten Unwahrheiten gelassen hingenommen. Wie gewohnt den Plural der Majestät gebrauchend, schwang Fidel sich zu der Behauptung auf: »Die US-Regierung hat kein Problem damit, mit autoritären Regimen wie China und Vietnam blühenden Handel zu treiben, während sie Kuba mit einer Blockade zu erwürgen sucht. Dabei hat uns die Revolution noch nie dazu verleitet, die physische Unversehrtheit auch nur eines einzigen Kubaners zu verletzen!« Den meisten »Draufgängern« in »Jimmy's Bronx Café« scheint die umwerfende Unverfrorenheit dieser Aussage nicht bewusst zu sein. Selbst wenn die Jüngeren im Publikum von den Hunderten von Erschießungen während der ersten Wochen der Revolution nie etwas gehört hätten – ein besonders spektakulärer Hinrichtungsfall lag erst sechs Jahre zurück. Im Juli 1989 hatte die Weltpresse breit genug über einen Schauprozess in Havanna berichtet, den Fidel Castro gegen seinen beliebtesten General – Arnaldo Ochoa – und gegen zwei weitere enge Vertraute inszeniert hatte: eine interne Abrechnung über Drogengeschäfte des Regimes, die mit Erschießungen im Morgengrauen abgeschlossen wurde.

Doch der Patriarch kam in der Bronx mit seiner blanken Chuzpe glänzend über die Runden. Dass niemand ihn ernsthaft herausfordern würde, darauf konnte Fidel sich aber auch in einem anderen Stadtteil von New York verlassen, den er nach 35 Jahren wieder aufsuchte. Und wie in der Zeit der Chruschtschow-Küsse hatte er – zum einzigen Mal während dieses Besuchs – seine olivgrüne Kampfuniform angezogen: immer noch das richtige Outfit für Harlem. Der 69-jährige Fidel kam diesmal freilich nicht, um sich provozierend im »Hotel Theresa« einzuquartieren – dieses hatte schon 20 Jahre vorher zumachen müssen, weil schwarze Bürger mittlerweile unbelästigt in sämtlichen Luxushotels von New York unterkommen konnten.

Nach Harlem kam Fidel diesmal, um an einer weltlichen Andacht in der First Abyssinian Baptist Church teilzunehmen, der schönsten Kirche in diesem Abschnitt Manhattans. Hier fand sich das ständige Ensemble einer bestimmten amerikanischen Linken ein, um dem kubanischen Revolutionär – und der Revolution überhaupt und überall – zu huldigen. Doch anders als in »Jimmy's Bronx Café«: So richtig warm wollte es Fidel hier offenbar nicht werden. Der Kubaner kam schon deshalb nicht in Schwung, weil er dauernd Pausen für die Dolmetscherin einlegen musste, was seinen rhythmisch pulsierenden Redefluss lähmte. Anders als vor 35 Jahren, wollte er sich auch seines Schulenglisch nicht mehr bedienen. Kundige Landsleute hatten ihn gewarnt, dass es phonetisch einem alten amerikanischen Klischee entspreche: dem Mexikaner-Akzent einer komischen Zeichentrickfigur namens Speedy González.

Und überhaupt: Wer waren denn all diese Leute? Angela Davis war Fidel noch in guter Erinnerung – und immerhin wiedererkennbar: jene schlanke schwarze Kommunistin mit der tollen Afro-Frisur, die eine Schülerin des Achtundsechziger-Philosophen Herbert Marcuse gewesen war und zeitweise den radikalen Flügel der US-Bürgerrechtler angeführt hatte. »Afrozentrische« Gelehrte wie Leonard Jeffries und John Henrik Clark wurden dem Kubaner vorgestellt, der von ihren Theorien nie gehört hatte. Und da war dieser schwarze Muslim namens Conrad Muhammad, der Castro dafür anpries, dass er als »einer der großen Weltführer den Amerikanern wenigstens nicht die Füße küsst«. Dieses vorwiegend schwarze und eher gestrige Anti-Establishment war eigentlich nicht das Publikum, das Castro in den USA suchte. In jenem Harlem, so war ihm von einem kubanischen UN-Diplomaten berichtet worden, konnte sogar Saddam Hussein mit Beifall rechnen.

David Rockefeller immerhin, einer der großen Namen des amerikanischen Kapitalismus, lud den Kubaner zum Lunch. Banker bewirteten ihn, Verleger und Chefredakteure waren neugierig auf ihn, und selbst eine Zeitung, die als Zentralorgan des Großkapitals meist nur Häme für ihn übrig hatte, lud ihn in ihre Redaktionskonferenz ein: der Feind schlechthin, das *Wall Street Journal*.

Ein Fossil des Kommunismus, das so manche anderen Fossilien überdauert hatte, nahm diese Aufmerksamkeit mit grimmigem Humor zur Kenntnis. »Ihr hattet uns doch längst den Totenschein ausgestellt«, rief der nadelgestreifte Parvenü an der Wall Street den Kapitalisten zu. »Also erschreckt bitte nicht, wenn wir immer noch das Haupt erheben.«

ZWEI SUPPEN

Bella ist sechs Jahre alt und will, als sie mittags aus der Schule kommt, die Sprachkenntnisse ihres Vaters auf die Probe stellen. »Papá«, fragt sie ihn auf Spanisch, »weißt du, was *amor* bedeutet?« Der amerikanische Journalist Jon Lee Anderson, der mit seiner Familie für drei Jahre nach Havanna gezogen war und seine Kinder dort auf die Grundschule schickte, stellte sich unwissend – worauf die kleine Bella ihn triumphierend belehren konnte: *»Amor es lo que Fidel siente para el pueblo.«* – »Liebe ist das, was Fidel für das Volk empfindet.«

Diese etwas enge Definition eines menschlichen Schlüsselbegriffes hat den US-Bürger Anderson zwar bestürzt, aber nicht wirklich überrascht. Es war Anfang der neunziger Jahre, Fidel Castro regierte Kuba schon seit über drei Jahrzehnten, und die örtliche Schule war nach Eliseo Reyes benannt, einem treuen Guerillero, der den Che Guevara 1966 auf seiner Expedition nach Bolivien begleitet hatte und, dort gegen den Imperialismus kämpfend, sein Leben ließ. Über dem Haupteingang hing ein Holzschild mit der Inschrift: »Tod den Verrätern!« Das Alphabet wurde mit Hilfe kriegerischer Symbole gelehrt. Das F stand für *fusil* (Gewehr), das T für *tanque* (Panzer), und die ganze Fibel war gespickt mit Fotos und Sprüchen des *Comandante en Jefe*. »Es war unvermeidlich, dass Castro für meine Kinder zu einer vertrauten Gestalt wurde – halb Großvater, halb Gott«, schrieb Anderson viele Jahre später im *New Yorker*.

Außerhalb von Rumänien und Albanien gibt es wohl nicht

viele Landstriche in Europa, in denen die Erwachsenen sich an eine Kindheit unter dem Personenkult erinnern. Nur sehr vereinzelt dürften reifere Jahrgänge in Deutschlands neuen Bundesländern vor dem Einschlafen das Motto murmeln: »*Wer ist mit uns jung geblieben? – Walter Ulbricht, den wir lieben!*« Aber unter den Kubanern gilt es auch im Jahr 2012 als normal, dass die Kleinen im Kindergarten und die Schüler in Pionieruniform jeden Morgen nicht nur die Nationalhymne singen, sondern unisono und mit Begeisterung das Bekenntnis ablegen: »Folgen wir Fidel – damit wir werden wie Che!« Das ist seit 45 Jahren üblich – seitdem Castro den toten, aus Argentinien stammenden Guerillero zu seinem *alter ego* stilisierte: Che Guevara, der die Freiheit hatte, sein Leben im Kampf gegen die Unterdrücker zu opfern, war die andere Version des Comandante Fidel. Dem Original in Havanna aber musste der heroische Abgang verwehrt bleiben – wegen seiner Verantwortung für das kubanische Volk und für den endgültigen Sieg der Revolution.

Seitdem die kleine Bella die Volksschule *Eliseo Reyes* besuchte, hat sich an dieser selbst und an der Fibel für Abc-Schützen garantiert nichts geändert. Sollten die Mittel für eine Aktualisierung der Schulbücher vorhanden gewesen sein, mag allenfalls die Zahl der Fotos oder Zeichnungen zugenommen haben, auf denen an der Seite Fidel Castros dessen Bruder Raúl abgebildet ist. Andere lebende Leitfiguren sind vorsichtshalber nie in die Ikonographie der Revolution aufgenommen worden; wenn sie eine gewisse Popularität erlangten oder gar versuchten, sich eine eigene Machtbasis aufzubauen, wurden sie vom obersten Puppenmeister in die Versenkung befördert. Der gelernte Kinderarzt Carlos Lage Dávila (immer wieder diese Vorliebe Castros für Mediziner!) war nach dem Untergang der Sowjetunion ein Jahrzehnt lang Castros Liebling, sein relativ pragmatischer

Krisenmanager und Wirtschaftsplaner – eine Art Premierminister. Bald nachdem Carlos Lage begonnen hatte, energiesparend nicht mehr mit der Staatslimousine, sondern mit dem Fahrrad ins Büro zu kommen (die Versuchung des Populismus?), musste er im März 2009 auf alle politischen Ämter verzichten.

Es war ein Blitzschlag, der aus dem Ruhestand kam. Der seinerzeit 82-jährige und mehrmals operierte Fidel, der alle Staats- und Regierungsämter bereits im Februar 2008 an seinen vier Jahre jüngeren Bruder Raúl übertragen hatte, kehrte damit zum Herrschaftsstil seiner Jugend zurück. Auch 1959, während der ersten Monate nach seinem Sieg, hatte der Comandante über die Köpfe der Regierung hinweg alle wichtigen Entscheidungen getroffen, ohne durch ein Amt dazu legitimiert zu sein. Der ewig konvaleszierende Patriarch in der sportlichen Adidas-Kluft schasste zusammen mit Carlos Lage auch seinen Außenminister Felipe Pérez Roque – ausgerechnet jenes Kabinettsmitglied, das seine Karriere ausschließlich der hündischen Treue zum *Máximo Líder* zu verdanken hatte. Pérez Roque war jahrelang Fidels Privatsekretär gewesen, und er imitierte (wahrscheinlich unbewusst) die Ausdrucksweise und den Redestil seines Chefs so täuschend ähnlich, dass darüber schon Witze gerissen wurden: Fidel habe seinen Außenminister nicht nur großgezogen, sondern geklont.

Umso amüsanter war es für die Leser des Zeitungskolumnisten Castro, in den »Reflexionen des Genossen Fidel« zu erfahren, dass die beiden Entlassenen sich seines Vertrauens »unwürdig« erwiesen hätten. Der »Honig der Macht« habe in ihnen »Ambitionen geweckt, die Kubas Feinde mit Hoffnung erfüllten«. Diese etwas kryptisch formulierte Unterstellung suggerierte, dass entweder das »Imperium« (Washington) oder die »Würmer« (Exilkubaner in Miami)

Grund zu der Hoffnung hatten, in Carlos Lage und Felipe Pérez Roque auf Verbündete zu treffen – auf potentielle Mitverschwörer für jenen »Übergang zur Demokratie«, den die damalige US-Außenministerin Condoleezza Rice als Vorbedingung für die Aufhebung des amerikanischen Embargos genannt hatte. Dass diese Hochverrats-Unterstellung vollkommen aus der Luft gegriffen war, zeigte sich an der milden Bestrafung: kein Schauprozess, keine Erschießungen, nicht einmal Gefängnis oder Arbeitslager. Die beiden haben zunächst nur eher vage Reuebriefe über ihre »Fehler« (im Parteijargon ein vernichtendes Wort) schreiben müssen, die in den beiden kubanischen Tageszeitungen abgedruckt werden konnten.

Die banalere Wahrheit kam zwei Monate später heraus. Von Mitte April 2009 an waren hohe Offiziere der Streitkräfte und des Geheimdienstes sowie allerhand Parteiprominenz zu Video-Vorführungen ins Zentralkomitee geladen worden. Eine Version des hochbrisanten Materials war sieben Stunden lang, die andere dauerte knapp drei Stunden, und nicht alle durften sämtliche Aufnahmen sehen. Als dann auch mittlere Chargen mit einem der geheimen Videos bekannt gemacht wurden, war es mit der Geheimhaltung vorbei. *El Nuevo Herald* in Miami brachte die rundum authentische Story: »Das Leben der anderen«, kubanische Ausgabe, 21. Jahrhundert.

Wirtschaftszar Carlos Lage und Außenminister Pérez Roque waren befreundet genug, ihre Freizeit gemeinsam im Landhaus eines baskischen Geschäftsmanns in Arcos de Canasí nahe Havanna zu verbringen. Dabei wurden nicht nur die intensiven Handelsbeziehungen zwischen Spanien und Kuba besprochen, sondern auch Domino gespielt und entspannt geplaudert. Allzu entspannt: Die beiden tauschten belustigt ihre Erfahrungen auf ihren jeweiligen Treffen mit Fidel Castro aus, erzählten von seinen Altersschwächen und Schrulligkeiten und redeten auch sonst ungeniert über den »historischen Führer« der Revolution. Gewisse Zweifel an der Zukunftsfähigkeit des offiziellen Fidel-Nachfolgers Raúl Castro (Jahrgang 1931) wurden geäußert – wie auch über *dessen* designierten Nachfolger, den Ersten Vizepräsidenten José Ramón Machado Ventura: der ist – erraten! – Doktor der Medizin und alter Kämpfer aus der Sierra Maestra – und noch ein paar Monate älter als Raúl. Machado Ventura muss einmal Haarersatz getragen haben, denn Lage und Pérez Roque nannten ihn »der mit dem Toupet«. Tja, starker Tobak das alles. Was aus Pérez Roque geworden ist, scheint nicht bekannt zu sein, aber Dr. Carlos Lage bestreitet seinen Lebensunterhalt mittlerweile wieder im erlernten Beruf des Kinderarztes. Zwischendurch soll er Buße getan und in der Garage des Gesundheitsministeriums bescheiden als Parkplatz-Anweiser gedient haben.

Wer solche Geschichten in Buenos Aires, Lima oder São Paulo in guter Laune erzählt, muss bei manchen Zuhörern auf eine Verhärtung der Gesichtsmuskeln gefasst sein. Es gibt Anekdoten, Beschreibungen und Alltagsdetails aus Kuba, die in Lateinamerika bei vielen Politikern, Journalisten, Gewerkschaftern und Intellektuellen, aber auch sonst in weiten Kreisen des Mittelstands nicht so gut ankommen. Kuba hatte immer schon einen Sonderstatus. Negatives oder Ridiküles über Fidel Castro erregt selten Zustimmung oder gar Heiterkeit. Die Figur des stolzen Herausforderers, der den Amerikanern ein halbes Jahrhundert lang die Stirn geboten hat, genießt Respekt auch bei ganz unpolitischen Menschen. Selbst in Europa entwickelten standfeste Sozialdemokraten und liberale Linke, die für den Ostblock-Kommunismus nie etwas übrig hatten, seit jeher ein gewisses Faible, eine kaum verhehlte Sympathie für die kubanische, die heroische Variante des Sozialismus. Nur in den USA – deren Regierende sich gegenüber dem Castro-Regime in überparteilicher Einigkeit zahllose Plumpheiten und völkerrechtliche Verstöße geleistet haben – ist die Parole *Fair-play for Cuba* ein Dauerbrenner der hoffnungslosen Außenseiter.

Jeder Vergleich Fidel Castros mit europäischen Diktatoren des vergangenen Jahrhunderts – wenn nicht gar mit seinem chilenischen Antipoden Augusto Pinochet – wird allgemein als Verstoß gegen die guten Manieren empfunden. Das wird wohl immer so bleiben, auch wenn das kubanische Regime in der Statistik der Menschenrechtler gerade beim Chile-Vergleich partout nicht gut abschneidet. Und erst die Slogans, die den Betrachter zeitlich in die erste Hälfte des 20. Jahrhunderts zurückversetzen – oder geographisch nach Nordkorea verpflanzen: *Oberkommandierender Fidel – befiehl! Wir gehorchen,* heißt es in Riesenlettern auf vielen langen Mauern der langen Insel. Oder, noch knapper: *Für Kuba, mit Fidel.* Oder die ungemütliche Alternative: *Sozialismus oder Tod! Wir werden siegen!* Manches ist seit Jahrzehnten programmatisch überholt, wird aber pietätvoll erhalten: *Niemals die freiwillige Arbeit vernachlässigen, sie ist der Grundstein unserer kommunistischen Erziehung. Fidel.* Ein neuerer Slogan hat (sicher unbewusst) einen Unterton von Verzweiflung: *Niemals werden wir Fidel im Stich lassen!* Und manches klingt nach Durchhalteparole: *Die Waffen der Revolution und des Sozialismus werden nicht kampflos preisgegeben. Fidel* Und dann wieder der altmodisch-erzerne Ton des aufgeplusterten Diktators: *Arbeit, Disziplin, Härte. Fidel* Dieses Zitat löst bei italienischen Intellektuellen instinktiv abwehrende Gesten aus: nein, nein, das klinge zwar fast wie unter Mussolini (*Credere, obbedire, combattere! – Glauben, gehorchen, kämpfen!*), dürfe aber nie und nimmer mit faschistischer Herrschaft verglichen werden.

Eine Aufzählung der Menschenrechtsdefizite des sozialistischen Kuba macht in solchen Disputen überraschend wenig Eindruck. Die vielen Hinrichtungen der frühen Jahre, die Umerziehungslager, die politischen Gefangenen, die Indoktrinierung der Kinder, die zynische Emigrationspolitik, die Zeugnisse der Gefolterten, die totale Überwachung durch den Parteiapparat, die Komitees zur Verteidigung der Revolution und die Staatssicherheit, dazu die halberzwungenen Massenaufmärsche, die Dauerberieselung mit Propaganda, die Knebelung des freien Wortes ... Egal, ob in São Paulo, Paris oder Berlin: da rebelliert bei den Angesprochenen etwas im Innersten, sie besinnen sich plötzlich der harschen Realitäten unserer Welt, wie sie nun einmal ist, und vermissen beim Kuba-Kritiker einen Sinn für Proportionen. Weshalb auf seine Vorhaltungen ein zögerliches: »Gewiss, aber ...« erklingt, wenn nicht gar ein gedehnt skeptisches: »Das mag so sein – oder auch nicht. Indessen ...«

Ja, indessen. Auf Kuba bettelten keine Kinder auf den Straßen, sondern sie gingen alle in die Schule. Die Chancengleichheit, die in den USA stets hochherzig beschworen wird, war für die Bürger Kubas eine Realität. Selbst die Tochter des simpelsten Landarbeiters erhielt die Chance, zur Ärztin oder Künstlerin aufzusteigen. Anders als in Mexico City oder Rio de Janeiro, träumten die Jugendlichen in Havanna nicht davon, Bandenchef oder Drogenbaron oder Zuhälter zu werden. Es gab keine Diskriminierung von Bürgern dunkler Hautfarbe, und Frauen hatten die gleichen beruflichen Aufstiegsmöglichkeiten wie Männer. Das Essen auf Kuba war knapp und oft eintönig, aber anders als in den meisten Ländern Lateinamerikas: niemand musste hungern! Die meisten der Alltagsnöte und Entwicklungsmängel auf der Insel waren nicht dem Sozialismus Fidel Castros zuzuschreiben, sondern dem amerikanischen Handelsembargo, das seit einem halben

Jahrhundert sein Regime zu strangulieren versuchte. Trotz mancher Rückschläge war der Zugang zu Ärzten und Krankenhäusern und Arzneien für alle Kubaner weiterhin absolut kostenlos. Im Bezirk Havanna war die Kindersterblichkeit geringer als in Washington, D. C.

Das waren starke Argumente. Sie verloren ein wenig an Überzeugungskraft, wenn man Fidel Castro selbst die Verteidigung übernehmen ließ. In einem unendlichen Gespräch mit dem nicaraguanischen Sandinistenführer Tomás Borge behauptete Castro 1992, dass »in keinem Land der Welt mehr für die Menschenrechte getan wurde als in Kuba«. Weil es seit der Revolution keine bettelnden Kinder gebe, keine Analphabeten, keine Obdachlosen, keine Kinderprostitution, keine Unterschiede zwischen Arm und Reich, keine Ausbeuter und keine Ausgebeuteten – und »keine einzige Frau sich jemals für ihren Lebensunterhalt prostituieren musste«. Solche Sprüche des *Maximo Líder* waren nun doch, um mit Angela Merkel zu reden, nicht hilfreich. Zu einem Zeitpunkt, da der Sextourismus auf Kuba richtig in Schwung gekommen war und sogar sporadisch bekämpft wurde, klang Castro nun geradezu weltentrückt. Doch der Comandante war zu der Zeit erst 76, alles andere als debil oder realitätsblind – und weit davon entfernt, an seine eigenen Worte zu glauben.

Liegt die Wahrheit über Kuba womöglich druckfertig in der Schublade eines Nobelpreisträgers? Gabriel García Márquez hat nach eigener Darstellung ein ganzes Buch, an die 700 Seiten, über das Leben und den Alltag im sozialistischen Inselparadies geschrieben. Die Arbeit daran begann 1975 – als der schon weltberühmte Romancier wieder zum Reporter wurde und mit Notizblock und Tonbandgerät durch die Straßen Havannas zog, jeden ansprechend, der ihm interessant erschien. Zunächst sollten nur ein paar Artikel daraus werden – mit dem erklärten Ziel, aller Welt die harten Auswirkungen des US-Handelsembargos auf das kubanische Volk vor Augen zu führen. Unter dem Titel *Der Alptraum der Blockade* ist das auch bald erschienen, aber Gabo wollte mehr, nahm sich einen Wagen mit Fahrer plus Fremdenführer und kreuzte sechs Wochen auf der Insel herum.

»Ich habe jeden Quadratzentimeter des Landes aufgesucht«, schrieb er daraufhin. »Ich habe mit Arbeitern und Soldaten, mit Bauern und Hausfrauen, mit Schulkindern und einigen der mächtigsten Männer im Staate gesprochen, und ich glaube nun selbst gesehen zu haben, dass es keinen Winkel auf der Insel gibt, den die Revolution nicht mit der gleichen Intensität erreicht hätte, und dass darin kein einziger Mensch lebt, der sich nicht mitverantwortlich fühlte für die ganze Schicksalsgemeinschaft. Diese Reife ist in jedem Bereich des kubanischen Alltags offenkundig, und in ganz besonderer Weise natürlich in der Person Fidel Castros.« Sich seine allererste Begegnung mit Fidel im Januar 1959 in Erinnerung rufend, beschrieb er diesen als »knochig und bleich, mit dem jünglingshaften Bart, der nie seine ganze Fülle erreichte. Er erweckte einen solchen Eindruck von physischer Kraft und eisernem Willen, dass er über seinen eigenen Körper hinauszuwachsen schien. Aber etwas in seinen Augen enthüllte das verletzliche Herz eines Kindes …«

An García Márquez' damaligem Kuba- und Castro-Bild gemessen, waren die Agitprop-Berichte des »rasenden Reporters« Egon Erwin Kisch aus der frühen Stalinzeit von geradezu defätistischer Nüchternheit. Es hat dann tatsächlich nur noch zwei Jahre gedauert, bis Fidel sich von Gabos Zuverlässigkeit überzeugt hatte und ihn 1977 spektakulär im »Hotel Nacional« von Havanna aufsuchte. *The beginning of a wonderful friendship.*

Doch Gabo hatte auf Kuba vor nunmehr 35 Jahren gewiss viel mehr wahrgenommen, als in ein paar Gefälligkeitsreportagen unterzubringen war. Immer wieder hat er vor Kollegen oder in Interviews erwähnt, dass ein großes Kuba-Buch im Entstehen oder schon so gut wie fertig sei. Außerdem hat er das Land mittlerweile ja noch viel besser kennengelernt – nun auch aus der Perspektive des Machtzentrums, sozusagen durch die Augenschlitze seines Freundes, des Diktators. Gegenüber dem *Playboy* erläuterte der Nobelpreisträger Anfang der achtziger Jahre jedoch seinen Entschluss, die Veröffentlichung hinauszuschieben: »Es ist wahr – es ist ein ehrliches, offenes Buch. Es wäre sehr einfach für jemanden, einzelne Sätze aus dem Zusammenhang gerissen zu zitieren, um Kuba anzugreifen. Das möchte ich verhindern, aber das ist nicht der Grund für die Verzögerung. In Wirklichkeit warte ich darauf, dass etwas passiert – etwas Großes, wie die Aufhebung des amerikanischen Embargos – bevor ich es ganz zu Ende schreibe.« Doch kein amerikanischer Präsident würde die Kuba-Politik aller seiner Vorgänger seit John F. Kennedy desavouieren, indem er das Embargo ohne triftigen Anlass aufhebt – auch Barack Obama nicht. Und als ein triftiger Anlass, das weiß García Márquez sehr wohl, würde in Washington wohl erst das Ende der Castro-Herrschaft gelten. Vertraute von Gabo meinten deshalb, das Buch werde wohl nur postum erscheinen können: entweder nach dem Tod Fidels – oder dem seines Altersgenossen García Márquez.

Es wurde bereits erwähnt: Jeder Mensch habe drei Leben, hat Gabo einmal bedeutungsschwer wissen lassen – ein öffentliches, ein privates und ein geheimes. Das Kuba-Buch in der Schublade, von dem er so oft und gerne redete, gehört bisher in die dritte Kategorie, ins Geheimfach seines Lebens. Oder kokettiert der Magier vielleicht nur mit der Existenz eines gewaltigen, womöglich kompromittierenden Manuskripts, das wie eine Drohung über dem Regime hängt? Die öffentliche Freundschaft zwischen Gabo und Fidel könnte nicht herzlicher sein; aber die private und geheime Seite ihres Verhältnisses mag durchaus einen Zug ins Abgründige haben. Gabos peruanischer Rivale und Nobelpreis-Kollege Mario Vargas Llosa machte es sich womöglich zu leicht, wenn er Fidel Castros Freund und häufigen Gast nur als »Höfling« und »Alibifigur« des Diktators abqualifizierte.

Man muss kein Kenner der Weltliteratur sein, um in dem versprochenen Kuba-Wälzer eine potentielle Bombe zu wittern. Dafür sorgt García Márquez selbst, indem er als seine Vorbilder beim Verfassen dieses Buches etwas befremdlich anmutende Werke nennt. Die Insel Kuba habe er so genau beobachtet wie einst Bartolomé de Las Casas, verkündete Gabo – jener spanische Bischof und spätere Dominikanermönch, der mit seinem *Kurzgefassten Bericht von der Verwüstung der Westindischen Länder* (1516) die Grausamkeit der Kolonialherren enthüllte. Und sein rein literarisches Vorbild für das entstehende Werk – so García Márquez weiter – sei der Engländer Daniel Defoe, der Schöpfer von Robinson Crusoe und Molly Flanders. Aber nicht in dessen Romanen hat Gabo, wie er betonte, nach Inspiration gesucht – sondern in Defoes düsterem Tagebuch *Journal of the Plague Year* (1722), das auf Deutsch *Die Pest zu London* betitelt ist.

An der Hintergründigkeit der Person Gabos gemessen, klingen die Vorwürfe gegen ihn allzu simplistisch. Aus dem Londoner Exil hatte der Kubaner Guillermo Cabrera Infante dem einstigen Freund *delirium totalitarium* vorgeworfen. Die Kritik von Vargas Llosa, von Susan Sontag und vielen anderen Intellektuellen an seinem »Schweigen im Angesicht des Unrechts« aber schien Gabo nicht sonderlich zu verbittern. Er allein, entgegnete er, habe mit stiller Diplomatie mehr politischen Gefangenen auf Kuba zur Freiheit verholfen – und kubanischen Schriftstellern den Weg ins ersehnte Exil eröffnet – als das ganze Gezeter der intellektuellen Mandarine in Europa und den USA. Kritik an Fidel und an der Revolution verbiete sich, wenn sie dem Feind, dem Imperium nützt, entgegnete er. Jede Blöße könnte den Revanchisten in Florida und den Reaktionären in Washington als Vorwand dienen, um gegen das kubanische Volk vorzugehen. Da diese Logik seit dem Untergang der Sowjetunion an Überzeugungskraft verloren hat, legte García Márquez sich eine andere manichäische Argumentation zurecht, die gleichfalls zu kompromissloser Parteinahme zwinge.

Gabo selbst hat das nirgendwo zu Papier gebracht, aber sein Jugendfreund und Landsmann Plinio Apuleyo Mendoza – der ihn im Januar 1959 beim ersten Besuch des revolutionären Kuba begleitet hatte – zeichnete es auf und gab es weiter: »Um es in Gabos eigener Metapher zu sagen, stehen für einen lateinamerikanischen Intellektuellen nur zwei Suppen auf dem Menü. Eine der Suppen enthält ein gewisses Quantum an Freiheit – die Möglichkeit, Meinungsartikel in den Zeitungen zu publizieren, Reden von den Balkonen zu halten, zum Senator oder Stadtverordneten gewählt zu werden; aber die Kinder hungern und können nicht lesen, und die Kranken finden kein Hospital, das sie aufnimmt. Die andere Suppe auf der Speisekarte hat nicht die freiheitlichen Ingredienzen zu bieten, die in der ersten zu schmecken sind, aber das Elend ist abgeschafft, die Kinder können essen und zur Schule gehen, sie haben ein Dach über dem Kopf, es gibt Hospitäler für die Kranken, und die Klassenunterschiede sind überwunden. Zwischen diesen beiden Suppen, zwischen diesen beiden Wirklichkeiten – der einzigen Alternative, die das Weltmenü zu bieten hat – musste ich mich entscheiden. Und ich habe mich entschieden.«

Das klingt durchaus nach Originalton Gabo. So hat García Márquez das wohl schon öfter, vor längerer Zeit, dem einen oder anderen alten Freund am Kaffeehaustisch in Cartagena oder Ciudad de México auseinandergesetzt. Es ist im Grunde dieselbe Argumentation, die einem Kuba-Kritiker entgegenschlägt, wenn er irgendwo zwischen Buenos Aires und Berlin unter weltoffenen Leuten die Kalamitäten des kubanischen Systems aufzählt – den Führerkult, die Gerontokratie der alten Kämpfer, den Überwachungsstaat, die Indoktrinierung der Schulkinder, die Gewalt gegen Andersdenkende, die Verbrechen im Namen der Revolution, die Internet-Zensur. Alles sehr bedauerlich, gewiss, ein unnötig hoher, ja blödsinniger Preis, der da bezahlt werde – aber die Kinder gingen in die Schule, statt im Müll nach Essbarem zu wühlen oder dem Gringo einen *blow-job* anzubieten.

Wenn George Orwell sich im London der frühen Nachkriegsjahre mit einem der vielen Apologeten Josef Stalins stritt und an die unendlichen Grausamkeiten des Sowjetregimes erinnerte, bekam er vielfach das ungeduldige Argument zu hören: *»You can't make an omelette without breaking eggs!«* Worauf Orwell antwortete: *»Allright. But where is the omelette?«*

Ja, was ist aus dem kubanischen Omelett geworden? Inzwischen fliegen Sextouristen ebenso gerne nach Kuba wie nach Brasilien oder Thailand, wenn sie auf 13-jährige scharf sind.

HINFÄLLIGKEIT

Die alarmierende Verwandlung begann am 20. Oktober 2004, gegen zehn Uhr nachts – als der Vorsitzende des Staats- und des Ministerrates, der Oberbefehlshaber der Revolutionären Streitkräfte und Erste Sekretär des Zentralkomitees der Kommunistischen Partei Kubas, Dr. Fidel Castro Ruz, nach einer nur einstündigen Rede und den energischen Ausrufen »Es lebe die Revolution! Es lebe der Sozialismus! Immer vorwärts bis zum Sieg!« eine abwärtsführende Treppenstufe verfehlte und vor 25 000 Augenzeugen in voller Länge auf den Saalboden krachte.

Der Vorfall ereignete sich im Che-Guevara-Auditorium der mittelkubanischen Provinzhauptstadt Santa Clara, direkt unter dem Che-Guevara-Denkmal und dem gleichnamigen Mausoleum, wo umstrittenes Gebein aus Bolivien zur Rechtfertigung einer monumentalen Kultstätte dient. Die andächtig verschlafene Menschenversammlung hatte einer Ansprache Fidel Castros über die Fortschritte der Kunsterziehung auf Kuba gelauscht; für die Slapstick-Komik des Vorfalls aber fehlte dem Publikum jeder Sinn: Auf den Gesichtern war allein nacktes Entsetzen zu lesen. Ein Reuters-Reporter stellte fest, dass viele Menschen im Publikum zu schluchzen begannen, als der *Máximo Líder* auf die Seite getragen wurde.

Die überwältigende Mehrheit der Kubaner durfte diese Szene nie zu Gesicht bekommen, die Fernsehübertragung endete mit dem rituellen Beifall nach »Immer vorwärts bis zum Sieg!«. Die Exilgemeinde in Südflorida jedoch (nahezu eine Million Menschen) konnte sich später an jedem Detail des Videoclips satt sehen: wie der damals 78-jährige Fidel Castro im maßgeschneiderten Kampfanzug die gewohnten markigen Sprüche hervorstieß, wie er darauf – mit abgespreiztem kleinem Finger – einen Schluck aus dem Wasserglas nahm und wie er anschließend mit altersfrischem Elan seinen unheimlich starken Abgang hinlegte.

Natürlich war es nichts als ein bedauerliches Malheur, wie es jedem zustoßen kann. Der Sturz hatte nichts zu bedeuten und sagte nichts aus über den Gesundheitszustand des Comandante. Aber er würde sich herumsprechen: in der Revolutionsführung, im diplomatischen Korps und natürlich auch im Volk. Trotz aller Benommenheit hat Fidel Castro die Gefahr der Entzauberung, die von einem solchen öffentlichen Missgeschick ausgehen kann, blitzartig erfasst und prompt reagiert. Kaum eine Minute der Bestürzung und des beklemmenden Schweigens war verstrichen, da hatte er schon seine Lieblingswaffe in der Hand – ein Mikrophon. Damit brachte er die Situation unter Kontrolle. Erleichtert hörte die Versammlung, obwohl es ihn kaum noch sehen konnte, seine altvertraute hohe Stimme. »*Compañeros* ...« Halb auf einer Sitzbank ausgestreckt, in Schweiß gebadet, zweifellos geschwächt, aber ohne Anzeichen von Erschütterung, redete Fidel Castro besänftigend auf die Anwesenden und auf die später zugeschaltete Nation ein: »Bitte entschuldigt meinen Unfall. Und damit niemand nun zu spekulieren beginnt: ich habe einen Bruch in meinem Knie und vielleicht auch in einem Oberarm.« Die Selbstdiagnose erwies sich schon nach wenigen Stunden als zutreffend.

In das allgemeine Gemurmel der Erleichterung hinein hatte Fidel Castro noch eine warnende Bemerkung geschickt: »Aber ich kann auch dann noch reden, wenn man mich ganz in Gips steckt! Und selbstverständlich bin ich weiterhin arbeitsfähig.« Hinterher bestand der Comandante darauf, den Schauplatz nicht in einem Krankenwagen zu verlassen, sondern in einem Militärfahrzeug. Das war er der Aura der physischen Unverwundbarkeit schuldig, die ihn seit Moncada begleitete – dem gescheiterten Überfall auf die Heereskaserne im Juli 1953, bei dem so viele seiner Mitkämpfer ums Leben kamen oder ermordet wurden, er selbst aber mirakulös entkommen konnte. Nur war es dann doch kein Militärfahrzeug, sondern die gewohnte Mercedesflotte, die den Oberkommandierenden durch die aufgeschreckte Menschenmenge in Santa Clara fuhr, ehe er außerhalb der Stadt diskret in einen Krankenwagen umgeladen wurde.

Aber von nun an war nichts mehr ganz wie vorher. Der Erklärungsaufwand, zu dem Fidel sich veranlasst fühlte, war verräterisch: Er diktierte einen langen Erlebnisbericht, der in sämtlichen Medien verlesen oder abgedruckt wurde – einschließlich der Mitteilung, dass sich schon während der Fahrt ins Hospital auf seinem Handy der Oberstleutnant Hugo Chávez aus Venezuela gemeldet habe, um ihm rasche Wiederherstellung zu wünschen. Nach dem Hinfall von Santa Clara wurde jeder öffentliche Auftritt des bislang unverwüstlichen Kraftpakets nicht nur von den Diplomaten und vom kleinen ausländischen Pressecorps in Havanna, sondern auch in der Bevölkerung mit großen Augen und Geflüster registriert. Der Fidel Castro schon vor 40 Jahren halbamtlich zugeschriebene Spitzname *El Caballo* (das Pferd), der seine Arbeitsenergie und seine Unverwüstlichkeit in volkstümlicher Formel unter die Leute gebracht hatte, kam allmählich, wie auf Absprache, außer Gebrauch. Und Fidel Castro selbst war es dann, der 14 Monate später das tabuisierte Gebrechlichkeits- und Gesundheitsthema aufgriff: vor einer ausgesuchten Zuhörerschaft in der Universität Havanna –

und der im Fernsehen nun immer zeitversetzt zuschauenden Nation.

Sehet her, der Zeigefinger zittert nicht! Es wurde mäuschenstill in der Aula Magna, und alle blickten wie hypnotisiert auf den ausgestreckten langen Index des Oberkommandierenden. Mit weit aufgerissenen Augen und dramatisch erhobenen Brauen bewegte Fidel ganz langsam seinen waagrecht vorgestreckten rechten Arm und schien im Halbrund auf jeden der Anwesenden zu zeigen, ehe er zum Abschluss seines Kabinettstückchens hohnlachend feststellte: »*El Parkinson mio es una invención de la* CIA*!*« – die ihm zugeschriebene Parkinson-Krankheit sei nichts als eine Erfindung des amerikanischen Geheimdienstes.

Das war Ende November 2005, als die Universität Havanna ein akademisches Jubiläum von historischer Tragweite feierte: 60 Jahre zuvor war an dieser Bildungsstätte der 19-jährige Student Fidel Castro in der juristischen Fakultät immatrikuliert worden. Um diesem Datum die gebührende Würdigung zu verschaffen, hielt der 79-jährige Revolutionschef in der Aula Magna eine mindestens vier Stunden lange Ansprache – wie so oft: über jeden Gegenstand, der ihm gerade in den Sinn kam. Mit Erinnerungen an seine Studienzeit allerdings traktierte er die Professoren und Studenten lieber nicht: Für den mit Schlagringen, Messern und Revolvern geführten Bandenkrieg, an dem der junge Fidel Castro in der Epoche des *gangsterismo* herausragend teilgenommen hatte, wären kubanische Kommilitonen im Sozialismus auf Jahrzehnte hinter Gittern gelandet. Doch anders als das meiste, was der Comandante sonst – in nicht enden wollenden Girlanden meist wohlkonstruierter Schachtelsätze – dem Volk zu unterbreiten pflegte, ließ diese Rede an manchen Stellen tatsächlich aufhorchen. Viele Kubaner sind mit einer Art Sensor ausgerüstet, der sie aus dem Halbschlaf oder aus ihren Tagträumereien weckt, wenn der *Máximo Líder* wider Erwarten etwas Neues oder Brisantes von sich gibt. Und nichts war auf der Insel brisanter als das Thema, das die Diplomaten in Havanna hüstelnd den »biologischen Faktor« zu nennen pflegten. Fidel stand nun im 80. Lebensjahr, und er würde in wenigen Wochen sein 47-jähriges Jubiläum als Alleinherrscher Kubas feiern können. Dem von der Geschichte des 20. Jahrhunderts schon immer besessenen Fidel Castro mochte dabei eine schauerliche Rekordmarke nicht entgangen sein: Er war nun schon genauso lange an der Macht wie Lenin und Stalin und Hitler zusammen.

Auch in dieser Jubiläumsrede kam *Bushesito* wieder vor. Von diesem *Bushesito* sprach Fidel Castro oft und gerne, weil das abschätzige Diminutiv vor jedem Publikum einen Lacher garantierte. Und *Bushesito* – US-Präsident George Bush der Jüngere – hatte gerade öffentlich über eine »Übergangszeit« auf Kuba nachzudenken gewagt: eine Zeit nach dem Ableben oder bei etwaiger Amtsunfähigkeit des unabsetzbaren Comandante. Daher die Demonstration mit dem zitterfreien Zeigefinger, der sich zum Abschmettern verleumderischer Verdächtigungen des Imperiums eignete. Castro zeigte auch keine Scheu, über den spektakulären Hinfall in Santa Clara zu sprechen, dessen Anblick er den Kubanern vorenthalten hatte. Im Rückblick sei er sogar dankbar für jenen Sturz, rief Fidel seinen Landsleuten zu: »Auf einmal brauchte ich Gymnastik, und dazu gehört Selbstdisziplin. Die ist mir seither erhalten geblieben. Heute esse ich kein Gramm mehr, als meiner Kondition zuträglich ist.« Und was seinen Arm betreffe, der in Santa Clara zu Bruch gegangen war: Er habe inzwischen an einem Schießstand geübt und festgestellt, dass er damit genauso gut zielen – und treffen – könne wie zuvor: »Ich benutzte meine bewährte Browning-Pistole. Die hat 15 Geschosse im Magazin.«

Jeder alte Herr mit Macho-Gehabe wandelt ein wenig am Rande der Lächerlichkeit. Der Filmemacher Oliver Stone meinte es gut, als er kurz zuvor den *Máximo Líder* in voller Fitness-Aktion verewigte: Mit bequemen Nikes statt der schweren Stiefel legte Fidel Castro im Revolutionspalast an endlosen Bücherregalen vorbei einen halbmilitärischen *Powerwalk* hin – worauf er seinen Daumen an die Pulsader legte. Und nachdem er in tiefer Konzentration den eigenen Herzrhythmus mit der Sport-Rolex kontrolliert hatte, verkündete er seinem Bewunderer aus Hollywood das Ergebnis: »*Excelente!*«

Dies dürfte auch für Condoleezza Rice eine beruhigende Nachricht gewesen sein. Wie so viele ihrer Vorgänger präsidierte die damalige US-Außenministerin einem »Ausschuss zur Unterstützung eines freien Kuba«, der die Herbeiführung von demokratischen Wahlen begünstigen sollte – sobald die »unvermeidliche Voraussetzung für echten Wandel gekommen ist«. Unvermeidlich ist nur der Tod, weshalb das Wort »inevitable« auf das allfällige Ableben Fidel Castros anspielte und eine geduldig abwartende Haltung der US-Regierung signalisierte. Was die Chefin des State Department damit zu Protokoll gab, bedeutete aber auch, dass ein US-Präsident nach dem Tod Castros nahezu »unvermeidlich« in Zugzwang geraten würde. Trotz aller Szenarien oder Planspiele der US-Regierung und der Washingtoner Denkfabriken für einen friedlichen Übergang vom Castro-Kommunismus zu einem demokratischen Kuba – niemals seit dem Zusammenbruch des Sowjetimperiums war das Weiße Haus dürftiger auf eine karibische Krise vorbereitet als unter George W. Bush. Womöglich schloss Condi Rice, Presbyterianerin aus Alabama, das Wohlbefinden des Comandante schon täglich in ihr Abendgebet ein.

Und die Lage ist ja nicht gerade einfacher geworden, seitdem die derzeit einzige Supermacht von Barack Obama geführt wird. Afghanistan, Iran, Nordkorea, Pakistan, Palästina – und weiterhin Libyen und Irak und dann auch noch Syrien: es sind zu viele Krisenherde auf einmal, mit denen das überschuldete und wirtschaftlich überforderte Amerika fertig werden muss (oder zu müssen glaubt). Noch ein unberechenbarer Konflikt – vor der eigenen Haustür und unter der Nase der exilkubanischen US-Bürger – wäre für Washington ein Alptraum. Zwar ist das Waffenarsenal, das die Sowjetunion den Kubanern hinterlassen hat, schon recht veraltet und wegen Treibstoffknappheit nur begrenzte Zeit einsetzbar. Aber die Gebrüder Castro haben einen auf Heroismus und Wehrfähigkeit fixierten Militärstaat geschaffen, sie befehligen eine Viertelmillion ausgebildeter Soldaten und Milizionäre. Außerdem verfügen sie über eine große Reserve kampferprobter Veteranen, von denen so manche auch als 60-Jährige noch gerne zur Kalaschnikow greifen würden.

Nichts wäre frivoler, als im Turbulenzfall eine fremde »Friedenstruppe« in ein solches Umfeld zu entsenden. Egal, ob unter dem Sternenbanner oder einer »interamerikanischen« Flagge: es wäre ein Desaster. Im US-Wahljahr 2012 versuchte Newt Gingrich im Ringen um die Präsidentschaftskandidatur dennoch, den Republikanern Floridas ein von den Castro Brothers befreites Kuba vorzugaukeln: Er, Gingrich, würde als Barack Obamas Nachfolger einen »kubanischen Frühling« nach dem Vorbild der arabischen Welt zu entfesseln wissen. In Havanna und Santiago also Demonstrationen bis hin zum Volksaufstand, wie in Kairo oder Tunis oder gar in Libyen? Selten dürften Hybris und Demagogie eine abstrusere Idee geboren haben: Der Sicherheitsapparat des Hauses Castro würde überaus blutig zurückschlagen, und dann stünde Washington tatsächlich vor der

Herausforderung eines militärischen Eingreifens – mit den sprichwörtlichen »unabsehbaren Konsequenzen«. Nur eine Minderheit rabiatester Exilkubaner würde sich für einen solchen Abenteuerkurs begeistern. Weshalb der Republikaner Newton Leroy Gingrich bei den Vorwahlen in Florida auch schwungvoll gestrandet ist.

»*La Condesa Rice!*«, hatte der alte Fidel vor den Studenten und Professoren seiner einstigen Alma Mater gehöhnt – fast wie in den besten Zeiten. Es machte ihm Spaß, die schwarze amerikanische Außenministerin durch Verballhornung ihres ungewöhnlichen Vornamens als »Gräfin Rice« zu apostrophieren. Auf Condi hatte er es besonders abgesehen, weil sie das Thema »Übergang« (in Richtung Demokratie) unvorsichtiger formuliert hatte als ihr Präsident. Bei aller Sprunghaftigkeit hat Fidel Castro zumindest einer Allergie die Treue gehalten – gegen Reizworte wie Presse- und Meinungsfreiheit, Opposition und freie Wahlen sowie gegen die Erwähnung des Umstands, dass es ihn eines Tages nicht mehr geben würde. Als er aus dem State Department das Reizwort »Übergang« *(transición)* vernahm, schlug er sofort los: »Die Gräfin Rice kann sich jederzeit davon überzeugen, dass in der Republik Kuba die *transición* in vollem Gange ist – der Übergang vom Sozialismus zum Kommunismus!«

Es waren wohl nicht zuletzt solche rhetorischen Adrenalinstöße, die Fidel immer wieder über seine offensichtlich gewordene Hinfälligkeit hinwegzuheben vermochten. Im neuen Jahrtausend herrschten in Moskau ja längst keine greisen Kommunisten mehr, die seinen Vorzeige-Sozialismus zähneknirschend finanzierten und ihn mit Öllieferungen vor dem Untergang bewahrten. Keine Befreiungsbewegungen in der weiten Dritten Welt verlangten mehr nach kubanischen Panzerführern, Ausbildern oder Kampftruppen. Und die einstigen Blockfreien Staaten – vor über einem halben Jahrhundert von Nehru und Nasser, Tito und Sukarno trotzig zwischen die beiden Weltblöcke gestellt – zeigten keinen Bedarf mehr nach dem schneidigen Wortführer Castro. Der hatte bei ihnen während der siebziger Jahre die Spitzenrolle übernehmen können, ihnen die Welt vulgärmarxistisch und sowjetfreundlich erklärt – bis ihm 1979, ausgerechnet auf der Blockfreien-Konferenz in Havanna, die Mehrheit der Dritten Welt den Rücken zukehrte. (Auch das hat ihre Bewegung nicht davor bewahrt, in die Bedeutungslosigkeit abzusinken.) Und trotz seines Abstiegs als Drittwelt-Stimmführer hatte der späte Fidel immer noch die Stirn, als der große Herausforderer des Imperiums aufzutreten? Wie weit doch Verblendung tragen kann.

Aber immer wenn du glaubst, es geht nichts mehr, kommt von irgendwo ein Lichtlein her: bei Anbruch des 21. Jahrhunderts klang in Fidels Rhetorik ein neuer Ton auf, es strömte Hoffnung in die Verbissenheit seiner Durchhalteparolen. Mit ungewohnter Wärme in der Stimme erzählte er in der Aula Magna von seinem neuen Freund, der einen direkten Draht zu ihm hat. Nach den spektakulären Knochenbrüchen unter dem Che-Guevara-Mausoleum, während der langen Fahrt zur Klinik des Politbüros in Havanna, hatte der blessierte *Comandante en Jefe* die fernmündliche Anteilnahme eines anderen Kommandanten erhalten: des Fallschirmspringer-Oberstleutnants Hugo Chávez aus Caracas.

Wenn es fortan etwas gab, was die gesundheitlichen – und auch die politischen und wirtschaftlichen – Rückschläge für Fidel Castro abfederte und erträglich machte, dann war das dieser pittoreske Nachahmer aus Venezuela, der ihm bereits 1994 unverhofft zugelaufen war.

Obwohl noch weit entfernt von einer politischen Machtstellung in seiner Heimat, besaß der junge Offizier mit dem breiten Mestizengesicht doch ein biographisches Merkmal, das ihn für eine Begegnung mit dem kubanischen Präsidenten qualifizierte: *Teniente Coronel* Hugo Chávez war gerade nach zwei Jahren Gefängnishaft freigekommen – nachdem er im Morgengrauen des 2. Februar 1992 in Caracas einen amateurhaften und trotzdem blutigen Putschversuch gegen die Regierung von Präsident Carlos Andrés Pérez unternommen hatte. (Diese war zwar höchst unpopulär, aber demokratisch legitimiert.) Die Erfahrung eines fehlgeschlagenen Umsturzes – das verbindet wohl, unabhängig von der politischen Couleur. Fidel Castro empfing den beinahe 30 Jahre jüngeren Putschisten aus Venezuela besonders herzlich: Es war ihm berichtet worden, Hugo Chávez' bevorzugte Gefängnislektüre seien – neben den Werken Simón Bolívars – die gesammelten Reden des Comandante Fidel Castro gewesen. Außerdem war der Gast dem kubanischen Staatschef als ein – für militärische Verhältnisse – überraschend kompetenter Volksredner geschildert worden.

Als Putschist aber taugte »Hurrikan Hugo« nicht viel. Es war ein klägliches Unternehmen gewesen: Als sein einziger Panzer wie ein riesiges Insekt die Marmortreppen des Miraflores-Palais erklomm, befand sich Präsident Pérez, den er gefangennehmen wollte, gerade ganz woanders; am Ende blieb Chávez nichts mehr übrig, als Zuflucht in einem Armeemuseum zu nehmen, wo er prompt die Verbindung zu seinen Mitputschisten verlor. Aber der ganze Kontinent erlebte den Vorfall als Schock, und der Panzer vor dem Palais wirkte wie ein auferstandenes Relikt einer totgeglaubten Epoche. Die Zeit der Staatsstreiche und Militärregime in Lateinamerika galt seit der zweiten Präsidentschaft Ronald Reagans als abgeschlossen. Nach dem Ende der Pinochet-Diktatur in Chile und dem Abtritt einiger karibischer Gewaltregime durfte es aus Washingtoner Sicht nur noch einen einzigen illegitimen Herrscher geben, den alle Demokraten zu ächten hatten – Kubas Castro. Was in Caracas vor sich ging, war ein Anachronismus – ein Putsch gegen den Zeitgeist.

In einer unbegreiflichen Fehleinschätzung haben die venezolanischen Militärs ihren rebellierenden »bolivarianischen« Waffenbruder nach der Gefangennahme gebeten, seine Mitverschwörer über Rundfunk und Fernsehen zur Kapitulation zu bewegen. Diesen Auftrag nahm Hugo Chávez nur allzu gerne an – unter der Bedingung, dass er vor den Kameras in voller Uniform sprechen dürfe. Er nutzte die Gelegenheit zu einer Aufforderung an die Mitputschisten, den Umsturzversuch »vorerst« abzubrechen – und zu einer aufmüpfig-schlauen Ansprache, die ihm blitzartig die Sympathien der Armen gewann. Doch nicht nur die Venezolaner in den Slums und Elendshütten fühlten sich von dem Oberstleutnant angesprochen – auch das patriotisch-nationalistisch gesinnte Kleinbürgertum, das für Tiraden gegen den *Yanqui* immer empfänglich ist. Ähnlich wie ein halbes Jahrhundert vor ihm Fidel Castro mit seinem Plädoyer *Die Geschichte wird mich freisprechen* war Hugo Rafael Chávez Frías dank seiner vaterländischen Rhetorik zu einem Nationalhelden hinter Gittern aufgestiegen. Und als er nach nur zwei Jahren vom greisen Präsidenten Rafael Caldera begnadigt wurde (noch eine Parallele zu Castro!), warteten schon Zehntausende seiner Anhänger darauf, ihn – wie einst Fidel – auf den Schultern durch die Hauptstadt zu tragen.

Der Staatsratsvorsitzende Fidel Castro empfing den freigelassenen Knastbruder 1994 wie einen Amtskollegen auf Staatsbesuch. Hugo Chávez war mehrere Tage lang der Ehrengast und ständige Gesprächspartner des *Máximo Líder*, und er erklärte nach seiner Heimkehr nach Caracas, Fidel sei für ihn ein »geistiger Vater« geworden. Mit dem Segen des alten Comandante war in Lateinamerika – ungeachtet der überwiegend schlechten Nachrichten aus Kuba – immer noch politischer Profit zu machen. Jedenfalls hat die plötzliche ideologische Nähe zum Castro-Regime dem Kandidaten mit dem weinroten Fallschirmjäger-Barett nicht geschadet: die Venezolaner hatten die Parteienherrschaft ihrer Sozialdemokraten (AD) und Christdemokraten (COPEI) nach 40 Jahren so gründlich satt, dass sie im Dezember 1998 deren Spitzenpolitiker den Rücken zukehrten und lieber einem fuchtelnden Oberstleutnant mit 56 Prozent der Stimmen in den Miraflores-Palast beförderten. Die demokratische Aufbauarbeit der Friedrich-Ebert- und der Konrad-Adenauer-Stiftung, die im Lauf der Jahrzehnte viele Millionen D-Mark in ihre venezolanischen Bruderparteien investiert hatten, war für die Katz gewesen.

Noch vor seinem Amtsantritt pilgerte der frisch gewählte Staatspräsident Chávez nach Havanna, das ihm zur zweiten Heimat geworden war, um sich abermals den Rat und Segen des Revolutionärs zu holen. Und beim Rückflug nach Caracas saß neben ihm – wie der Zufall so spielt – Fidels enger Freund und treuer Verteidiger, der Nobelpreisträger der Literatur Gabriel García Márquez. »Gabo« zeigte sich beeindruckt von Hugo Chávez, von dessen »kompakter Gestalt wie aus Stahlbeton«, aber er beurteilte ihn dennoch mit einiger Vorsicht. »Nach der Landung hatte ich den Eindruck, eine angenehme Plauderei mit zwei verschiedenen Reisegenossen absolviert zu haben«, notierte der ehemalige Reporter. »Mit einem, dem die Kapricen des Schicksals die Gelegenheit verschafft haben, sein Heimatland zu retten. Und mit einem anderen, einem Illusionisten, der in die Geschichtsbücher womöglich nur als ein weiterer kleiner Despot eingehen könnte.«

»Gabo« hatte sich offenkundig ein wenig informiert. Wer war dieser Oberstleutnant mit dem Haarschnitt und Aussehen eines Kommisskopfs, der für sich in Anspruch nahm, auf dem lateinamerikanischen Festland das Erbe Simón Bolívars und Fidel Castros anzutreten? Eine Art karibischer Gaddafi vielleicht, der seine ölstrotzende Republik – und die politische Landschaft der Hemisphäre dazu – als Diktator und Demagoge umkrempeln wollte? Hugo Chávez hatte eine seltsame, spiritistisch anmutende Macke entwickelt: Bei wichtigen Gesprächen oder Verhandlungen bestand er darauf, dass der Sessel zu seiner Rechten leer bleibe. »Das ist der Platz für unseren Befreier Simón Bolívar«, pflegte er seinem verblüfften Gegenüber zu versichern. »Wenn es um Venezuela geht, hat der *Libertador* ein Recht, dabei zu sein.«

Mystery man betitelte ihn die Demokraten-Zeitschrift *The New Republic* in Washington. Besorgt beugten sich politische Wissenschaftler über fremdartige, abseitig wirkende Texte. Da war der bestürzende Brief, den Chávez – bereits Präsident – an den Terroristen und mehrfachen Mörder Ilich Ramírez Sánchez, genannt »Carlos«, in dessen französisches Gefängnis geschickt hatte. Darin redete Chávez den zu lebenslanger Haft verurteilten Venezolaner mit »Verehrter Landsmann« an und gab eine geistige Verwandtschaft mit dem einstigen »Schakal« zu erkennen, die selbst seine Feinde ihm kaum zugetraut hätten. Bizarr wirkten auch manche Zitate, mit denen der Offizier in seinen Stegreifreden um sich warf: Nietzsche und Clausewitz kamen darin vor, aber auch Carl Schmitt, der Kronjurist des »Dritten Reiches«, und der ebenfalls nicht unumstrittene Geopolitiker Karl Haushofer.

Woher diese deutsche Ader bei einem Offizier aus der venezolanischen Provinz? Sie stammte offenkundig von seinem Berater und selbsternannten Entdecker Norberto Ceresole, dem Verfasser der Schrift *Caudillo, Armee, Volk*, mit dem vielversprechenden Untertitel: »Ein postdemokratisches

Modell für Venezuela«. Darin kam eine Art Antiimperialismus von rechts zu Wort – ein Gemisch, das vor allem in der muslimischen Welt Anklang findet. Ceresoles Ideen wurden inspiriert von französischen Geschichtsrevisionisten wie Roger Garaudy und Robert Faurisson – Letzterer auch ein gerichtsnotorischer »Negationist«, also Holocaust-Leugner. Hugo Chávez hat sich von seinem Berater Ceresole schon ein Jahr nach der Amtsübernahme trennen müssen, berief sich aber noch Jahre später auf ihn, und etwas von dessen geistigem Erbe wirkt wohl nach: Niemand sonst in Lateinamerika hat sich so hartnäckig wie Chávez für ein Bündnis mit dem Iraner Mahmud Ahmadinedschad eingesetzt, dessen fanatische Israel-Feindschaft das »Weltjudentum« einbezieht. Chávez selbst hat einmal den israelischen Botschafter ausgewiesen, und er wird vom Bund der jüdischen Vereinigungen Venezuelas für ein »antijüdisches Klima« verantwortlich gemacht, das zu einem Exodus von Tausenden Juden geführt habe. Chávez selbst weist diese Vorwürfe zurück, in einer Weihnachtsansprache an die Nation aber entschlüpfte ihm der Satz: »Die Kapitalisten der Gegenwart, die das Volk ausbeuten, sind die Erben derer, die Jesus ermordeten.«

Als Mahmud Ahmadinedschad im Januar 2012 wieder auf Lateinamerika-Tour ging, waren nur noch vier Präsidenten bereit, ihn zu empfangen: Hugo Chávez in Venezuela, Evo Morales in Bolivien, Rafael Correa in Ecuador und Raúl Castro auf Kuba; drei davon haben Chávez viel Hilfe zu verdanken. Brasilien aber wollte den Iraner – der ein zweistündiges Treffen mit dem Patienten Fidel Castro hatte – diesmal nicht mehr empfangen. Dilma Rousseff, die politische Erbin und Nachfolgerin des populären Präsidenten Luiz Inácio »Lula« da Silva, ist zum Antiimperialismus à la Hugo Chávez und Fidel Castro auf Distanz gegangen – und mit der Islamischen Republik Iran wünscht sie zwar ersprießliche

Handelsbeziehungen, aber keinen politischen Schulterschluss. Das Nationalgefühl der Brasilianer scheint heute im stupenden Wirtschaftswachstum Erfüllung genug zu finden.

Auch zu einem Treffen mit Fidel Castro hat es Dilma Rousseff nicht gedrängt, als sie Ende Januar 2012 zu ihrem ersten amtlichen Besuch in Havanna eintraf. Anders als Lula oder gar Hugo Chávez, anders auch als ihre argentinische Amtskollegin Cristina Kirchner oder der bolivianische Indio Evo Morales hat die Brasilianerin dem alten Comandante keine geistig-politische Führungsrolle mehr attestiert, sondern ihn nur noch als »historische Gestalt« gewürdigt, die zu treffen sie mit Stolz erfülle. Anders als Ahmadinedschad, ließ Dilma sich auch nicht mit Fidel fotografieren. Wie die brasilianische Botschaft in Havanna wissen ließ, hat die Präsidentin mit dem Bruder Raúl Castro nur »Gespräche über wirtschaftliche Zusammenarbeit« geführt. Das klang alles recht kühl – dabei stand die mutige und durchsetzungsfähige Frau einmal Fidel Castro ideologisch näher als irgendein heute Regierender der Hemisphäre: vor über 40 Jahren war Dilma Rousseff Guerillera gewesen.

Die Tochter eines bulgarischen Einwanderers hatte als 17-Jährige den Staatsstreich der brasilianischen Generäle von 1964 erlebt – und entschieden, dass sie unter einer Militärdiktatur nicht das Leben eines »Debütantenmädchens« führen wolle. Bald schloss Dilma sich jenen Studenten an, die gegen das Regime nicht nur demonstrieren, sondern mit der Kalaschnikow vorgehen wollten. In der »Bewaffneten Revolutionären Avantgarde« des desertierten Hauptmanns und Castro-Gefolgsmannes Carlos Lamarca war sie für Banküberfälle und Diplomaten-Entführungen (darunter die des deutschen Botschafters Ehrenfried von Holleben) mit verantwortlich. Aber ein brasilianischer Staatsanwalt, der sie später als »Jeanne d'Arc der Subversion« bezeichnete, übertrieb gewaltig: Dilmas Stärke waren Planung, Organisation und Logistik. Trotzdem wurde sie 1972 bei einer Razzia in einem Nachtlokal von São Paulo mit der Schusswaffe im Gewand erwischt. Dilma durchlitt die übliche Folter und saß drei Jahre im Gefängnis. Dass Brasiliens Guerilleros damals für die Wiederherstellung der Demokratie gekämpft hätten, ist allerdings fromme, rückwirkende Schönfärberei: Das Land sollte durchaus ein »großes Kuba« werden.

Welch ein ironischer Rollentausch: aus einem putschfreudigen Oberstleutnant mit konfusen politischen Ideen wurde der selbsternannte Erbe des kubanischen Revolutionärs – und aus der einstigen kommunistischen Guerillera ist die Präsidentin eines erzkapitalistischen Landes geworden, das an einem baldigen Wiederaufbau Kubas mitverdienen möchte. Dilma Rousseff füllte ihr Flugzeug mit Geschäftsleuten aus São Paulo an, ehe sie nach Havanna startete: Die können der amerikanischen Konkurrenz nun locker zuvorkommen – am Beginn der wirtschaftlichen Öffnung, die der 81-jährige »jüngere Bruder« Raúl eingeleitet hat, um sein Regime vor dem Untergang zu retten.

Ein Staatsgeheimnis ist die Gesundheit Fidel Castros nicht erst, seitdem er dem Volk dies selber verkündet hat. Das war schon vor Jahrzehnten so: In den achtziger Jahren konnten Wochen oder Monate ohne einen öffentlichen Auftritt Fidels vergehen – und erklärt wurde es nie. Aber spätestens seit Oktober 2004, seit dem spektakulären Sturz des 79-Jährigen, war der Bann gebrochen: Fortan machte der Comandante seine Unverwüstlichkeit selber zum Thema, prahlte mit Fitness und zielgenauem Pistolenschuss, ließ sich häufig abbilden als Sportfischer, Motorboot-Steuermann, Taucher und Schwimmer. Der Altersverfall machte sich auf andere Weise bemerkbar: in geistiger Starre, stereotyper Mimik, rabulistisch ausschweifender Rhetorik.

Schon im relativ frischen Alter von 76, während einer Reise nach Argentinien, hatte er mit absurd überdrehten Ausfällen die eigenen Diplomaten in Verlegenheit gebracht. Auf der monumentalen Freitreppe der Rechtsfakultät von Buenos Aires rief er der Masse seiner erhitzten Sympathisanten zu: »Euch, dem Volk von Buenos Aires, bin ich zu ewiger Dankbarkeit verpflichtet. Eure Anwesenheit hier sendet eine Botschaft an alle jene, die davon träumen, unser Vaterland und unsere Städte zu bombardieren.« (Beifall und Sprechchöre: »Bush, Faschist, du bist der Terrorist!«) Er fuhr fort: »Volk von Buenos Aires, du sendest eine Botschaft an die, die nicht nur die kubanische Revolution vernichten wollen, sondern auch das Volk, das diese Revolution getragen hat und das fähig war, über 40 Jahre lang Widerstand zu leisten gegen die Blockaden, die Agressionen, die Drohungen gegen unser Vaterland.« Fidel brauchte die USA gar nicht zu nennen, wenn er von jener Macht sprach, die »unsere Völker unterdrücken und unsere Ressourcen erobern will, um weltweit eine nazifaschistische Tyrannei zu errichten«.

In ein und derselben Ansprache brachte Castro es fertig, das »kriminelle Gesetz« anzugreifen, das kubanischen Bootsflüchtlingen beim Erreichen der Küste Floridas das Asylrecht gewährt – und gleichzeitig die Grenzzäune zu verurteilen, mit denen Washington den massenhaften Emigrantenstrom aus Mexiko und Mittelamerika zu kontrollieren sucht. Schließlich ist die Mauer um Kuba eine unsichtbare Gefängnismauer, sie besteht aus der Karibischen See mit ihren Haifischen und aus den Patrouillenbooten der kubanischen Küstenwache, die Jagd auf Flüchtlinge machen und ihre Beute in Umerziehungslager stecken – eine Mauer der Berliner Art somit. »Über die Berliner Mauer wurde viele Millionen Mal berichtet«, ereiferte sich Fidel Castro in seiner Medienschelte vor argentinischem Publikum. »Doch nichts oder nur sporadisch liest man etwas über die Mexikaner, die jedes Jahr an der US-Grenze sterben.«

Der Berlin-Vergleich mutete insofern etwas schief an, als die Zäune am Rio Grande ja niemanden daran hindern, die USA zu verlassen – sie erfüllen den Zweck, die über eine löcherige Grenze massenhaft einströmende Immigration aus dem Süden in legale Bahnen zu lenken – und dafür zu sorgen, dass *God's Own Country* ein attraktives Einwanderungsland bleiben kann. Die Kubaner in Florida als *Exilierte* zu bezeichnen statt als Einwanderer, fuhr Fidel in seiner Polemik fort, sei »nichts als eine perfide Methode der Amerikaner, Konfusion und Lüge zu verbreiten«. Das Problem ist freilich, dass über eine Million Kubaner in den Vereinigten Staaten sich durchaus als politische Flüchtlinge und als Exilierte begreifen, die – zumindest im Prinzip – auf einer Rückkehr nach Kuba beharren. Wie die einstigen Bürger der DDR werden es die heutigen Untertanen der Gebrüder Castro auch einmal mit ihren »Besserwessis« zu tun haben.

Zwei Jahre nach Fidels schrillen Ausbrüchen in Buenos Aires kam im November 2005 seine Zeigefinger-Demonstration in der Aula Magna von Havanna. Und nach der damaligen Macho-Rede wurde die Stimme des Großanklägers auf einmal dünner und schwächer. *The long good-bye,* die nicht enden wollende Abschiedsvorstellung des Oberkommandierenden hatte begonnen. Ein unter Denkmalschutz stehender Greis – halb Patriarch, halb Schamane –, der weiterhin ausgiebig Autorität und Narrenfreiheit für sich in Anspruch nahm, sorgte in seinem durchkontrollierten Staat nun für allerhand Verwirrung. Für seine Fernsehauftritte brauchte der frühere Gedächtnis-Akrobat plötzlich Stichwortgeber, Zuflüsterer und Spickzettel, und auch sein lebhaftestes Mienenspiel konnte nicht mehr verheimlichen, dass er wohl doch schon ein bisschen *gagá* war.

Dann aber, am 26. Juli 2006 – dem 53. Jahrestag des Überfalls auf die Moncada-Kaserne – ist die übliche rituelle Beschwörung jener Kamikaze-Aktion und ihrer Märtyrer ausgeblieben. Es war seine letzte große öffentliche Rede, und sie ist insofern enttäuschend ausgefallen, als sie ganz seinem Hobby, seiner Obsession gewidmet war: der unaufhaltsam wachsenden Gesundheitsvorsorge auf Kuba, der phantastisch sich vermehrenden Zahl der Ärzte (nun waren es mehr als doppelt so viele pro 1000 Einwohner als in den höchstentwickelten Industrienationen des Westens) – und die immer weiter verlängerte Lebenserwartung seiner Landsleute, die sämtliche Dritte-Welt-Bürger in dieser Hinsicht schon weit hinter sich gelassen hätten. All dies, wie üblich, untermauert mit triumphalen und »absolut unwiderlegbaren« Statistiken, die Fidel, fast wie in früheren Zeiten, mit dramatischen Akzenten und Steigerungen zu versehen wusste.

Schon am nächsten oder übernächsten Tag wurde Castro von einer geheimnisvollen, lebensbedrohenden Krankheit befallen. Am 31. Juli gab er selbst – oder so sollte es scheinen – eine schriftliche Botschaft »an das kubanische Volk und die Freunde in aller Welt« heraus: Überarbeitung und Stress hätten zu einer Erkrankung geführt, die es nötig mache, alle seine Ämter – als Staatsoberhaupt, Regierungschef und Oberkommandierender der Revolutionären Streitkräfte – »provisorisch« an seinen Bruder und bisherigen Stellvertreter, den Heeresgeneral Raúl Castro, zu übertragen. Die Feier zu seinem 80. Geburtstag, so »Fidel« weiter, müsse vom 13. August auf den 2. Dezember verschoben werden. Am nächsten Tag schon gab es eine zweite, ebenfalls vom Comandante gezeichnete Botschaft: Wegen der sinistren Pläne des Imperiums und damit der Feind keinen Vorteil aus seiner Situation ziehen könne, »muss mein Gesundheitszustand Staatsgeheimnis bleiben«. Dann herrschte Funkstille.

Es war, als würden alle eine Falle fürchten, einen hinterhältigen Trick. Kubas Nomenklatura zog die Köpfe ein, keiner drängte sich auch nur ein Schrittchen vor. Obwohl mindestens einer – Bruder Raúl, Fidels Stellvertreter in sämtlichen hohen Ämtern – hinreichend dazu legitimiert gewesen wäre, hat nicht einmal er zum Volk gesprochen. Eine Woche nach der Bekanntgabe des physischen Zusammenbruchs glich die Millionenstadt Havanna einem verschlafenen Wartesaal. Wenn dem Augenschein der Fernsehkameras zu trauen war, wirkten die Habaneros nicht so sehr nervös oder besorgt als verschlossen und fatalistisch: Sie hatten ja nicht nur auf das Schicksal des Präsidenten keinen Einfluss – auch bei einer allfälligen Nachfolgeregelung war im kubanischen Sozialismus nichts weniger gefragt als die Volksmeinung.

Miliz in Uniform zeigte sich demonstrativ, und noch präsenter waren die umherziehenden, zivil gekleideten Schlägertrupps der *Seguridad*: Sollten Kubas magere Dissidentenreste sich zu einer Minidemonstration aufraffen wollen, würden sie umgehend die »spontane Volkswut« auf sich ziehen. Eine Stimme aus dem Widerstand immerhin ist damals nach draußen gedrungen: Vladimiro Roca – der Sohn des verstorbenen Altkommunisten und Castro-Getreuen Blas Roca – berichtete vom extremen Misstrauen, dem alle Verlautbarungen über Castros Zustand begegneten, selbst unter Getreuen des Regimes: »Fidel Castro hat gezeigt, dass er keine Skrupel kennt, und er tut am liebsten das, was niemand erwartet.« Womit Vladimiro Roca jenen zuzuneigen schien, die die abenteuerlichste Hypothese aufgestellt hatten: Fidel sei zwar altersschwach, aber in Wahrheit bei guter Gesundheit; seine dramatische Erkrankung stelle einen Lackmustest für die Mitglieder des »inneren Kreises« und für das Offizierskorps dar. Wer jetzt einen voreiligen Schritt tue, werde bald über die Klinge springen.

Solch ein machiavellistisches Spiel hätte eher an Maos Machtmethoden erinnert, doch gab es auch im kubanischen Kommunismus einen Präzedenzfall. Fidel hatte in den sechziger Jahren – im »Fall Aníbal Escalante« – eine Kampagne gegen moskauhörige Altkommunisten entfacht, um anschließend jene Guerillaveteranen kaltzustellen, die dabei allzu eifrig mitgemacht hatten. Hätte der Comandante, der angeblich »lebhaften Anteil an der Weltpolitik« nahm, vom Krankenbett aus nicht ein paar Worte an sein Volk richten können, um den Spekulationen ein Ende zu machen – ein Zeichen der Ermutigung an den gigantischen Machtapparat, der ganz auf seine Person zugeschnitten ist? Obendrein war Castros Hypochondrie und Gesundheitsobsession ja wohlbekannt, die Kubaner verdanken ihr ein gigantisches System der Krankenversorgung; viele hätten Fidel darum gerne über seine eigenen Beschwerden reden hören. Es gab auf der Insel ja sonst nicht viel Unterhaltung.

Solange es kein Lebenszeichen des Patriarchen gab, stand die ganze Führungsriege unter Verdacht. Es wurde ihr – in Havanna kaum weniger als in Miami – das große Verschleiern zugetraut. Bis zum Beweis des Gegenteils musste Fidel als bewusstlos und handlungsunfähig, wenn nicht gar als klinisch tot gelten. Das Schweigen diente demnach nur dem Zeitgewinn – und einem stummen Machtkampf sekundärer Gestalten, die ohne ihren Diktator dem Untergang geweiht sind.

Was Fidel fehlte, ist bis heute nicht geklärt. »Darmblutungen«, hatte es nur geheißen, worauf die Ferndiagnose »Divertikulitis« gewagt wurde – eine Entzündung im Verdauungstrakt – mit der aber niemand etwas anzufangen wusste. Ein prominenter Chirurg wurde aus Spanien eingeflogen, es gab anscheinend mehrere Eingriffe, aber schon nach einem Monat – am 4. September 2006 – durfte das kubanische Volk zusammen mit den progressiven Kräften in aller Welt aufatmen. Fidel selbst, als sein eigenes Sprachrohr, gab schriftlich die frohe Botschaft bekannt: Er habe zwar 41 Pfund abgenommen, aber die Krise sei weitgehend überwunden. Zwei Tage später schon empfing Fidel Castro einen Staatsbesucher: Evo Morales, den einstigen Gewerkschaftsboss der Koka-Bauern und ersten Indio auf dem Präsidentensessel Boliviens; in seinem Amtszimmer in La Paz hängt ein Che-Guevara-Bild, und seine Wahlkämpfe werden durch Spenden des Venezolaners Hugo Chávez beflügelt.

Seither gehörte es zur Pflicht eines jeden prominenten Kuba-Besuchers, sich mit Fidel Castro abbilden zu lassen und hinterher die geistige Frische des Revolutionärs zu rühmen. Wie es um diese wirklich bestellt ist, lässt sich nicht mehr wie früher aus Fernsehauftritten oder öffentlichen Reden deduzieren – der Gesundheitszustand des Comandante erlaubt ihm solche Anstrengungen nicht mehr. Dafür aber gibt es die *Reflexionen des Genossen Fidel,* die in unregelmäßigen Abständen, aber sehr häufig – an die 60 Mal allein im Jahr 2011 – in den kubanischen Medien erscheinen. In sieben Sprachen übersetzt, werden sie von der Regimepresse via Internet auch im Ausland verbreitet. Dass Fidel die meist polemischen Beiträge alle selbst schreibt, ist unwahrscheinlich; dennoch sind sie von ihm inspiriert und von seinem unverwechselbaren Stil geprägt.

Die Reflexionen Fidels werden abgedruckt wie eine variable Zeitungskolumne, sie wirken aber eher wie das Protokoll eines Ein-Mann-Stammtisches. Oft wird eine Meldung oder ein Kommentar aus der amerikanischen oder mexikanischen Presse ausgebreitet, und dann gibt der Comandante seinen geschätzten Mostrich dazu. Die Überschriften sind von einfacher Aussagekraft: »Die Genialität des Hugo Chávez« oder »Die unendliche Verlogenheit des Westens« oder

»Der faschistische Krieg der Nato« oder »Die Lügen über bin Ladens Tod« oder »Zynischer Genozid«. Castro wirbt aber auch um die Sympathien der Globalisierungsgegner und der Ökologen, er hat den Umweltschutz und die Gefahr der Erderwärmung entdeckt, und selbst radikale Pazifisten dürften seine Ablehnung sämtlicher Atomraketen zufriedenstellend finden. (Hatte er nicht einmal ein Faible für die sowjetischen gehabt?) Den US-Präsidenten Barack Obama bezeichnet Genosse Fidel neuerdings als einen »Dummkopf« und Opportunisten, »der sich im verzweifelten Ringen um seine Wiederwahl um Lichtjahre von den Träumen eines Martin Luther King entfernt hat«.

Bei derart flächendeckender Meinungsfreude kann es nicht ausbleiben, dass der Comandante manchmal ins Schwarze trifft und man ihm zustimmen könnte – nicht zuletzt dann, wenn er die gefährlichen Seiten der amerikanischen Außenpolitik attackiert. Aber Fidels Populismus führt auch zu Anbiederungen an den westlichen Zeitgeist, die gelegentlich das Ridiküle streifen. Wer durch die Altstadt Havannas spaziert, findet auf dem Touristenpfad eine hübsche kleine Grünfläche vor, die mit einer Säule verziert ist. *Jardín de Diana* nennt sich diese Stelle: »Dianas Garten«. Aus der Beschilderung geht hervor, dass es sich um eine Ehrung der britischen Humanistin Diana Spencer handelt, die einst von Prinz Charles geheiratet wurde und als »Lady Di« hohe Popularität erlangte – eine *Princesa del pueblo*, Prinzessin des Volkes. Die Dissidentin am Hof von St. James kann nur eine Freundin der kubanischen Revolution gewesen sein.

ENDSPIEL MIT RAÚL

Es ist ein weiter Weg von den primitiven Pfahlbauten der Finca La Mañaca im Osten Kubas zum goldglänzenden Großen Musikvereinssaal an der Ringstraße in Wien.

Von der Vielfalt der Welt, die zwischen diesen beiden Extremen liegt, hatte Raúl Modesto Castro Ruz bis März 1953 nicht viel gesehen. Während sein fünf Jahre älterer Bruder Fidel sportlich und intellektuell auf dem Jesuitenkolleg in Havanna herausragte, Trophäen, Medaillen und Bestnoten sammelte, musste Raúl wegen erwiesener Faulheit und liederlichem Lebenswandel einige Jahre auf dem landwirtschaftlichen Großbetrieb des Patriarchen Ángel Castro Buße leisten: Zuckerrohr schlagen wie der niedrigste Machetero, Kartoffeln ernten, im Palmenhain die Kokosnüsse einsammeln und sie für die Schweinemast verarbeiten und dann die Schweine auch noch selber füttern. Gelesen hat Raúl vor allem Comic-Hefte, von denen er eine beeindruckende Sammlung besaß. In den Nächten aber lockte auf der Finca der Hahnenkampf, und die Rumflasche kreiste um den blutbespritzten Sand. Dieser Leidenschaft blieb Raúl noch lange treu.

Da er sich auf der Finca bei der Büroarbeit bewährt hatte, ließ der Vater den Jüngsten der Sippe um 1950 schließlich doch nach Havanna ziehen. Obgleich er kein Abitur gemacht hatte, wurde Raúl an der Universität für einen Verwaltungslehrgang zugelassen. Anders als Fidel bekam er vom Vater weder ein Auto geschenkt noch hinreichend Taschengeld.

Aber die Geschwister Castro halfen einander. Raúl lebte abwechselnd bei einer seiner Schwestern oder Halbschwestern, oder über der Wohnung des frisch getrauten Ehepaars Fidel und Mirta Castro. Er hatte den Spitznamen *Pulguita* erhalten, der Floh: vermutlich, weil er so viel kleiner war als sein Bruder. Später behauptete Raúl, Fidel sei »wie ein Vater, wie ein strenger Vater« zu ihm gewesen. Ein Berufsziel hatte der Jüngere nicht, aber er nahm an Soziologiekursen von Boris Goldenberg teil. Raúl behauptet, Fidel habe ihm damals den *Ursprung der Familie, des Privateigentums und des Staates* von Friedrich Engels zu lesen gegeben und das Buch habe ihn tief beeindruckt. Zu der Zeit wurde er Mitglied des Jugendverbands der Sozialistischen Volkspartei, wie Kubas KP sich damals nannte.

Wie kommt so jemand im März 1953 nach Europa, nach Österreich, in den Großen Musikvereinssaal zu Wien? Die Staatsoper und das Burgtheater waren noch vom Bombenkrieg zerstört, der Stephansdom wurde gerade wieder aufgebaut und wartete auf seine neue »Pummerin« – den Ersatz für die zerschmetterte, 20 Tonnen schwere Glocke –, aber der Gebäudekomplex des Musikvereins hatte den Zweiten Weltkrieg wie durch ein Wunder überstanden. Der Große Saal, eine Riesenschatulle aus Blattgold, Edelholz und Marmor, gefüllt mit Büsten, Gemälden und Karyatiden, diente jetzt sechs Tage lang einer Konferenz über die Rechte der Jugend. Vertretungen aus 74 Ländern nahmen daran teil, und der 21-jährige Raúl Castro war stellvertretender Leiter der kubanischen Delegation. Wie schon sein zweiter Vorname – Modesto – es zu empfehlen schien, trat er bescheiden auf.

Es war noch das Wien der »Vier im Jeep«: die Zeit der Besatzungsmächte, der gemischten Militärpatrouillen und des Schwarzhandels, der Spionage und des Menschenraubs. In der Umgebung dürfte wohl noch das Zitherspiel von Anton Karas erklungen sein, mit der weltbekannt gewordenen Melodie aus dem Film *Der Dritte Mann*. Wien war eingeteilt in mehr oder weniger exzentrisch geformte Bezirke und Besatzungszonen, wobei das Filetstück – der architektonisch unübertreffliche Erste Bezirk – von den Amerikanern, Briten, Franzosen und Russen gemeinsam verwaltet wurde. Die »Vier im Jeep« herrschten im wöchentlich abwechselnden Turnus, und die Konferenz fand natürlich in der Zeit des sowjetischen Oberbefehls statt. Veranstalter war der »Weltbund der Demokratischen Jugend«, eine von Moskau offenbar opulent unterstützte Frontorganisation in der ersten Blütezeit des Kalten Krieges.

Sechs Tage lang präsentierte sich das Vaterland der Werktätigen vor der Jugend der Welt im schimmernden Braungold und der barocken Pracht des Wiener Musikvereinssaals. Sowjetische Geheimdienstler und ihre Dolmetscher durchkämmten die Reihen und knüpften Kontakte mit jungen Linken aus aller Welt, besonders aus den nicht-kommunistischen Ländern, auf der Suche nach Sympathisanten und potentiellen Einflussagenten. Ein kaum 30-jähriger Aktivist aus Moskau führte in Wien Regie und das große Wort: Wladimir Semitschastny. Er stieg wenige Jahre später zum Vorsitzenden des kommunistischen Jugendverbandes Komsomol auf, und 1961 – als Kuba offiziell sozialistisch und inoffiziell sowjetische Raketenbasis wurde – beförderte ihn der Parteichef Nikita Chruschtschow zum Vorsitzenden des KGB.

Raúl Castro muss einen guten Eindruck gemacht haben, denn er wurde weitergereicht. Von Wien fuhr er für einen ganzen Monat nach Rumänien, und kurze Besuche in Prag und Budapest schlossen sich an. »Ach, ein rumänischer Delegierter hatte mich eingeladen«, erzählte Raúl kurz nach dem Einmarsch in Havanna dem US-Journalisten Jules Dubois von der *Chicago Tribune*. »Ich wollte etwas von der Welt sehen und wäre auch nach China gefahren, wenn es mir jemand bezahlt hätte. Aber das bedeutete doch nicht, dass ich Kommunist war.« Später hat Raúl diese Lüge gegenüber der mexikanischen Zeitung *El Día* lachend gerechtfertigt: »Angesichts der heiklen Natur unseres Kampfes konnte ich 1959 keine andere Auskunft geben. Schließlich hat auch der Apostel Petrus den Heiland dreimal verleugnet und wurde trotzdem Gründervater der Kirche. Ich habe meine Parteimitgliedschaft nur zweimal abgestritten.« Fidel Castro selbst bemerkte als junger Ministerpräsident einmal leichthin: »Wir wären damals wohl kaum heil aus der Sierra Maestra herunter gekommen, wenn wir dauernd Marx und Engels deklamiert hätten.«

War es purer Zufall, oder könnte es sowjetischer Weitblick gewesen sein, was den 21-jährigen Raúl Castro an Bord des italienischen Passagierschiffs *Andrea Gritti* mit dem drei Jahre älteren Sowjetbürger Nikolai Leonow zusammenbrachte, der über Spanischkenntnisse verfügte? Die beiden reisten von Genua aus (etwas ungewöhnlich: Erster Klasse) Richtung Karibik; Raúl zurück nach Kuba, Leonow zum Studium nach Mexiko. Bei der Ankunft in Havanna wurde Raúl, der kommunistische Propaganda im Gepäck hatte, von Batistas Polizei festgenommen, verprügelt und verhaftet. Kaum war er frei, wurde er nach seinem 22. Geburtstag (3. Juni 1953) formell Mitglied der Kommunistischen Partei Kubas. Zur gleichen Zeit aber hat er sich der geheim agierenden Gruppe angeschlossen, mit der sein Bruder Fidel Castro nur sieben Wochen später, am 26. Juli 1953, die Moncada-Kaserne bei Santiago de Cuba stürmen und einen Aufstand gegen das Batista-Regime anführen wollte. Dabei wusste Raúl sehr wohl, dass die Kommunisten absolut nichts von solchen Abenteuern hielten. Sie wollten immer ein möglichst gutes Verhältnis zum jeweiligen Regime und in Ruhe um die Kontrolle der Gewerkschaften ringen.

Für fast alle Fidel-Biographen oder Historiker der kubanischen Revolution war Fidel Castro bis zu seiner Machtübernahme weder Kommunist noch besonders stark vom Marxismus-Leninismus beeinflusst. Als Kommunist hingegen galt sein jüngerer Bruder Raúl und als radikaler marxistischer Revolutionär der argentinische Arzt Ernesto Guevara, der sich der Gruppe Fidels erst 1955 in Mexiko anschloss. Diese beiden, heißt es immer, hätten während der Guerillajahre und besonders nach dem Sieg der Rebellen Fidel in seiner Neigung bestärkt, eine sozialistische Revolution auszurufen und ein Bündnis mit der kommunistischen Weltmacht anzustreben. Nach anderen Interpretationen war es vor allem die Feindseligkeit der USA, die Castro in diese Richtung getrieben habe. Das Verhältnis Fidels zu seinem jüngeren Bruder legt eine andere Deutung nahe: Von Anfang an wollte Fidel Castro sich die *Option* offenhalten, Kuba in den Kommunismus zu führen und Lateinamerika der Kontrolle der USA zu entreißen. Mit einem Vorbehalt: Fidel wollte nicht vorzeitig der Gefangene dieser Option werden, sondern so lange es ging, Herr seiner Entschlüsse bleiben und frei seinen politischen Instinkten folgen.

Der Altkommunist und führende Partei-Intellektuelle Carlos Rafael Rodríguez hat die Unterwerfung der kubanischen KP unter den Willen Fidel Castros in den sechziger Jahren gut überlebt. Die meisten Genossen, die noch mit dem Diktator Batista kooperiert hatten oder gegen Fidel eine »Moskauer« Linie durchzusetzen versuchten, verschwanden in der Versenkung oder endeten sogar hinter Gittern. Carlos Rafael aber bewährte sich als Vermittler zwischen dem kubanischen Revolutionär und den kommunistischen Führern des Ostblocks. Obwohl er seine Worte gut unter Kontrolle hatte, entfuhr Dr. Rodríguez die Indiskretion, Raúl Castro sei 1953 von Fidel auf die Wiener Jugendkonferenz »geschickt« worden. Das stellte einen Verstoß gegen die Sprachregelung der Brüder dar: Der *Comandante en Jefe* legte stets Wert auf das biographische Detail, dass Raúl früher als er mit dem Kommunismus sympathisiert und sich der alten Partei angeschlossen habe. In dem Moment aber, da Fidel mit seiner kleinen Gewaltsekte den Moncada-Überfall vorbereitete, gehörte Raúl selbstverständlich zu den Mitverschworenen, obwohl er soeben sein Verhältnis zur KP formalisiert hatte. Der Parteigenosse Raúl Castro nahm aktiv teil an jenem »kleinbürgerlichen Putsch« – so damals KP-Generalsekretär Blas Roca –, »mit dem wir Kommunisten absolut nichts zu tun haben«.

Aus Chruschtschows Memoiren geht hervor, dass er Raúl Castro für einen nützlichen, vom KGB geführten Einflussagenten in Havanna hielt, der gegenüber dem politisch unreifen Fidel seine »wahren Überzeugungen verborgen« habe. Viel mehr spricht dafür, dass der kleine Bruder in Wirklichkeit ganz vom größeren abhängig war und als *dessen* Agent handelte. Ob er sich in Havanna der kommunistischen Jugend anschloss, ob er als Kubas Delegierter zum Jugendkongress nach Wien und dann in drei Ostblock-Hauptstädte fuhr oder ob er im mexikanischen Exil den Kontakt zum KGB-Mann Nikolai Leonow wiederherstellte – all dies tat Raúl nicht hinter dem Rücken Fidels, sondern auf dessen Wunsch und Weisung. Der Bruder verkörperte die kommunistische Option, auf die Fidel sich nicht – noch lange nicht – öffentlich festlegen wollte. Die meisten der Anhänger Fidels kamen aus den Reihen der »Orthodoxen« des Antikommunisten Eddy Chibás, er selbst hatte sich immer wieder als kommunistenfeindlich bekannt – auch noch in der Sierra Maestra, ja selbst nach dem Einmarsch in Havanna. Aber dank Raúl wussten die Kremlherren, dass auf Kuba in Gestalt Fidel Castros ein wertvoller potentieller Verbündeter der Sowjetunion heranwuchs. Und Fidel wiederum durfte seit der Wien-Reise des jungen Raúl mit wachsender Gewissheit annehmen, dass er über einen persönlichen Draht zur östlichen Weltmacht verfügte.

Der kleine Bruder trug schon einen Pferdeschwanz, als die Hippies noch gar nicht erfunden waren. In den Bergen der Sierra Maestra war Raúl unter den ohnehin pittoresken Guerilleros wohl die kurioseste Erscheinung: ein schmächtiges, beinahe bartloses Bürschchen mit einem verfilzten Zopf hinter der Baskenmütze und einem dünnen, irgendwie chinesisch wirkenden Schnurrbart. Er pflegte ein feines, verschmitztes, überlegenes Lächeln. Das Gerücht, dass er mit Fidel nur die Mutter – Lina Ruz – gemeinsam habe, war auf der Finca Mañaca seit Jahren verbreitet: Ihr allein sah er sehr ähnlich und dem Patriarchen Ángel Castro überhaupt nicht. Der behandelte ihn obendrein als ein Bankert. Irgendwelche Ähnlichkeit mit den Talenten seines größeren Bruders wurde Raúl nirgendwo nachgesagt – weder auf der Schule noch im politischen Verschwörerzirkel, noch gar vor einer Volksmasse. Fidel Alejandro war in jeder Hinsicht einen Kopf größer als Raúl Modesto: physisch, intellektuell, rhetorisch.

Aber der Jüngere entwickelte nach seiner Befreiung aus der väterlichen Finca und der Übersiedlung nach Havanna einen unheimlichen Ehrgeiz, sich Fidel gegenüber zu beweisen. Die Kurse in Soziologie, die Engels-Lektüre, der Eintritt in die kommunistische Jugend, die Reise zu dem Komsomolzen-Treffen in Wien und durch Osteuropa – all das war ungewöhnlich für einen bis dahin leistungsschwachen, bildungsfernen und liederlichen Provinzler. Die Teilnahme am bewaffneten Überfall auf die Moncada-Kaserne war für

Raúl – der kaum Erfahrung im Bandenkrieg des Universitätsmilieus hatte – eine beachtliche Mutprobe; dass er sich nach dem absehbaren Scheitern des Unternehmens kampflos davonmachte, war ihm kaum zum Vorwurf zu machen. Nach der Gefangenschaft auf der Pinieninsel wurde Raúl 1955 als Erster ins mexikanische Exil geschickt: In Havanna hatte er als Kommunist die Schergen Batistas mehr zu fürchten als die übrigen Überlebenden des Moncada-Überfalls. Dass Raúl in Ciudad de México den argentinischen Arzt und reisenden Revolutionär Ernesto Guevara kennenlernte und auch seinen sowjetischen Begleiter von der *Andrea Gritti* wiederfand – Nikolai Leonow war inzwischen zum Diplomaten avanciert –, zeugte von Umtriebigkeit, Kontaktfreude und politischem Gespür. Raúl wurde in Mexiko der Quartiermacher für Fidels Bewegung, er zeigte Organisationstalent – und er war es, der den künftigen »Che« zu seinem Bruder führte.

Nur »abgehärtet« war Raúl noch nicht. Während der Guerilla-Ausbildung in Mexiko musste er die Nagelprobe des bewaffneten Revolutionärs erst noch liefern – den Nachweis seiner Fähigkeit zu töten. Nach der damals formulierten Che-Doktrin gab es innerhalb der Guerilla drei Gründe für ein Todesurteil: Befehlsverweigerung, Desertion oder Defätismus. Als der Guerillero Calixto Morales sich bei einer besonders anstrengenden Übung einfach hinsetzte und nicht weitermachen wollte, wurde ein Kriegsgericht einberufen. Raúl bekam die Rolle des Anklägers zugewiesen und forderte eloquent die Todesstrafe; Fidel entschloss sich am Ende zur Begnadigung. Bei einer zweiten Gelegenheit im November 1956, kurz vor dem Start der *Granma*-Expedition, vermutete Fidel – der eine Witterung für Gefahren (oder einen Hang zur Paranoia) hatte – in einem der Guerilleros einen Spitzel des Batista-Regimes. Er ordnete dessen Erschießung ohne

Kriegsgericht oder sonstige Formalitäten an, und Raúl führte den Mord persönlich aus. Es war seine Feuertaufe.

Später, in der Sierra Maestra, kam es noch oft zu Hinrichtungen von echten oder mutmaßlichen Denunzianten. Aber das eigene Überleben scheint 14 Monate lang die Hauptbeschäftigung der Guerilla gewesen zu sein; sie blieb als Streitmacht unbedeutend, während ihre Legende wuchs – in Kubas Städten vor allem und in den amerikanischen Medien. Erst im Februar 1958 konnte Raúl – vom Bruder nun zum Comandante befördert – einen Ausbruch wagen und mit nur 66 Mann eine »zweite Front« in der Sierra del Cristal eröffnen, wo bereits Batista-Gegner aus den Städten Ostkubas von Fidel unabhängige Guerillaverbände gegründet hatten. Raúl gelang es, sie in seine eigene Streitmacht zu integrieren, die sich als musterhaft organisiert und schlagkräftig erwies. Nur die Betreuung von gefangenen Militärs oder Polizisten war für Raúl offenbar ein logistisches Problem. Er fand eine Lösung: In Dörfern, in denen er Sympathisanten des Batista-Regimes vermutete, ließ er einen Teil seiner Kriegsgefangenen zur Abschreckung öffentlich erschießen.

Die kubanischen Streitkräfte leisteten punktuell erbitterten Widerstand, aber die Mehrheit der Militärs blieb passiv – und gab sofort auf, als Batista in der Neujahrsnacht die Flucht ergriff und die meisten seiner Schergen und Geschäftspartner ihm in zwei Passagierflugzeugen folgten. Am Neujahrstag 1959 hat sich die Moncada-Kaserne in Santiago de Cuba, die Fidel fünfeinhalb Jahre zuvor mit katastrophalem Ergebnis zu stürmen versucht hatte, den Kräften des Comandante Raúl beinahe kampflos ergeben. Es kam zu Massenerschießungen von *Batistianos* und angeblichen Folterern. Ein Massaker erregte Aufsehen: Raúl ließ 70 Männer vor einem Massengrab aufstellen und mit Maschinengewehren niederschießen. Die Grube wurde hinterher von

Bulldozern zugeschüttet und eingeebnet. Der Vorgang fand in der noch unzensierten Presse Kubas und im Ausland ein solch negatives Echo, dass Fidel Massenhinrichtungen verbieten ließ.

Schon im ersten Jahr der Revolution wurde Comandante Raúl Castro, damals 28, zum Verteidigungsminister Kubas ernannt, und bald war der berühmte Zopf ab: Seinen Hippie-Habitus opferte Raúl zugunsten der klobigen Uniform und der tellerförmigen Generalsmütze der neuen sowjetischen Sponsoren. Seine persönlichen Beziehungen zum KGB-Mann Nikolai Leonow und zu manchen Sowjetführern ermöglichten es dem kleinen Bruder, sich Fidel selbstbewusster unterzuordnen als andere, »politisch unreife« Comandantes, die im Gefängnis landeten oder nach Miami flüchteten. Raúl avancierte zur mausgrauen Eminenz, zum Schatten des *Comandante en Jefe*. »Ich kenne ihn nur noch als Revolutionär«, pflegte Fidel nonchalant zu verkünden, wenn er auf seinen Verteidigungsminister und engsten Vertrauten angesprochen wurde: »Dass er auch mein Bruder ist, habe ich vergessen.«

Blutsbande bieten im Hause Castro ja tatsächlich keine Loyalitätsgarantie. Im Klan des Revolutionsführers war von Anfang an der Wurm drin: *Gusanos* (Würmer) hießen solche Kubaner, vornehmlich des Mittelstands, die schon früh emigriert oder geflüchtet waren; Fidel selbst hatte der davoneilenden Elite das Schimpfwort nachgerufen. Dem Gewürm in Miami schloss sich bald Fidels Schwester Juanita an, und im Lauf der Jahrzehnte ist die Auslands- und Dissidentenabteilung der Castro-Familie gewachsen. Fidels uneheliche, doch von ihm anerkannte Tochter Alina leitete in Miami eine castrofeindliche Talkshow, eine schwangere Geliebte von Fidels Sohn Alex folgte ihr dorthin, mindestens zwei Fidel-Enkel wachsen unter »Würmern« auf, und zwei Neffen der ersten Castro-Gattin Mirta wurden von den Bürgern Floridas ins Repräsentantenhaus in Washington gewählt – als Republikaner, versteht sich.

Der Bruder Raúl hingegen galt stets als revolutionäres Urgestein – der letzte aus jener winzigen Minderheit alter Kämpfer, die es geschafft hat, ein halbes Jahrhundert lang von sämtlichen Säuberungen, Verbannungen und Erschießungen verschont zu bleiben. Doch unter Raúls Regie ist auch eine neue Nomenklatura herangewachsen. Die *barbudos*, die Bartträger der Guerillazeit, wurden in den siebziger und achtziger Jahren ersetzt durch die »Internationalisten«: all jene, die an verschiedenen Kampffronten in Lateinamerika oder der Dritten Welt für den Sozialismus oder die außenpolitischen Interessen der Sowjetunion gekämpft haben. Darunter gab es eine Draufgänger-Elite, deren führende Köpfe sich »Büffel« oder »Killer« nannten. Die hatten im Kongo und Äthiopien und Angola in großem Stil für inzwischen gestürzte Diktatoren gekämpft, oder sie waren in Venezuela, Chile, El Salvador, Guatemala oder Nicaragua mit der Kalaschnikow für den Revolutionsexport unterwegs gewesen.

Auf Kuba bildete die Elite der Internationalisten eine männerbündisch organisierte Oberschicht von Geheimnisträgern, Teufelskerlen und Sondermissionaren, die »von allem zwei« haben durften: zwei Autos, zwei Frauen, zwei Wohnungen, zwei Pistolen, zwei Reisepässe. Während der achtziger Jahre, als Moskau unter Michail Gorbatschow gegenüber Kuba immer hartherziger wurde, durften die »Büffel« sich als Devisenbringer verdient machen. Ihr Revier war der Kokainschmuggel – aus Kolumbien in die Karibik und dann weiter nach Mexiko und in die USA. Dank dieser privilegierten Haudegen wurde Kuba ein paar Jahre lang zum größten Rauschgiftumschlagplatz der westlichen Welt.

Fidels altem Freund Gabriel García Márquez ist es 1994 gelungen, den in Ungnade gefallenen Schriftsteller Norberto Fuentes aus kubanischen Kerkern ins Ausland zu retten; den Memoiren dieses früheren Revolutionärs und Raúl-Intimus ist mancher Einblick in die Geheimoperationen zu danken, die dem Castro-Regime in der weltpolitisch bedingten Klemme finanzielle Erleichterung verschafften. Laut Fuentes' Darstellung war es Raúl, der den Rauschgiftschmugglern die ideologische Rechtfertigung des großen Bruders beibrachte: »Fidel sagt, wir müssen diese Sache mit sehr viel Takt anpacken. Aber Fidel sagt auch, die Kolonialmächte hätten schließlich alle ihre Kriege in Asien durch den Opiumhandel finanziert. Insofern ist unsere Aktivität im Grunde Teil der historischen Vergeltung der unterdrückten Völker.«

Eine Rechtfertigungsrede vor der UN-Vollversammlung hätte Präsident Castro damit wohl kaum bestreiten können. Weshalb der Comandante – als die Amerikaner 1989 die Beweise für die kubanischen Verfehlungen vorlegten – zu einem altbewährten Mittel griff: einem Schauprozess in bester stalinistischer Tradition, Erschießungen im Morgengrauen inbegriffen. Die Sündenböcke gehörten zu Raúl Castros engsten Freunden und Saufkumpanen – Divisionsgeneral Arnaldo Ochoa und der Geheimdienstler Tony de la Guardia. Ihre entwürdigenden Selbstbezichtigungen vor dem Militärtribunal in Havanna hatten sie angestimmt in der Hoffnung, man werde, wie versprochen, ihr Leben schonen. Doch ihr alter Freund Raúl tat nichts dergleichen, sondern trat als Belastungszeuge auf. Die Hinrichtung des populären Generals Arnaldo Ochoa, einst »Held der Revolution«, blieb für persönlich ambitionierte kubanische Militärs als Warnung unvergessen.

Von dieser geradezu dämonisch anmutenden Rolle Raúls ist dem heutigen Staatspräsidenten Kubas nichts anzumerken. Im erdrückenden Schatten Fidels hatte der kleine Bruder sich gegen Ende des vergangenen Jahrhunderts zu einem etwas zittrigen Rentnertyp entwickelt, der seine Ansprachen mühsam und mit bellender Kommandostimme vom Blatt lesen musste. Seitdem der gesundheitlich angeschlagene große Bruder ihm aber 2008 die höchsten Staats- und Parteiämter übertragen hat, wirkt Raúl Modesto gesünder, ja sogar verjüngt – als hätte der notorische Whiskytrinker eine erfolgreiche Entziehungskur hinter sich gebracht. Nicht mehr den Griesgram des ewigen Hangovers strahlt er aus, sondern Gelassenheit, ja Bonhomie. Trotz der Brutalität, die der Guerillakrieg, die totalitäre Herrschaft und der ewige Kampf um den Machterhalt ihm abverlangt haben, ist Raúl in der Familie und bei seinen Mitarbeitern beliebter, als Fidel Castro es während der letzten Jahrzehnte seiner Herrschaft war.

Raúl kümmert sich um den Zusammenhalt der Familie, steht in Kontakt auch zu den abtrünnigen Klanmitgliedern in Madrid und Miami, ermöglicht sogar geheime Privatbesuche zu Familientreffen. Trotz seiner unrühmlichen Rolle im Prozess gegen General Arnaldo Ochoa finden hohe Militärs den Comandante Raúl – anders als einst Fidel – verlässlich und berechenbar und zu persönlicher Anteilnahme fähig. Von Markus Wolf, dem einstigen Spionagechef der DDR, wurde ein sehr deutsches Kompliment übermittelt: Raúl Castro sei der einzige Kubaner in der Führungsspitze, bei dem man sich auf Pünktlichkeit verlassen könne. In Ost-Berlin nannte man ihn angeblich den »Preußen von Havanna«.

Heute gilt er als Pragmatiker. Gemessen am Bruder Fidel, der auch in Zeiten höchster Not jede wirtschaftliche Liberalisierung entweder ablehnte oder bald wieder rückgängig machte, wird dem – alles ist relativ – »jungen« Castro schon seit zwei Jahrzehnten Flexibilität nachgesagt. Aus den

Streitkräften entwickelte Raúl eine Holding, die im hoffnungslosen Morast der Planwirtschaft einen Archipel halbwegs funktionierender Betriebe unterhält. Mit westlichen, vorwiegend spanischen Touristik-Konzernen baute er den florierenden Fremdenverkehr auf, ohne den das sozialistische Kuba längst seine Existenz ausgehaucht hätte. Fidel hat als alternder Staatschef noch einen persönlichen Eindruck bekommen von dem Wirtschaftswunder, das in China nach der Lockerung der sozialistischen Fesseln einsetzte. Er riss die Augen weit auf und staunte über die sichtbaren Erfolge, missbilligte aber die Preisgabe der guten alten Prinzipien. Doch seitdem ihm letzthin gegenüber einem Amerikaner die Bemerkung herausgerutscht ist, das »kubanische Modell« funktioniere nicht einmal mehr auf Kuba, gilt Fidel als galgenhumorig und resigniert. Er habe sich damit abgefunden, dass Bruder Raúl in der Rolle des Konkursverwalters die Staatswirtschaft abbaut, die parasitären Beamten entlässt, die Entstehung privater Kleinunternehmen fördert. Wildwuchs gedeiht, und der Rückzug der Revolution ist anscheinend nicht mehr aufzuhalten.

Zwei Jahrzehnte sind schon wieder vergangen, seitdem der Italiener Gianni Mina – ein bedingungsloser Sympathisant der kubanischen Revolution – den Comandante Fidel für das Fernsehen interviewen durfte. Wie bei fast allen, von denen Castro sich öffentlich befragen ließ, konnte bei Mina eine unkritische Haltung, ja ein geradezu unterwürfiges Entgegenkommen vorausgesetzt werden. Die beiden sind bald auf Ernest Hemingway zu sprechen gekommen, auf dessen Liebe zur Sportfischerei, die von Fidel geteilt wird, und auf Hemingways Erzählung *Der alte Mann und das Meer*. Darin geht es um einen erfahrenen armen Fischer, der durch einen unverhofften und extrem unwahrscheinlichen Glücksfall einen riesigen Marlin zu fassen bekommt. Es wird ein langer, ein endloser Kampf, bis der gewaltige Fisch, der auf dem Markt ein kleines Vermögen wert ist, seinen Widerstand aufgibt und sich von dem kleinen Boot abschleppen lässt. Nur, während des Kampfes mit dem Marlin hat der alte Mann sich zu weit von der Küste entfernt, und auf einmal ist sein Boot von Haifischen umringt. Während er Kurs auf den Fischerhafen hält, muss der Veteran mit ansehen, wie der größte Fang seines Lebens von den Haifischen attackiert und zerfetzt wird – Biss um Biss, Stück für Stück, und zurück bleibt nichts als das abgenagte Skelett. Zu sich selbst und zu dem toten Marlin sprechend, entschuldigt sich der Alte: »Es tut mir leid. Ich bin zu weit hinausgefahren. Das hat uns beide ruiniert.«

Gianni Mina muss einen Augenblick die Kontrolle über sich verloren haben, denn er bezeichnete den Marlin vor laufenden Kameras als mögliche »Metapher« der Revolution und fragte Fidel Castro: »Fürchten Sie manchmal nicht, dass es Ihnen ergehen könnte wie Hemingways altem Fischer?«

Der Comandante war fassungslos. Offenkundig hatte ihm noch niemand in der Öffentlichkeit eine derart provozierende Frage gestellt. Es war zu der Zeit, da die Öllieferungen aus der Sowjetunion nicht mehr pünktlich eintrafen – oder, wie eine hohe Beamtin des kubanischen Außenministeriums es formulierte: »… als auf einmal die Sonne abgeschaltet wurde.«

Fidel blieb dem netten Gianni Mina ausnahmsweise die Antwort schuldig, schüttelte den Kopf und wechselte abrupt das Thema.

Inzwischen ist der Marlin abgenagt.

PERSONENREGISTER